제임스 도티 James R. Doty

스탠퍼드 대학 신경외과 교수. 의과 대학에 속한 '연민과 이타심 연구 및 교육 센터(CCARE)'의 창립자이자 소장이다. 신경 및 행동 과학자, 생물 의학 연구자들과 함께 인간의 긍정적 자질인 연민, 친절, 사랑 등의 생리적·심리적 상관관계를 밝히는 연구를 하고 있다. 이 센터는 창립 당시 달라이 라마가 티베트 조직이 아닌 곳 중 가장 많은 돈을 후원한 사실로도 유명하다.

『닥터 도티의 삶을 바꾸는 마술가게』는 뇌와 심장, 이 두 기관의 잠재력을 동시에 활용할 때 인간이 어떤 특별한 일을 해낼 수 있는지 최초로 밝힌 기념비적인 책이다. 한 개인의 체험적 진실과 오랜 과학적 탐구를 씨줄 날줄로 엮으며 흡인력 있게 전개되는 '페이지 터너'이자, 인간이 어떻게 자신의 꿈을 이뤄 가야 할 것인지에 대한 묵직한 메시지를 전하는 '감동 실화'다.

저자는 어린 시절 캘리포니아 고원 사막 지역의 가난한 가정에서 자랐다. 아버지는 알코올 중독자였고, 어머니는 뇌졸중과 만성 우울증으로 자살 시도를 일삼았다. 자존감 없는 아이였던 그가 자신의 존재를 특별하다고 느끼는 유일한 순간은 마술을 연습할 때뿐이다. 하지만 열두 살 되던 어느 여름날, 그는 동네 마술가게에서 루스라는 할머니를 우연히 만나 눈속임이 아닌 정말로 자신을 특별하게 만드는 마술을 배우게 된다. 그것은 바로 뇌와 마음의 힘을 조절하여 현재의 고통을 완화하고 자신의 소망을 구체적으로 실현하는 놀라운 비법이었다.
이 경험을 통해 그는 저명한 신경외과 의사이자 7,500만 불의 자산을 지닌 기업가로 성공하게 되지만, 루스의 가르침을 잊고 방탕하게 살다가 일생일대의 위기를 맞게 된다. 그제야 도티는 어린 시절 배운 마술의 가장 중요한 의미를 깨닫고는 비로소 세상과 더불어 자신의 꿈을 실현하는 삶을 살기 시작한다. 그리고 삶의 고비 때마다 나아갈 방향을 이끌어 주었던 '루스의 마술'에 대한 과학적 근거를 밝히기 위해, 또 이를 세상 사람들과 나누기 위해 이 책을 썼다.

닥터 도티의
삶을 바꾸는 마술가게

INTO THE MAGIC SHOP

『닥터 도티의 삶을 바꾸는 마술가게』에 쏟아진 찬사

이 책에는 우리 뇌와 심장 사이의 연결 고리라는 불가사의를 풀어 보려는
한 신경외과 의사의 오랜 탐구, 그 훌륭한 이야기가 담겨 있다.
작은 친절을 통해 삶의 경로 자체가 송두리째 바뀌게 된 어린 시절부터
스탠퍼드 대학에서 연민을 연구하는 센터를 설립하는 순간까지,
닥터 도티의 삶은 우리 한 사람 한 사람이 어떻게 삶을 변화시킬 수 있는지
잘 보여 준다. 우리는 세상을 좀 더 연민이 넘치는 따스한 곳으로 만들 수 있다.
**확신하건대, 이 감동적인 이야기에 뭉클해진 많은 독자들이 마음을 열고서
남들을 위해 할 수 있는 일이 무엇인지 찾으려 할 것이다.**

달라이 라마

닥터 도티는 이 심오하고도 아름다운 책에서 자신의 삶과 함께해 왔던
교훈을 들려준다. 그 교훈은 우리 삶에서 언제라도 가장 중요하다.
**행복은 고통 없이 존재할 수 없으며, 연민은 우리 자신과 주변 사람들의
고통을 이해하는 데서 나오며, 마음속에 연민을 품고 있을 때
우리는 진정 행복해질 수 있다.**

틱낫한

연민과 친절의 힘을 보여 주는 가슴 따뜻한 회고록.

닥터 도티는 극복할 수 없는 것처럼 보이던 난관을 딛고 성장하고,

자신의 삶을 바꾼 선물을 받고서 눈부신 성공을 거둔다.

그러나 그 모든 것을 다 잃어버린 후, 결국

심장과 뇌가 똑같은 역할을 해야만 인간의 정신이

제대로 형성될 수 있다는 이야기를 감동적으로 전한다.

애덤 그랜트 와튼스쿨 조직심리학교수, 『오리지널스』 저자

회고록이자 과학적 탐구가 가득 담긴 책.

감성과 발견이 어우러진 강렬한 작품이다.

이 책은 우리 안에 작은 마술가게,

우리가 필요할 때면 언제든지 돌아갈 수 있는

고요함과 아름다움이 깃든 공간이 이미 내재되어 있음을 알려 준다.

그러니 닥터 도티가 이 책을 통해 강렬하게 증명하듯이

우리는 그저 그 문을 열고 스스로 들어가기만 하면 된다.

아리아나 허핑턴 허핑턴 포스트 미디어그룹 회장, 『제3의 성공』 저자

진정한 치유는 몸과 마음에 동시에 작용한다. 사랑과 연민을
경험할 때, 사람의 몸은 항상성과 자율규제 상태로 옮겨 간다.
스스로를 치유하면 곧 타인을 치유하는 것이다.
타인을 치유하면 곧 나를 치유하는 것이 된다.
친절과 연민이 깃든 행동은 세상을 향한 진정한 치유 행위다.
저자는 이 특별한 책 안에서 독자들에게 바로 그 방식을 보여 준다.

디팩 초프라 의학자 · 영성철학자

한 세대마다 누군가는 항상 자신의 인생사에 깃든
불가사의를 말할 수 있다. 그럴 때 그 이야기는
다른 이들의 상상력을 붙잡고 그들 안에 박힌 가장 깊고도
선한 알맹이를 실제 삶과 일치하도록 영감을 불어넣어,
마침내 그 알맹이를 발현하고 꽃피우는 방식으로 이루어진다.
이 책 안에는 수없이 많은 마술이 담겨 있다. 그중 가장 심오한
마술은 주인공 짐이 열두 살 무렵, 열린 마음으로 그 과정을
경험할 수 있게 누군가의 안내를 받았다는 사실이다.
또한 아무리 힘든 순간에도 그 길을 믿고 따라가, 마침내
그 가느다란 연결 고리를 훗날까지 잃어버리지 않았다는 점이다.
이제 여러분 눈앞에서 새롭게 일어나고 있는 일들을 눈여겨보라.

존 카밧진 과학자 · 명상지도자, 「마음챙김 명상」 저자

눈부신 삶의 포물선을 따라 이렇게 아름다운 이야기가

펼쳐지는 책을 어디서도 만나 본 적이 없다.

닥터 도티의 이야기는 가난하고 배경 없는 소년이

저명한 신경외과 의사이자 부유한 기업가로 성장하는

과정을 들려준다. 그 여정에서 저자의 손길은 환자의 생명을

구하기 위해 메스를 드는 일부터 타인의 삶을 풍성하게 하는

연민을 발휘하는 일까지 솜씨 좋은 장인처럼 움직인다.

깊이 있고 남다른 감동을 안기며 마음의 메아리를 울리는 책이다

필립 짐바르도 스탠퍼드 대학 심리학과 명예교수, 『루시퍼 이펙트』 저자

닥터 도티는 자신의 힘겨운 어린 시절,

그리고 열두 살 때 어느 마술가게에서 이루어진

특별한 사람과의 만남이 어떻게 삶의 모든 것을

바꾸었는지 들려준다. **감동적이고 유려한 문체로**

마침내 모두의 마음을 열고 깨우치는 길을 보여 준다.

차드 멩 탄 구글 엔지니어 · 내면검색연구소 회장, 『너의 내면을 검색하라』 저자

종종 마지막 페이지, 마지막 단어를 읽을 때까지

도저히 내려놓을 수 없는 책을 만날 때가 있다.

이 책이 바로 그런 책이다. 가슴에 사무치는 이 구원의

이야기는 단숨에 독자들의 마음을 사로잡을 것이다.

이 책을 읽으면 미소가 피어나고 즐겁다.

그러다 순식간에 매료되면서 마음이 환하게 밝아 온다.

때로는 웃음도 나고 눈물도 흐른다. 그런 감정의 요철로

덜컹거리다가 급기야 마음의 빗장이 열린다.

끝내 이 책은 고요하지만 강렬하게 독자의 영혼을 흔들어 버릴 것이다.

닥터 도티는 지혜와 연민이라는 양날의 메스를 사용하여

우리 의식에 수술을 가한다. 그런 의미에서 그는 영혼의 외과 의사다.

그런데 사실 그는 스스로 밝혔듯이 무신론자다.

독자들이 '어머나, 세상에!' 하고 감탄을 내뱉을 만큼

은총과 깨달음이 한데 폭발하는 이야기가 담겨 있다.

랍비 어윈 쿨라 '리더십과 학습에 대한 전미 유대인 센터' 공동 대표

『닥터 도티의 삶을 바꾸는 마술가게』는

읽는 내내 독자들의 마음을 사로잡는 감동적인 증언이며,

더 많은 연민을 갖고서 더 의미 있는 삶을

살아 주기를 간곡하게 권하는 강렬한 메시지다.

아름답고 감흥을 안겨 주는 책이다.

마티유 리카르 과학자 · 승려, 『상처받지 않는 삶』 저자

우리는 삶에서 벌어지는 일을 선택할 수 없다. 하지만 그런 일을
겪으면서 우리 안의 연민과 지혜를 좀 더 키우고 발휘할 수는 있다.
그렇게 삶의 방향을 선택하는 것이다. 이 책의 주인공 닥터 도티는
삶이 성공과 실패가 교차하는 것임을 인식하고 그 사실을
기꺼이 받아들이는 역량을 지닌 신경외과 의사다.
그는 뇌와 마음 사이의 관계에 숨겨진 경이로움과 과학을 나누어 준다.
물론 그 안에는 핏빛 고통과 장밋빛 미래가 모두 담겨져 있다.
이 책은 힘겹게 살아가던 소년이 어느 날, 마술가게에서 이루어진
뜻밖의 만남으로 어떻게 삶이 바뀌게 되었는지 이야기한다.
그 눈부신 여정은 분명 독자들의 삶도 바꿀 것이다.

리사 크리스틴 루시 어워드 수상 인도주의 사진가

이 책은 진짜 마술이다!
미약하게 시작한 소년이 명문 대학 신경외과 교수이자
연민과 이타심 연구 및 교육 센터의 창립자가 되고,
더 나아가 기업가와 자선가가 된다는 사실 하나만으로
충분히 특별하다. 허나 이 책을 진짜 보석으로 만드는 요인은,
자신의 여정을 매우 서정적으로 기술해 가는 저자의 능력과
그 여정에 이르는 방법을 기꺼이 함께 나누고자 하는 의지다.

에이브러햄 버기즈 의학 박사, 「눈물의 아이들」 저자

여기 최고의 신경외과 의사가 마음을 터놓고 자신의 힘겨운
어린 시절을 이야기하려고 한다. 그 이야기의 핵심은
누군가의 도움으로 그 시절 외로움과 두려움, 분노와
수치심을 없애는 마술 같은 처방을 선물 받았다는 것이다.
자, 그렇다면 그 이야기가 인간 마음의 고통과 연약함을 거쳐 가는,
감동과 통찰이 깃든 여정일 것이라고 예상할 수 있지 않을까.
과연 그 예상은 적중한다. 그런 의미에서 이 책은 매우 독창적이고
아름다운 글이다. 마음을 차분하게 가라앉히고 깊이 파고드는
눈부신 '마술' 무대로 안내하는 책이다.
감동이 넘쳐 나는 동시에 대단히 실용적이다.
다르게 말하면, 이 책은 우리 안에서 발견하는
삶의 실재와 힘겨운 몸부림을 잘 다스리고 헤쳐 나가는
모범이자 생생한 증거다. 자, 이제 연민의 씨앗은
땅속에 심었으니 지금부터 그 땅을 잘 가꾸어야 한다.

폴 길버트 '연민의 힘 재단' 창립자

이렇게 빠른 시간 안에, 이렇게 깊이 사로잡은 책은
이제껏 거의 없었다. 도저히 내려놓을 수 없을 정도였다.
이 책은 연민이 가득한 마음과 담대한 영혼으로
살아가는 힘을 우리에게 증명한다.

마시 시모프 『이유 없이 행복하라』 『이유 없이 사랑하라』 저자, 『영혼을 위한 닭고기 수프』 시리즈 공저자

사실 닥터 도티의 책은 나의 독서 목록에 없었다.
그러다가 첫 장을 슬쩍 훑어보는 실수를 하고 말았다.
순간 참으로 마음을 사로잡는 인간적인 이야기 속에서,
세상의 눈에 개의치 않고 열린 마음으로 자기변호도
하지 않는 정직함과 진정성에 매료되었다. 저자는 곤궁한
어린 시절부터 사회적 성공의 정점에 도달하기까지,
마술사의 최면에 홀린 듯한 매력적인 여정으로 우리를 이끈다.
제발 이 책이 끝나지 않기를 바랐다!
귀중한 영감과 통찰, 삶의 교훈으로 충만한 이야기다.
타인의 삶을 읽는다고 과연 우리의 삶이 바뀔 수 있을까?
그 해답을 찾고 싶은가?
닥터 도티와 함께 '삶을 바꾸는 마술가게'로 들어가라.
그러면 알게 될 것이다.

닐 로긴 에미상 수상 작가 · 영화 제작자 · 환경단체 '파차마마 얼라이언스' 창립 이사

INTO THE MAGIC SHOP
:A Neurosurgeon's Quest to Discover the Mysteries of
the Brain and the Secrets of the Heart
by James R. Doty, MD

닥터 도티의 삶을 바꾸는 마술가게

제임스 도티 | 주민아 옮김

INTO THE
MAGIC
SHOP

판미동

루스에게, 그리고 통찰과 지혜를
아무 대가 없이 전해 주는 루스와 같은 사람들에게

사람에 대한 연민의 진짜 의미를 끊임없이 가르쳐 주는
존경하는 달라이 라마 성하께

날마다 살아 있는 나의 영감이 되어 주는
아내 마샤와 우리 아이들 제니퍼, 세바스천, 알렉산더에게

차례

들어가며

아름다운 것

두개골이 갈라질 때면 두피는 특유의 소리를 낸다. 마치 큰 찍찍이 조각이 서로 떨어질 때와 비슷한 소리다. 그 소리는 유난히 크고 화를 내는 듯하면서 조금 슬프기까지도 하다.

의대에 뇌 수술할 때 나는 소리와 냄새를 가르치는 수업은 없다. 그런데 그런 것도 가르쳐야 한다. 무거운 드릴이 두개골을 통과하면 윙윙거리는 소리가 난다. 드릴이 지나간 자리에 작은 구멍이 뚫리고 그것을 연결하여 두개골을 자를 때면, 수술실은 여름날 톱밥 냄새로 꽉 찬다. 두개골이 뇌막과 떨어져 들어 올려질 때면 뭔가 주저하는 듯 펑 하는 소리가 튀어나온다.

뇌막은 뇌를 덮고 있으면서 외부 세상을 막아 주는 최전방 방어 역할을 하는 두터운 막이다. 수술용 가위는 천천히 그 뇌막을 가르며 지나간다. 이윽고 뇌가 노출되면 심장 박동 리듬에 맞춰 움직이는 뇌의 모습을 볼 수 있다. 그리고 때로는 뇌가 외부 세상에 자기 맨살을 드러내면서 나약한 모습을 보이게 된 현실에 항의하듯, 어쩌면 신음하는 소리도 들리는 것만 같다. 어찌 되었건 수술실의 눈부신 조명 아래, 모든 이가 볼 수 있도록 은밀한 뇌의 비밀이 드러났으니, 그럴 만도 하다.

환자복을 입은 아이는 작아 보인다. 수술에 들어가려고 병상 옆에 선 아이를 커다란 환자복이 삼켜 버린 듯하다.

"할머니가 저를 위해 기도하셨대요. 또 의사 선생님을 위해서도 기도하셨고요."

옆에서 함께 이 이야기를 듣고 있는 아이 엄마가 큰 소리로 숨을 내쉬고 들이쉬는 소리가 들린다. 엄마는 아들 앞에서 아들을 위해 용감한 모습을 보이려 애쓰고 있다. 자신을 위해서이기도 하고, 어쩌면 나를 위한 마음이기도 하다. 나는 아이의 머리칼을 쓰다듬는다. 갈색빛이 감도는 길고 얇은 머리카락. 아직 소년이 되기엔 어리다. 이제 막 생일을 지났다고 아이는 말해 준다.

"우리 꼬마 챔프, 오늘 일이 어떻게 진행이 될지 선생님이 다시 설명해 줄까? 아니면 이미 준비가 다 되었니?"

아이는 내가 챔프나 친구로 불러 주면 좋아한다.

"저는 잠이 들 거예요. 선생님은 제가 더 이상 아프지 않게 제 머리에서 못생긴 녀석을 끄집어낼 거고요. 그렇게 하고 나면 엄마랑 할머니를 만나게 돼요, 그렇죠?"

그 '못생긴 녀석'은 바로 수아세포종이다. 소아 환자에게 가장 흔하게 나타나는 악성 뇌종양으로 두개골 바닥인 후두와에 위치해 있다. *수아세포종*은 어른이 발음하기에도 쉬운 단어가 아닌데, 아무리 어른스럽게 굴어도 네 살짜리 꼬마에게는 더 어려울 게 뻔하다. 소아 뇌종양은 진짜 못생긴 녀석이다. 나는 그 말에 전적으로 동감한다. 수아세포종은 매우 정교하고 아름다운 뇌의 대칭 속에 불쑥 들어온 이상하고 못생긴 침입자다. 그 침입자는 소뇌의 두 개엽 사이에서 시작되어 결국 소뇌뿐 아니라 뇌간을 압박하여 급기야 뇌 수액이 흐르는 경로를 막아 버린다. 뇌는 지금까지 내가 본 사물 중에 가장 아름다운 것 중 하나며, 그런 뇌를 치료하고 뇌의 불가사의를 탐색하는 방법을 찾아내는 일은, 내가 결코 당연하게 받아들인 적 없는 일종의 특권이다.

"네가 말하는 걸 들으니 준비가 다 됐구나. 이제 선생님은, 선생님만의 어벤져스 가면을 쓰고 올 테니 우리는 저기 밝은 빛이 가득한 방에서 만나자꾸나."

아이는 나를 보고 환하게 웃어 보인다.

수술용 마스크와 수술실을 보면 누구나 겁이 난다. 그래서 아이가 무서워하지 않도록 오늘은 그것을 어벤져스 가면과 밝은 방으로 부르기로 한다. 인간의 마음은 우습기도 하지만, 네 살짜리 꼬마에게 이런저런 용어의 의미를 설명할 생각은 없다. 내가 여태껏 만났던 가장 현명한 환자들과 사람들 중에는 아이들이 있었다. 아이들의 마음은 활짝 열려 있다. 아이들은 뭐가 무서운지, 뭐가 즐거운지, 상대방의 좋은 점이나 싫은 점이 무엇인지 있는 그대로 말해 준다. 숨겨

둘 거리가 없고, 정말로 어떻게 느끼고 생각하는지 넘겨짚을 필요가 없다.

아이의 엄마와 할머니에게 고개를 돌린다.

"우리 팀에서 누군가 와서 수술 진행을 할 때마다 두 분께 소식을 알려 드릴 겁니다. 제가 예상하기로는, 이번 수술은 완전 절제가 될 것 같습니다. 복잡한 상황은 없을 것이고요."

환자 가족들이 듣고 싶어 하는 이야기를 들려주는 전형적인 외과 의사의 말투로 이 말을 하는 것만은 아니다. 실제로 나는 깨끗하고 효율적인 수술로 전체 종양을 다 없애고 작은 조각을 연구실로 보내 그 악성 종양이 얼마나 못생겼는지 알아볼 참이다.

아이의 엄마와 할머니는 분명 두려워하고 있다. 나는 두 사람의 손을 번갈아 잡아 주며 다시 안심시키고 마음을 편안하게 해 주려고 애쓴다. 그건 결코 쉬운 일은 아니다. 어린애가 아침에 머리가 아프다고만 해도 부모에겐 최악의 악몽이 되곤 한다. 아이의 엄마는 나를 믿는다. 할머니는 신을 믿는다. 나는 내 수술 팀을 믿는다.

우리는 다 함께 이 꼬마의 생명을 살리기 위해 노력할 것이다.

마취과 의사가 숫자를 세고 아이가 잠들자, 나는 아이의 머리를 두개골에 고정된 머리 틀 안에 놓고 아이를 돌려, 엎드린 자세로 눕힌다. 머리 깎는 가위를 꺼낸다. 보통 수술 현장에서 간호사가 하는 일이지만, 나는 직접 환자의 머리카락을 깎는 쪽이다. 일종의 나만의 의식이다. 천천히 머리를 밀면서 이 소중한 아이를 떠올리고, 수술의 모든 세부 사항을 마음속에서 되새기곤 한다. 처음 자른 머리카락은 수술실 순환 간호사에게 건네주며 나중에 아이 엄마에게 보여 줄 수 있도록 작은 주머니 안에 넣으라고 부탁한다. 이건 아이가 태어나서 처음 깎은 머리카락이고, 지금 아이 엄마의 마음은 제발 이번이 마지막이기를 바랄 테니, 분명히 나중에 그 머리카락은 중요한 의미로 남을 것이다. 그러니까 처음이라는 건 훗날까지 기억하고 싶은 하나의 이정표가 된다. 처음으로 머리 깎던 날. 처음으로 이 빠지던 날. 처음으로 학교 가던 날. 처음으로 자전거 타던 날. 하지만 처음으로 뇌 수술하는 날은 이 목록에 절대로 올라와 있지 않다.

나는 이 어린 환자가 살아가며 이런 첫날을 맞이할 수 있기를 바라면서 연한 갈색빛의 가는 머리카락을 부드럽게 깎는다. 내 마음속에서 그 아이가 앞니 빠진 짓궂은 얼굴로 환하게 웃는 모습을 볼 수 있다. 또 제 몸집만 한 가방을 어깨에 메고 유치원에 걸어가는 모습도 보인다. 태어나서 처음으로 자전거를 타는 모습도 보인다. 바람에 머리칼을 휘날리며 열심히 자전거 페달을 밟으며 처음으로 느끼는 자유! 나는 그 아이의 머리칼을 깎으면서 우리 집 아이들을 떠올린다. 그 아이가 경험하게 될 이 모든 처음의 이미지와 장면이 내 마음속에서는 너무도 선명해서, 다른 결과는 상상조차 할 수 없다. 앞으로 병원을 들락거리며 항암 치료를 하고 추가 수술을 하는 모습을 보고 싶지 않다. 그 아이는 소아 뇌종양을 이긴 환자로서 항상 모니터하게 될 테지만, 훗날에도 옛날처럼 병원에 있는 아이의 모습을 보고 싶진 않다. 어지러움과 구토. 기절. 이른 아침 엄마의 비명으로 잠이 깨고, 그 못생긴 녀석이 아이의 뇌를 누르고 고통을 준다. 복잡한 삶에 이런 아픔까지 덧붙이지 않더라도 살아가면서 가슴 아플 일은 충분히 많다. 나는 수술이 진행될 수 있을 정도까지 아이의 머리카락을 조심스럽게 깎는다. 아이의 두개골 표면에 절개하게 될 두 개의 점을 찍고 직선을 그린다.

뇌수술은 힘들지만 후두와에 하는 수술은 훨씬 더 어렵고, 어린아이의 경우에는 너무나도 힘들다. 이 종양 크기가 만만치 않아 수술 자체도 아주 공들여 천천히 정확하게 진행된다. 몇 시간이고 현미경을 통해서 바라보는 눈도 단 하나에 초점을 맞춘다. 우리는 외과 의사로서 수술할 때면 우리 몸의 반응을 모두 차단하도록 훈련받는다. 샤워하지 않는다. 먹지도 않는다. 등이 빠질 듯 아파도 그냥 넘기도록 훈련받았다.

내가 처음으로 어느 유명한 외과 의사의 수술실에서 어시스트를 하면서 겪었던 근육 경련을 기억한다. 그 선생님은 똑똑한 의사이자 수술실에서는 공격적이고 오만한 프리마돈나처럼 행동하기로 유명한 분이었다. 나는 겁도 나고 신경이 곤두섰다. 수술실에서 그 선생님 바로 옆에 서서 땀을 비 오듯 쏟기 시작했다. 마스크를 쓴 탓에 숨은 무겁게 가빠지고 두꺼운 입김 때문에 안경알은 뿌옇게 흐려지기 시작했다. 수술 도구가 눈에 들어오지 않았고 심지어 수술대도 볼 수가 없었다. 나는 정말 열심히 공부했고, 참으로 많은 걸 극복해 왔고, 지금 이 자리에 서서 내가 항상 상상해 왔던 모습 그대로 수술을 진행하고 있었다. 하지만 눈에 보이는 게 하나도 없었다. 그러자 감히 생각하지도 못했던 일이 일어났다. 내 얼굴에서 커다란 땀방울이 또르르 구르더니 멸균된 수술 부위에 뚝 떨어졌다. 선생님은 분통을 터트렸다. 어쩌면 내 삶의 첫 번째 하이라이트가 될 수도 있었던, 나의 첫 번째 수술. 하지만 나는 수술 부위를 오염시키고 곧바로 수술실에서 쫓겨나고 말았다. 그 경험은 두고두고 잊히지 않았다.

오늘 내 이마는 말끔하고 내 눈은 맑다. 심장 박동은 차분하고 안정적이다. 경험은 차이를 만든다. 나는 수술실에서 독재자나 오만한 프리마돈나처럼 굴지 않는다. 수술 팀 한 사람 한 사람이 다 귀하고 꼭 필요한 존재다. 모두 자기가 맡은 역할에 충실하다. 마취과 의사는 아이의 혈압과 산소, 의식 수준, 심장 박동 리듬을 모니터한다. 외과 간호사는 수술 도구와 물품을 계속 확인하고, 내가 필요한 게 있으면 언제든 집을 수 있는 곳에 준비해 둔다. 아이의 머리 아래에는 혈액과 관주액을 담기 위해 드레이프에 부착된 커다란 주머니가 걸려 있다. 그 주머니는 대형 석션 기계와 연결된 튜브에 붙어서, 수술하는 동안 어떤 순간이든 출혈이 얼마나 되는지 알 수 있도록 끊임없이 혈액량을 측정해 준다.

나를 어시스트 하는 외과 의사는 수련 중인 선임 레지던트로 우리 팀에 새로 왔지만, 나와 마찬가지로 혈구와 뇌 조직, 그리고 이 종양을 제거하는 세부사항에 집중을 다한다. 여기서 우리는 다음 날에 필요한 계획에 대해서나 병원 방침, 아니면 우리 아이들, 그도 아니면 한창 힘겨운 인간관계에 대해서 깊이 생각할 수가 없다. 그런 우리의 태도는 위험을 감지하거나 집중하기 위해 극도로 발달한 감각의 형태며, 거의 명상에 가깝게 한 가지에만 집중하는 상태다. 우리는 정신을 수련하고 정신은 몸을 훈련시킨다. 좋은 팀을 꾸리게 되면 굉장한 리듬과 흐름이 생긴다. 모두가 동시에 이루어지면서 화합이 커진다. 우리의 심신은 호흡이 잘 맞는 정보 요원처럼 협조 체제로 작동한다.

나는 마지막 종양 조각을 제거하고 있다. 그 조각은 뇌 속에 깊이 박힌 주요 배혈 정맥 중 하나에 붙어 있다. 후두와 정맥 체계는 말도 못하게 복잡해서, 내가 종양의 마지막 조각을 조심스럽게 떼어 낼 때, 나의 어시스턴트도 열심히 석션을 하고 있는 중이다. 그런데 그 친구의 집중력이 단 1초 동안 흐트러진다. 그 1초 사이 그의 석션이 정맥을 찢고, 그 짧은 순간 모든 일이 멈춘다.

그러자 지옥 같은 상황이 죄다 풀려 나온다.

찢어진 정맥에서 새어 나오는 피가 절개 구멍을 다 채우고, 귀여운 꼬마의 머리에 난 상처에서 피가 마구 쏟아지기 시작한다. 마취과 의사는 아이의 혈압이 급속도로 떨어지고 있으며, 출혈을 막을 수가 없다고 소리치기 시작한다. 나는 정맥을 고정하고 출혈을 막아야 하는데, 피범벅 속에 정맥이 쑥 들어가 있는 바람에 그걸 볼 수가 없다. 내가 하는 석션만으로는 출혈을 막을 수가 없고, 내 어시스턴트의 손은 도움이 필요할 정도로 너무 심하게 흔들리고 있다.

마취과 의사가 비명을 지른다.

“아이가 현재 심정지 상태입니다.”

그는 수술대 아래에서 이리저리 움직여야 한다. 엎드린 아이의 머리는 뒷머리가 열린 채 머리 틀 안에 고정되어 있기 때문이다. 마취과 의사는 한쪽 손을 등 뒤에 댄 채, 아이의 가슴을 누르기 시작한다. 아이의 심장이 다시 뛰도록 필사적으로 애를 쓴다. 큰 정맥 선(IV라인) 안으로 수액을 붓고 있다. 심장의 가장 중요한 첫째 임무는 혈액을 내보내는 것이다. 몸 안에서 일어나는 모든 것을 가능하게 해 주는 이 마법의 작용이 멈춰 버렸다. 네 살짜리 꼬마 환자가 내 눈앞에서 과다 출혈로 죽어 가고 있다. 마취과 의사가 아이의 가슴을 누르자, 상처 자리는 계속해서 피로 채워진다. 출혈을 멈추게 해야 한다. 그렇지 않으면 아이는 죽을 것이다. 뇌는 심장 혈액의 15퍼센트를 쓰며 심장이 정지한 후 단 몇 분간만 살 수 있다. 뇌는 혈액이 필요하며, 더 중요하게는 혈액 내 산소가 필요하다. 그러기에 우리에게 시간이 너무 부족하다. 사람에겐 뇌와 심장, 둘 다 필요하다.

나는 미친 듯이 정맥을 꽉 잡으려고 애썼지만 철철 흐르는 핏속에서 혈관을 볼 방법이 없다. 아이의 머리는 제자리에 고정되어 있지만, 가슴 압박으로 머리는 아주 미세하게 움직이고 있다. 수술 팀도, 나도 시간이 없다는 사실을 잘 안다. 나를 올려다보는 마취과 의사의 눈에 두려움이 가득하다. 어쩌면…… 우리는 이 아이를 잃을지도 모른다. 심폐소생술은 마치 자동차에 2단 기어를 넣고 클러치 스타트를 하려고 하는 것과 같다. 말하자면 그게 통할지 확신할 수 없으므로 별로 믿을 만한 상황이 아니라는 뜻이다. 지금처럼 출혈이 계속되고 있을 때라면 특히나 그렇다. 나는 혈관을 제대로 볼 수 없는 상태로 수술하는 중이다. 그러니 이성과 기술을 넘어선 어떤 가능성을 향해 마음을 열고 수십 년 전에 내가 배웠던 것을 하기 시작한다. 레지던트 시절도, 의대에서도 아닌, 바로 그 캘리포니아 사막의 어느 길가 작은 마술가게 뒷방에서 배웠던 그것을 시작한다.

마음을 차분하게 가라앉힌다.

몸의 긴장을 푼다.

함몰된 혈관을 머릿속에 그린다. 내 마음의 눈으로, 이 어린아이의 신경 혈관 고속도로 안에 접혀 있는 혈관을 본다. 두 눈이 가려진 상태로 그 지점에 닿는다. 하지만 이 생명에는, 우리가 눈으로 볼 수 있는 것보다 더 많은 무언가가 존재한다는 사실을, 그리고 우리 각자는, 우리가 가능하다고 생각하는 수준을 훨씬 뛰어넘어 엄청난 일을 해낼 수 있음을 이미 잘 알고 있다. 우리는 우리 자신의 운명을 통제한다. 그러므로 나는 이 네 살짜리 꼬마가 오늘 수술대 위에서 죽어 갈 운명이라는 사실을 받아들이지 않는다.

나는 오픈 클립을 들어 흥건한 피의 웅덩이 안으로 들어가 혈관을 집고, 천천히 손을 잡아당긴다.

출혈은 멈추고, 그러자 마치 저 멀리서 나는 소리처럼 심장 모니터에서 느리게 삐- 하는 신호 소리가 들린다. 처음에는 희미하다. 고르지 않다. 하지만 곧 신호는 더 강해지고 안정을 찾는다. 그 심장에 활기가 돌아오자 수술실 모든 심장에도 활기찬 신호가 돌아온다.

내 심장 박동이 모니터 상의 리듬에 맞추기 시작한다는 것을 느낀다.

나중에 수술이 다 끝나고, 나는 아이가 처음으로 깎은 머리카락

흔적을 아이 엄마에게 전해 줄 것이다. 그리고 내 어린 친구는 마취에서 깨어나 살아남을 것이다. 완전히 정상적인 상태가 될 것이다. 48시간 안에 말을 하고 심지어 큰 소리로 웃을 것이며, 그러면 나는 아이에게 이제 그 못생긴 녀석은 없어졌다고 말할 수 있을 것이다.

1부

그해 여름의 마술가게

INTO THE
MAGIC
SHOP

1장

진짜 마술

1968년 캘리포니아 주, 랭커스터

마술용 가짜 엄지손가락이 없어졌다는 사실을 알아챈 그 날도 나는 여느 때와 마찬가지로 하루를 시작했다. 8학년으로 올라가기 전 여름날이었다. 나는 그 여름날을 자전거 타고 마을을 돌아다니며 보냈다. 이따금 자전거 손잡이 위의 금속이 너무 뜨거워 난로 윗면을 만지는 것 같긴 했다. 입안으로 먼지가 들어오는 일은 예사였다. 그 먼지는 마치 살아남기 위해 사막의 빛과 열과 싸우는 래빗브러시와 선인장처럼 모래가 섞인 잡초 맛이 났다. 우리 가족은 가난해서 굶는 일이 일상다반사였다. 나는 배고픈 게 싫었다. 가난한 것도 싫었다.

랭커스터의 명성은 순전히 약 20년 전, 근처 에드워드 공군 기지에서 음속 장벽을 돌파하고 초음속 비행에 성공한 척 예거 덕분이었다. 하루 종일 머리 위로 비행기가 날아다니곤 했다. 파일럿 훈련병과 시험 비행기 때문이었다. 로켓 추진 벨 X-1 비행기에 탑승하여 마하 1.06의 속도로 척 예거처럼 날아간다는 건 대체 어떤 것일까? 누구도 예전에 한 적 없는 일을 성취해 낸다는 건 어떤 것일까? 어느 누구도 상상해 본 적 없는 속도로 날아가 4,500피트 상공에서 바라보는 랭커스터는 얼마나 작고 황량했을까. 자전거 페달을 밟으면 땅에서 발이 겨우 1피트 떨어지는 나에게도 이렇게 작고 황량해 보이는데.

그날 아침에 마술용 가짜 엄지손가락이 없어졌다는 사실을 알아챘다. 내가 가장 아끼는 물건을 넣어 두는 침대 밑, 나무 상자에 넣어 두었었다. 그 상자 안에는 아무렇게나 쓴 낙서, 아무도 모르게 쓴 시들, 그리고 전 세계에서 매일 스무 곳의 은행이 털리고 있다거나 달팽이는 3년간 잠을 잘 수 있다거나 인디애나 주에서는 원숭이에게 담배를 주는 게 불법이라는 등등 두서없이 새로 알게 된 재미있는 이야기가 담긴 작은 공책이 있었다. 또 그 안에는 다 닳아 버린 데일 카네기의 『인간관계론』도 있었는데, 사람들이 당신을 좋아하게 만드는 여섯 가지 방법을 열거한 페이지에 모서리가 접혀 있었다. 나는 그 여섯 가지를 기억해서 외울 수 있었다.

1. 타인에게 진정한 관심을 기울인다.
2. 미소 짓는다.

3. 그 사람의 이름을 기억하라. 이름이란 그 사람에게 세상 어떤 언어로 부르더라도 가장 아름답고 중요한 소리가 된다.
4. 잘 들어 주는 사람이 돼라. 타인이 자신에 대해 이야기하도록 격려하라.
5. 타인의 관심사에 대해 이야기하라.
6. 상대가 중요한 사람처럼 느끼게 하라. 진실한 태도로 그렇게 하라.

나는 사람들에게 말할 때 이 여섯 가지를 지키려 노력했지만, 한 가지는 조금 달랐다. 미소를 짓긴 했으나 항상 입을 꼭 다문 채였다. 어릴 때 커피 탁자에 부딪혀 넘어지면서 앞니 유치가 깨지는 바람에, 그 후로 앞니가 비뚤어진 채 자랐고 그 부분이 짙은 갈색으로 변색되었기 때문이었다. 그것을 고치러 치과에 갈 만한 돈이 우리 부모님에게는 없었다. 웃을 때마다 변색된 뻐드렁니를 보여 주는 일이 너무 당황스러워서, 나는 항상 입을 다물려고 애썼다.

그 책 말고 나무 상자 안에 마술용품도 넣어 놓았었다. 표시된 카드 한 팩, 5센트를 10센트로 바꿀 수 있는 장치가 된 동전 몇 개, 그리고 내가 가장 아끼는 물건인 마술용 플라스틱 엄지손가락이 들어 있었다. 마술용 엄지는 실크 스카프나 담배를 숨길 수 있는 마술 도구였다.

그 책과 마술용품은 나한테 매우 중요했다. 아빠의 선물이라서 그랬다. 나는 몇 시간이고 가짜 엄지손가락을 들고 연습을 했다. 그것을 끼고 손을 쥐는 방법을 익힌다는 게 쉽지 않았고, 눈치채지 못하게 슬그머니 그 안에 스카프나 담배를 집어넣어 마술처럼 사라지도록 하는 일도 어려웠다. 하지만 오래 연습한 끝에 친구들과 아파트 이웃들 앞에서 그 마술을 해낼 수 있었다. 그런데 오늘, 그 마술용 엄지를 잃어버린 것이다. 없어졌다. 싹 사라졌다. 그런데 이상하게도 기분이 그다지 나쁘지는 않았다.

언제나처럼 형은 없었다. 아마 형이 그걸 가져갔거나 적어도 어디 있는 줄은 알 것 같았다. 형이 매일 어디를 돌아다니는지 알지 못했지만 자전거를 타고 찾아보기로 했다. 마술용 엄지손가락은 나한테 아주 소중한 것이니까. 그게 없으면 난 아무것도 아니었다. 반드시 나의 엄지를 찾아야 했다.

나는 1번가 어느 호젓한 거리 상점가를 건너 자전거를 몰았다. 보통 때 내가 다니는 길은 아니었다. 그곳은 식당과 상점 거리만 아니면 허허벌판에 잡초만 무성하고 양쪽 1마일씩 철책선이 가로막힌 공간이었다. 그 작은 시장 앞에서 고학년 무리를 쳐다보았지만 형은 없었다. 다행이었다. 그 무리에서 형을 찾아낸다면 대개는 형이 괴롭힘을 당하고 있었다는 뜻이 되고, 으레 나는 형을 지켜 주기 위해 싸움에 뛰어들어야 했다. 형은 나보다 한 살 반이나 많았지만 몸집이 작았다. 괴롭히기 좋아하는 아이들은 보통 자신을 방어할 수 없는 또래의 약한 친구를 괴롭히곤 한다.

시장 옆에는 안과가 있었고 그 옆에는 예전에 본 적 없는 가게가 하나 있었다. '선인장 토끼 마술가게.' 나는 상점 거리 앞, 인도에 자전거를 세우고 주차장 건너편을 뚫어지게 쳐다보았다. 그 가게 앞에 딸린 공간에는 세로 유리판 다섯 개가 걸려 있고 왼쪽으로는 유리문이 있었다. 먼지가 쌓인 흔적 때문에 세모 줄무늬가 나 있는 유리창에 햇빛이 반사되었다. 그래서 안에 사람이 있는지 알 수 없었지만, 열려 있으면 좋겠다는 마음으로 자전거를 끌고 문 앞까지 걸어갔다. 마술용 플라스틱 엄지손가락을 팔까? 얼마나 할까? 돈은 없지만 그냥 한번 보는 거야 괜찮겠지. 시장 앞에 있던 남자애들 무리를 빠르게 힐끗 쳐다보고는 가게 앞 기둥에 자전거를 비스듬히 세웠다. 그들은 나도, 자전거도 눈치채지 못한 듯했다. 그래서 자전거를 거기 두고 마술가게 앞문을 밀었다. 처음에는 문이 움직이지 않았는데, 그다음 마치 마술사가 지팡이를 흔들 듯 스르륵 열렸다. 걸어 들어가자 머리 위에서 작은 종이 울렸다.

눈에 제일 먼저 들어온 건, 카드와 지팡이와 플라스틱 컵과 황금빛 동전으로 꽉 채워져 있는 기다란 유리 카운터였다. 벽에는 무대 마술에 쓰는 걸로 알고 있는 무거운 블랙 상자와 마술과 환상에 관한 책으로 가득한 대형 책장이 놓여 있었다. 심지어 구석에는 소형 단두대형 절단기도 있었고 사람을 반으로 톱질하는 데 쓰는 녹색 상자도 두 개나 있었다. 웨이브가 있는 갈색 머리의 할머니가 책을 읽고 있었는데, 안경이 거의 코끝에 달랑달랑 붙어 있었다. 할머니는 미소를 지으면서도 여전히 책에서 얼굴을 떼지 않았다. 그러다가 안경을 벗고 고개를 들더니 내 눈을 똑바로 응시했다. 그렇게 나를 쳐다보는 어른은 처음이었다.

"나는 루스라고 한단다. 네 이름은 뭐니?"

그 미소가 너무나 환하고 갈색 눈빛이 너무도 상냥해서 나도 그만 미소로 화답했다. 그 순간, 내 뻐드렁니는 까마득히 잊어버렸다.

"저는 짐이라고 합니다."

그 순간까지 사람들은 나를 밥이라고 불렀다. 중간 이름이 로버트라서 그랬다. 사람들이 왜 밥이라고 불렀는지 나도 기억이 잘 안 난다. 하지만 이유가 어떻든 루스가 물었을 때, 나는 '짐'이라고 대답했다. 그리고 그 후로 쭉 그게 내 이름이 되었다.

"그래, 짐이구나. 네가 와 줘서 참 반갑다."

나는 뭐라고 반응해야 할지 몰랐다. 게다가 루스는 계속 내 눈을 뚫어져라 쳐다보았다. 마침내 루스는 한숨을 내쉬었는데, 그건 슬프다기보다 오히려 즐거운 한숨에 가까웠다.

"그래, 무엇을 도와줄까?"

아주 잠시 머리가 하얘졌다. 내가 왜 이 가게에 들어와 있는지 기억나지 않았다. 마치 너무 오랫동안 의자에 푹 기대어 있다가, 갑자기 일어나면서 비틀거리고 의자가 뒤집히기 직전에 겨우 균형을 찾은 그런 기분이었다. 내가 대답할 거리를 찾을 때까지 루스는 참을성 있게 기다려 주었으며 여전히 미소 짓고 있었다.

"제 엄지손가락이요."

"네 엄지손가락이라니?"

"플라스틱 엄지를 잃어버렸거든요. 여기에 있나요?"

루스는 나를 쳐다보곤, 마치 내가 무슨 말을 하고 있는지 모르겠다는 듯 어깨를 으쓱해 보였다.

"마술에 쓰는 도구죠. 흔히 '티티(TT)', 플라스틱 엄지손가락 끝이라고 해요."

"내가 비밀 하나 말해 줄까? 나는 마술용품에 대해선 하나도 모른단다."

나는 끝없이 늘어선 제품과 온갖 종류의 마술용품을 둘러보곤, 다시 루스의 얼굴을 쳐다보았다. 당연히 놀랐다.

"우리 아들이 가게 주인인데 지금은 없어. 난 그저 여기에 앉아 책 읽으면서 심부름하러 간 아들이 돌아오기를 기다리고 있단다. 마술이나 엄지손가락 마술에 대해선 아는 게 하나도 없으니, 미안하구나."

"괜찮아요. 어쨌든 저도 그냥 둘러볼게요."

"그러려무나. 마음껏 둘러보렴. 그리고 네가 찾는 게 보이면 나한테 꼭 말해 주고."

루스는 미소를 보냈다. 왜 루스가 미소를 짓고 있었는지 정말 알 수 없었지만, 그건 정말이지 아무 이유 없이 내 안에서 행복감을 느끼게 해 주는 온화한 미소였다.

나는 끝없이 늘어선 마술용 카드와 막대와 책을 쳐다보며 가게 안을 돌아다녔다. 세상에, 플라스틱 엄지손가락이 가득 들어 있는 진열 상자도 있었다. 물건을 훑어볼 때마다 루스의 눈빛이 내게 머무는 걸 느낄 수 있었다. 루스가 뚫어져라 쳐다보고 있는 걸 알았지만, 그 눈빛은 우리 아파트 옆 시장의 남자 주인이 하는 가게에 들어갔을 때 그가 나를 쳐다보곤 했던 방식과는 달랐다. 그는 내가 무언가를 훔치려 한다고 생각했을 게 분명하다. 거기에 들어갈 때면 발걸음을 뗄 때마다 주인의 의심스러운 눈초리를 느낄 수 있었다.

"랭커스터에 사니?" 루스가 물었다.

"네, 그런데 반대편 동네에 살아요. 형을 찾으러 자전거를 타고 왔다가 우연히 이 가게를 보고 들어와 봤어요."

"마술을 좋아하는구나?"

"네, 정말 좋아하죠."

"마술의 어떤 점이 그리 좋으니?"

내 생각에 마술은 멋지고 재미있는 것이라고 그냥 말하고 싶었는데, 내 입에서는 딴말이 튀어나왔다.

"저는 뭔가를 연습하고 그걸 잘 해낼 수 있다는 게 좋아요. 제가 잘 통제하고 있다는 점이 좋은 거죠. 마술이 잘 되건, 못 되건 오로지 저한테 달려 있으니까요. 딴 사람이 무슨 말을 하건, 뭘 하건, 뭐라고 생각하건 중요하지 않아요."

루스는 잠시 침묵을 지켰다. 그러자 곧 내가 말했던 모든 게 쑥스러웠다.

"그래. 무슨 말인지 알겠구나. 나한테 엄지손가락 마술에 대해 말해 주겠니?"

"자, 진짜 엄지손가락에 플라스틱 엄지 끝을 끼워요. 그러면 관객들은 그게 진짜 엄지손가락인 줄 알죠. 그걸 조금은 숨겨야 해요. 왜냐하면 사람들이 잘 살펴보면 정말 가짜처럼 보이거든요. 플라스틱 엄지 안은 텅 비어 있고, 이렇게 진짜 엄지에서 다른 손바닥으로 움직일 수도 있어요."

나는 예의 고전적인 마술 제스처를 취했다. 다른 한 손으로, 한 손을 움켜쥐고 양손 사이로 손가락을 미끄러져 움직였다.

"플라스틱 엄지를 몰래 다른 손으로 이동시키죠. 그리고 그 안에 작은 실크 스카프나 담배를 집어넣을 수 있어요. 그러고 나서 다시 움직여 주고, 그 엄지를 손가락에 다시 끼우는 거죠. 그런데 이제 그 안에 깊숙이 숨기고 싶은 게 뭐든 들어 있게 되죠. 그러면 사람들이 보기에는 뭔가 마술처럼 사라지거든요. 아니면 반대로 이용해서 뭔가 마술처럼 허공에 나타나게 하는 것처럼 보여요."

"그렇구나. 이 마술을 얼마나 연습했니?"

"몇 달 했어요. 매일 연습했는데, 어떤 땐 몇 분, 어떤 땐 한 시간도 하고요. 하지만 매일 했다는 거죠. 처음엔 진짜로 힘들었어요. 심지어 안내 교본이 있어도 마찬가지였어요. 하지만 그러다가 점점 쉬워지더라고요. 누구라도 할 수 있을 거예요."

"멋진 마술처럼 들리는구나. 그리고 네가 그렇게 연습했다는 게 멋지구나. 그런데 왜 그 마술이 된다고 생각하니?"

"무슨 말씀이세요?"

"어째서 이 마술이 사람들한테 통할 거라고 생각하는 거니? 너도 말했어. 그 엄지는 가짜처럼 보인다고 말이야. 그런데 그게 어째서 사람들을 속일 수 있는 마술이 되는 거지?"

갑자기 루스의 표정은 매우 진지해 보였고, 정말로 나한테 뭔가를 가르쳐 주고 싶어 하는 것 같았다. 나는 정말이지 그게 누구든, 특히 어른이 나한테 뭔가를 설명하거나 가르쳐 주려는 상황이 거북하기만 했다. 잠시 그 질문을 생각해 보았다.

"그게 제 생각에는, 마술사가 너무 잘해서 사람들을 속일 수 있으니까 그 마술이 통하는 것 같아요. 사람들은 마술사의 교묘하고 재빠른 손재주를 못 보니까요. 그러니 마술을 할 때엔 사람들의 주의를 빼앗아야 해요."

이 말을 듣고 루스는 웃었다.

"사람들의 주의를 빼앗는다고. 그것 참 완벽하구나. 넌 정말 똑똑해. 그럼, 이번에는 마술이 왜 통한다고 생각하는지 내 생각을 한번 들어 보겠니?"

루스는 내가 대답하기를 기다렸다. 어른이 나한테 무언가를 말해도 좋다는 허락을 구하려고 물어보는 그 상황이 이상하게 느껴졌다.

"그럼요."

"내 생각에는, 사람들이 실제로 거기에 있는 것을 보는 게 아니라 자기들이 거기에 있다고 생각하는 것만 보기 때문에 마술이 통하는 것 같아. 이 가짜 엄지손가락 속임수만 해도 사람 마음이 우스운 것이라서 통하는 것이거든. 마음이란, 보게 되리라 기대하거나 예상하는 것만 본단다. 그때 마음은 진짜 엄지손가락을 볼 거라고 예상하니까, 그대로 보는 거지. 사람의 뇌는 원래 항상 바쁘지만 실제로는 매우 게으르기도 하니까. 그리고 네가 말한 것처럼 사람들이 너무 쉽게 주의를 뺏겨 산만해지기 때문에 마술이 통하는 것도 맞아. 하지만 사람들이 손동작 때문에 주의를 뺏기는 건 아니란다. 마술 쇼를 지켜보고 있는 사람들 대부분이 거기에서 진짜로 그 마술 쇼를 보고 있는 게 아니거든. 사람들은 어제 했던 뭔가를 후회하고 있거나 내일 일어날지도 모를 일에 대해 걱정하고 있어. 처음부터 그들은 진정으로 그 마술 쇼에 집중하고 있는 건 아니라는 얘기지. 그러니, 어떻게 가짜 플라스틱 엄지를 알아볼 수 있겠니?"

나는 루스가 하는 말을 제대로 이해하지 못했지만 고개를 끄덕이긴 했다. *나중에 좀 더 생각해 봐야지. 루스의 말을 머릿속에서 되뇌면서 무슨 뜻인지 알아내야지.*

"오해하진 말아라. 나도 마술을 믿어. 하지만 속임수 장치와 교묘한 기술과 손재주로 하는 그런 마술을 믿는 건 아니야. 내가 말하고 있는 마술이 어떤 것인지 알겠니?"

"모르겠어요. 하지만 좀 멋질 것 같아요."

나는 루스가 계속 이야기를 해 주었으면 했다. 우리가 진짜 대화를 나누고 있다는 사실이 좋았다. 내가 중요한 사람처럼 느껴졌다.

"불을 이용하는 마술도 하니?"

"담배에 불을 붙여서 하는 엄지손가락 마술이 있지만, 전 그렇게는 안 해 봤어요. 담뱃불을 붙이려면 불을 써야 하니까요."

"그렇다면, 저기 작은 불이 깜빡거리고 있고, 네가 그걸 불덩어리처럼 큰 불길로 만들 힘을 가졌다고 상상해 보려무나."

"정말 흥미진진한 이야기네요. 어떻게 그렇게 하죠?"

"그게 마술이란다. 이 작고 약한 불을 단 한 가지를 이용해 거대한 불덩어리로 바꿀 수 있어. 바로 네 마음이 말이야."

루스가 무슨 말을 하는지 몰랐지만 그 생각이 정말 마음에 들었다. 나는 사람들을 최면에 빠뜨리는 마술사를 좋아했다. 심력으로 숟가락을 구부리는 마술과 공중부양도 좋았다.

루스는 두 손을 마주쳐 손뼉을 쳤다.

"짐, 네가 마음에 드는구나. 아주 좋아."

"고맙습니다."

그렇게 말해 주니 내 기분도 좋았다.

"내가 앞으로 6주 동안만 이 동네에 있을 예정인데, 혹시 그 6주 동안 매일 나를 보러 온다면 마술을 좀 가르쳐 줄게. 마술가게에서 살 수도 없고, 네가 실제로 짠- 하고 나타났으면 하고 바라는 걸 이루도록 도와줄 그런 마술 말이다. 플라스틱 가짜 엄지는 필요 없어. 교묘한 손재주도 없어도 되고. 어때?"

"저한테 왜 그러시는 거죠?"

"왜냐하면 난 깜박거리는 불을 거대한 불길로 바꾸는 방법을 알고 있으니까. 누군가 나한테 가르쳐 주었는데, 이제는 내가 너한테 가르쳐 줄 때라는 생각이 드는구나. 너한테는 특별한 뭔가가 있어. 그러니 하루도 안 빠지고 매일 여기에 온다면 너도 그 특별함을 분명 보게 될 거야. 아무렴, 내가 약속해. 할 일도 많아지고, 내가 가르쳐 주는 마술 연습도 해야 할 거야. 엄지손가락 마술 연습보다 훨씬 더 많이 해야 할 텐데. 하지만 약속하마. 내가 너한테 가르쳐 줄 마술은, 네 삶을 바꿔 줄 것이란다."

그 말에 뭐라고 대답해야 할지 몰랐다. 지금까지 나를 특별하다고 한 사람은 아무도 없었다. 만약 루스가 우리 가족과 내가 어떤 사람인지 사실을 알게 된다면, 내가 특별하다고 생각하지 않을 거야. 그리고 과연 루스가 나한테 난데없이 뭔가 나타나도록 가르쳐 줄 수 있다는 말을, 내가 과연 믿고 있는지도 확신이 없었다. 하지만 오늘 그랬던 것처럼 루스와 더 많은 대화를 나누고 싶었다. 루스와 함께 있으니 마음이 즐거웠다. 더 행복했다. 사랑받는 기분과 비슷하다고 해야 할까. 정말이지 전혀 모르는 사람한테서 이런 마음을 느끼다니 참 이상했다.

루스의 외모는 누가 봐도 할머니였지만 눈빛은 달랐다. 그 눈빛에는 불가사의와 비밀과 모험이 담겨 있었다. 올여름 나를 기다리는 다른 모험은 없었다. 그런데 여기 이 할머니가 나한테 내 삶을 바꿀 수도 있는 뭔가를 가르쳐 주겠다고 말하고 있었다. 정말 이상한 일이었다. 정말 말한 그대로 해 줄 수 있을지 알 수 없었지만, 그렇게 해도 내가 아무것도 잃을 게 없다는 사실은 알고 있었다. 나는 예전에 한 번도 느껴 본 적 없는 어떤 것, 바로 희망을 느꼈다.

"짐, 어떻게 생각하니? 진짜 마술을 배울 준비가 되었니?"

그 간단한 질문으로 내 삶의 전체 궤적, 그리고 운명이 장차 나를 위해 준비해 두었던 모든 것이 송두리째 바뀌었다.

2장

평안하게 휴식하는 몸

문명 탄생 이후로 지금까지 인간 지성과 의식의 근원은 언제나 일종의 불가사의였다. 기원전 7세기, 이집트인은 지성이 심장 안에 존재한다고 생각했다. 그래서 사람이 죽으면 숭배의 대상으로 다른 내장 기관과 더불어 보존되는 것이 바로 심장이었다. 그에 반해 뇌는 고대 이집트인에게 그리 큰 가치가 없었기 때문에, 미라로 만들기 전에 대개는 비강을 통해 갈고리를 넣어 제거하여 내버렸다. 기원전 4세기, 아리스토텔레스는 뇌의 주된 역할이 혈액의 냉각 기제라고 생각했고, 그런 탓에 동물보다 더 큰 뇌를 가진 인간이 '온혈' 짐승보다 더 이성적이라고 믿었다.

뇌를 무시하는 이런 견해가 역전되기까지 무려 2000년이 걸렸다. 인간의 정체성에 있어 뇌의 중심적 역할을 이해하게 된 계기는, 사고나 전쟁 때문에 머리 손상을 입은 사람이 사고나 기능 장애를 보인 사례 때문이었다.

우리는 뇌 해부학적 구조와 기능에 대해 많은 것을 알게 되었지만, 뇌에 관한 인간의 이해력은 여전히 매우 제한적이었다. 사실 20세기 대부분만 해도 뇌는 고정되어 있고, 변경할 수 없으며, 정적인 존재라고 믿었다. 그러나 오늘날 우리는 뇌가 엄청난 가소성을 갖고 있어서 변할 수 있고, 적응할 수 있고, 변형할 수 있다는 사실을 안다. 뇌는 경험과 반복, 그리고 사람의 의도에 영향을 받아 형성된다. 뇌가 세포와 유전자 수준, 심지어 분자 수준에서 변형할 수 있는 능력이 있음을 알게 된 것은 지난 몇십 년에 걸친 특별한 기술적 진보 때문이다. 내가 배운 바에 따르면, 특별하게도 우리 각자는 뇌의 바로 그 회로망을 바꿀 수 있는 능력을 갖추고 있다.

뇌의 신경가소성에 대한 나의 첫 번째 경험은 그 상점 거리, 마술가게 뒷방에서 루스와 함께할 때 이루어졌다. 열두 살 때는 이 사실을 알지 못했다. 하지만 지금 와서 생각해 보면 그 6주 동안, 루스는 말 그대로 나의 뇌 회로망을 다시 연결했다. 당시만 해도 많은 이들이 불가능하다고 말했던 것을, 루스는 해냈던 것이다.

나는 매일 마술가게로 가려는 계획을 아무에게도 말하지 않았다. 딱히 나한테 물어보는 사람도 없었다. 랭커스터의 여름은 뜨겁고, 세찬 바람이 불고, 영원히 계속될 연옥에 있는 것 같았다. 그러니까 그 와중에 안절부절못하고 뭔가를 항상 하고 있어야 할 것 같은 기분이 들었지만, 진짜로 할 건 하나도 없었다. 내가 살고 있던 아파트 단지는 그저 꽉 들어찬 흙과 잡초로 둘러싸인 공간에 지나지 않았다. 이따금 이 풍경 안에 버려진 자동차나 기계 부품 등이 들어오기도 했다. 사람들은 더는 쓰지 않거나 필요 없는 것을 아무도 눈치채지 못하는 곳에 던져 버리곤 했다.

어른과 마찬가지로 아이들도 일관성과 믿음이 있을 때 뭐든 잘 해낸다. 뇌는 그 두 가지를 모두 요구한다. 당시 우리 집에는 눈을 씻고 찾아봐도 그런 건 없었다. 밥 먹으라고 정한 시간도 없었고, 아침에 학교 가라고 잠을 깨워 주는 알람 소리도 없었으며, 밤에 자야 할 시간 같은 것도 없었다. 엄마가 우울증이 조금 나아져 침대 밖으로 나올 수 있을 때면 겨우 끼니를 챙기곤 했다. 그것도 집 안에 먹을 게 있을 때야 가능했다. 먹을 게 없으면 그냥 굶주린 채 자러 가야 했지만, 간혹 친구 집에 가서 운 좋으면 저녁 먹고 가라고 붙잡히는 경우도 있긴 했다. 하지만 대부분의 다른 친구들처럼, 나는 정해진 시간에 집에 있을 필요가 없었기 때문에 그건 운이 좋다고 생각했다. 나는 늦게까지 집에 가고 싶지 않았다. 일찍 집에 가 봤자 대개는 엄마 아빠가 싸움을 하고 있기 일쑤였다. 제발 내가 딴 곳에 있으면 좋겠다고, 딴 사람이라면 좋겠다고 생각하게 되는 그런 일들이 일어날 것임을 뻔히 알았다.

사람들은 가끔 누군가 자신에게 말을 건네거나 무슨 말이라도 해주기를 정말로 바란다. 그러면 자신이 중요한 사람인 것처럼 느껴지기 때문이다. 하지만 때로는 말을 건네주지 않는다고 그게 당신이 중요하지 않다는 뜻은 아니다. 당신 주변 사람들의 고통이 너무 크면 당신은 투명 인간처럼 된다. 그저 그래서 당신이 보이지 않는 것뿐이다. 숙제는 했느냐, 학교 가게 일어나야지, 옷은 이렇게 입어야지 하며 나를 귀찮게 해 줄 사람이 아무도 없다는 이유로, 나는 스스로 운이 좋은 척했다. 하지만 그저 그런 척한 것뿐이었다. 십 대들은 자유를 몹시 원하지만, 그것도 안정되고 안전한 기반 위에 서 있을 경우에만 그러하다.

루스는 나한테 아침 10시에 가게로 오라고 했다. 첫날, 나는 마치 생일이랑 크리스마스 아침이 겹쳐 한꺼번에 굴러온 것처럼 마음이 들떠서 일찍 잠에서 깼다. 실은 전날 밤 잠도 잘 오지 않았다. 루스가 무엇을 가르쳐 줄지 전혀 감이 오지 않았지만 그런 건 상관없었다. 그냥 루스에게 뭐라도 더 이야기할 수 있기를 바랐고, 어디론가 간다는 것도 기분이 좋았다. 내가 중요한 사람이 된 듯한 느낌이었다.

첫날, 자전거를 타고 마술가게 앞으로 가니 창 너머로 루스가 보였다. 내 자전거는 슈윈의 오렌지색 스팅레이 모델로 안장은 하얀 바나나 색깔이었다. 그 자전거는 내가 가진 물건 중에 가장 값이 나가는 것이었고, 더구나 내 돈으로 샀기 때문에 아직도 생생하게 기억난다. 그 길고도 긴 여름날 땡볕 아래서 여기저기 잔디를 깎아 번 돈이었다.

자전거를 멈추어 세우니 루스의 모습이 더 뚜렷하게 보였다. 어깨까지 내려오는 갈색 머리칼이 얼굴에 닿지 않도록 파란색 큰 헤어밴드를 하고, 안경은 체인을 달아서 목에 걸고 있었다. 루스가 입은 원피스는 학교 미술 시간에 옷 위에 겹쳐 입어야 했던 커다란 작업복처럼 보였다. 그 색깔은 영락없이 랭커스터의 아침 하늘 빛깔이었다. 새하얀 수평선 줄기가 담긴 아주 맑고 밝은 파란색. 나는 매일 아침 잠에서 깨면 맨 먼저 창문 밖을 바라보았다. 어떤 이유에서인지 그 파란 하늘을 보면 언제나 어떤 희망 같은 게 느껴졌다.

루스는 환하게 미소를 보냈고 나도 따라 미소를 지었다. 그런데 내 심장이 가슴속에서 마구 망치질하는 것 같았다. 너무 빨리 자전거를 몰고 와서 그랬을 게 분명했다. 또 앞으로 무슨 일이 일어날지 잘 모르기도 해서 그랬던 것 같기도 하다. 실은 어째서 이런 일이 일어나고 있는지도 알 수 없었다. 그 전날만 해도 여기에 오는 일이 멋진 생각 같았고, 오늘 아침만 해도 늘 어디론가 가고 싶어 했던 내가 자전거를 타고 끝없이 펼쳐진 잡초 벌판을 지나 이곳까지 오는 게 다른 날보다 느낌이 더 좋았던 것 같은데, 하지만 바로 이 순간 내 마음이 흔들렸다.

내가 어디에 발을 들여놓고 있는 걸까? 혹시 바보같이 루스가 가르쳐 주는 마술을 따라 할 수 없으면 어쩌지? 만약에 루스가 우리 가족에 대한 사실을 알아 버린다면 어떻게 하지? 혹시라도 루스가 나를 납치해서 사막 한가운데 데려다가 내 시체로 흑마술을 하려는 미친 여자면? 얼마 전에 「부두교 마녀」라는 영화를 보았는데, 그 순간 갑자기 그런 생각이 들었다. 혹시 루스가 미친 마법사고, 나를 괴물로 변하게 해서 마음대로 조종하여 세상을 지배하려는 건 아닐까?

그러자 두 팔에 힘이 쑥 빠졌다. 문을 반쯤 열었는데 갑자기 그 문이 너무 무겁게 느껴졌다. 문이 나를 거부했다. 나는 문 옆에 세워 둔 자전거와 거의 텅 비어 있는 주차장을 바라보았다. 지금 뭐하고 있는 거지? 어째서 이런 일을 하겠다고 덜컥 말해 버린 걸까? 지금이라도 자전거를 타고 저 멀리 도망가 다시 돌아오지 않을 수도 있었다.

루스는 웃으며 내 이름을 크게 불렀다.

"짐, 반갑구나. 잠시 생각했단다. 네가 과연 여기에 올까 하고 말이야."

루스는 할머니들이 그러는 것처럼 고개를 끄덕이더니 나한테 들어오라고 손짓했다. 내 마음속이 따뜻해졌다. *루스는 나를 없애 버릴 미친 마법사는 아니야.*

문을 밀어 보았다. 그제야 스르르 문이 열렸다.

"누가 뒤에서 쫓아오는 것처럼 자전거를 타고 왔구나."

내가 들어서자 루스는 이렇게 말했다. 나는 종종 누가 뒤에서 날 쫓아오는 것 같다고 느끼곤 했지만, 그게 누구인지는 잘 몰랐다.

갑자기 수줍은 마음에 얼굴이 붉어졌다. 어쩌면 루스는 내가 느끼는 두려움이나 의심을 이미 보았던 듯했다. 혹시 엑스레이처럼 투시력이 있는 걸까? 오래 신어서 낡아 버린 내 테니스 신발을 내려다보았다. 오른쪽 신발 위에 작은 구멍이 나 있었다. 창피했다. 루스가 볼까 봐 발가락을 꼼지락거리며 오므렸다.

"여기 내 아들 닐을 소개하마. 닐은 마술사란다."

혹시 루스가 내 신발의 구멍을 눈치챘다면 짐짓 모른 척하고 있

는 게 틀림없어.

그런데 닐은 진짜로 마술사처럼 보이지 않았다. 커다란 까만 안경을 쓰고 있었고 머리카락은 루스처럼 갈색빛이 감돌았다. 너무 평범해 보였다. 마술사 모자도, 망토도, 수염도 없다니.

"어, 우리 어머니 말씀이, 네가 마술을 좋아한다고?"

닐의 목소리는 깊고 느렸다. 그는 유리 카운터에 쌓여 있던 50개의 카드 팩처럼 보이는 걸 손에 들고 있었다.

"네, 너무 멋지잖아요."

"카드 마술 아는 거 있니?"

닐은 두 손으로 카드 한 벌을 섞기 시작했다. 카드는 마치 그의 오른손에서 왼손으로, 뒤에서 앞으로, 앞에서 뒤로 공간을 가르며 날아가는 것처럼 보였다. 나는 그렇게 카드를 갖고 노는 걸 배우고 싶었다. 닐은 동작을 멈추더니 내 앞에 카드를 쫙 펼쳐 보였다.

"카드 한 장 골라 보렴."

나는 카드를 쭉 훑어보았다. 카드 하나가 약간 튀어나와 있었는데, 그건 너무 뻔한 선택이라 생각해서 대신 오른쪽에 멀리 있는 카드를 하나 골랐다.

"자, 그 카드를 나한테 보여 주지 말고 네 앞으로 해서 잡고 뭔지 봐."

나는 혹시 뒤에 거울이 있을까 봐, 카드를 가슴에 바짝 붙인 채 힐끔 쳐다보았다. 스페이드 퀸이었다.

"자, 이제 그 카드 앞면을 아래로 해서 카드 팩의 어디든 다시 넣어 보자. 이제 네가 카드를 섞어 봐. 네가 원하는 방식대로 잘 섞으면 돼. 자, 어서 해 봐."

닐은 카드 팩을 나한테 넘겨주었고, 나는 카드를 섞으려고 했다. 닐처럼 하지는 못했지만 용케 두 손에 카드를 쥐고서 나름대로 잘 섞었다.

"한 번 더 섞어 봐."

다시 한 번 더 섞었는데, 이번엔 아까보다 조금 나아졌다. 카드가 조금 더 빳빳하고 반듯하게 쌓였다.

"이제 세 번째로 섞어 볼까?"

이번에는 잊지 않고 손가락 마디를 카드 안에 밀어 넣어 활처럼 구부러지게 만들어 보였다. 카드가 다 모이자 두 개의 기계가 함께 돌아가는 모습 같았다.

"아주 잘했어."

나는 닐에게 카드 팩을 건네주었다. 닐은 카드 앞면을 위로 해서 한 장, 한 장 뒤집기 시작했다. 때때로 카드를 쥐고 "이건 네 카드는 아니고."라고 말하곤 했다. 마침내 그는 스페이드 퀸을 뒤집었다.

"이거구나. 이게 네 카드야."

그는 의기양양하게 그 카드를 흔들더니, 카드 그림을 위로 해서 내 앞에 놓았다.

"대단하네요."

나는 미소를 지으며 말했지만, 그게 어떻게 내 카드인 줄 알아냈는지 궁금했다. 그래서 카드를 들어 뒤집어 보았다. 혹시 어디 구부려 놓은 흔적이라도 있을까 해서 카드 네 모서리를 다 살펴보았지만 그런 건 없었다.

"이게 누구인지 아니? 스페이드 퀸이 누구를 상징하는지 말이야."

나는 역사 시간에 들어 보았던 여왕의 이름은 뭐든 기억해 내려고 애를 썼다. 그런데 하나밖에 생각이 나지 않았다.

"엘리자베스 여왕인가요?"

닐은 웃어 보였다.

"자, 만약에 이게 영국식 카드 팩이라면 네 말이 맞을 거야. 하지만 이건 유감스럽게도 프랑스식 카드 팩이고, 프랑스 카드에서 각 여왕은 역사나 신화 속의 다양한 여성을 상징한단다. 프랑스 카드에서 하트 퀸과 다이아몬드 퀸은 유디스와 라헬을 나타내지. 둘 다 성경에 나오는 강인한 여성이야. 클로버 퀸은 아르긴(Argine)으로 알려져 있는데, 나도 들어 본 적이 없는 사람이야. 하지만 그 이름은 라틴어로 여왕이라는 뜻의 단어 레지나(Regina)의 철자를 바꾼 거야. 네가 뽑은 카드 스페이드 퀸은 그리스 여신 아테나란다. 아테나는 지혜의 여신이자 모든 영웅의 친구이지. 만약 영웅처럼 뭔가 찾아가려고 한다면, 반드시 네 옆에 아테나를 두고 싶어 할 거야."

"그런데 그게 제 카드인 줄 어떻게 알았어요?"

"자, 너도 알다시피 마술사는 절대로 자기 마술 비법을 발설하지 않는 법이지. 하지만 네가 여기에 배우러 왔다는 걸 감안해서 그 비밀을 너한테만 알려 주는 게 좋겠구나."

닐은 카드를 뒤집었다.

"이 카드 한 벌은 비밀 표시가 된 카드란다. 그냥 보면 마술사들이 흔히 쓰는 바이시클 덱처럼 보이지만 잘 살펴보면 여기 맨 아래쪽에 꽃 모양처럼 생긴 게 있어. 그 꽃 중심으로 주변에 여덟 개의 꽃잎이 있는 게 보일 거야. 각 꽃잎은 2부터 9까지 카드를 나타내고, 꽃 심지는 10을 나타내지. 측면 위에 있는 네 개의 소용돌이는 스페이드, 클로버, 하트, 다이아몬드 세트를 나타내고."

그는 그 꽃의 측면에 있는 또 하나의 문양을 가리켰다.

"마술사가 카드에 표시할 때는 꽃잎이나 가운데 심지에 살짝 색을 넣지. 그러니까 잭, 퀸, 킹을 나타낼 때는 꽃잎에 색을 넣어. 아무 색도 넣지 않은 건 에이스야. 그런 다음 여기에다가 표시해서 스페이드, 클로버, 하트, 다이아몬드 카드 한 세트임을 보여 주게 돼. 그래서 이제 네 카드를 보면 암호를 읽어 낼 수 있을 거야. 가운데 심지와 3번 꽃잎에 색이 들어 있으니 퀸이 되지. 여기 위에 스페이드에 색이 들어가 있는 게 보일 거야."

나는 카드를 면밀하게 살펴보았다. 색이 들어갔다고 하지만 아주 미묘했고, 만약 이 사실을 알고 굳이 찾아내려 하지 않았다면 전혀 눈에 띄지 않았을 것이다.

"연구를 좀 해야 하지만 일단 그걸 다 암기하고 나면 빠르게 읽어 낼 수 있단다."

나는 카운터 위에 펼쳐진 다른 카드도 바라보았다.

"이 카드들도 전부 표시가 된 건가요?"

"아니. 이건 전부 다른 형태의 트릭이 들어간 카드들이란다. 스트리퍼 덱, 스벤갈리 덱, 개프트 덱, 포싱 덱 등이야. 심지어 브레인 웨이브 덱도 있어. 전부 내가 만들지. 카드는 내 전공이거든."

나는 개프트 덱에 대해서는 들어본 적 있다. 다이아몬드가 열세 개나 그려진 카드라던가 스페이드 킹이 해골로 그려진 카드라던가, 조커가 아주 작은 딴 카드를 들고 있는 그림이 그려진 별난 조커 카드 등으로 마술을 하는 것이었다. 원래 존재하지 않는 카드를 직접 쇼에서 보여 주면서 관객들을 재미나게 해 주는 코미디 카드였다. 하지만 내가 아는 건 그것뿐이었다. 그 외에 다른 이름은 죄다 수수께끼처럼 들렸다. 스트리퍼 덱이랑 브레인 웨이브 덱이라니? 이게 도대체 무엇인지 몰랐다. 그렇지만 닐한테 나의 무지함을 시인하고 싶지는 않았다.

"혹시 2차 대전 때 독일에 있는 전쟁 포로들에게 보내려고 만든 특별한 카드가 있었다는 사실 아니? 각각의 카드는 벗겨 낼 수 있어서 그 안에 포로들에게 필요한 비밀 탈출 경로가 담긴 지도를 숨길 수 있었대. 지금 보면 그거야말로 굉장한 마술 기법이었지."

닐은 표시된 카드 팩 안에 나의 스페이드 퀸을 다시 밀어 넣고는 그걸 건네주었다.

"너 가져도 돼. 선물이야."

나는 카드 한 벌을 그에게서 받았다. 지금껏 어느 누구도 나에게 공짜로 뭔가를 준 적이 없었다.

"고맙습니다. 정말 고맙습니다."

나는 표시된 카드 모두를 암기하겠노라고 맹세했다.

"자, 우리 어머니 말씀이, 너한테 진짜로 멋진 마술을 좀 가르쳐 줄 예정이라고 하시던데."

나는 살짝 웃었지만 뭐라고 말해야 할지 몰랐다.

"어머니 마술은 우리가 지금 여기서 한 것 그 이상이란다." 닐은 가게 안을 살피며 손사래를 쳤다. "어머니 마술이라면 분명 네가 원하는 걸 뭐든 얻는 방법을 배울 수 있어. 그건 뭐랄까, 램프 요정 지니와 비슷하긴 해. 그런데 어머니는 네 머릿속의 지니에게 너를 소개해 주실 거야. 소원을 빌 때 신중하게 생각하렴."

"세 가지 소원인가요?" 내가 물었다.

"네가 바라는 만큼 많은 소원도 돼. 하지만 연습을 아주 많이 해야 할 거야. 그건 카드 마술을 배우는 것보다 훨씬 더 힘들지만 겉보기엔 그리 어렵지 않거든. 나도 진짜 오랫동안 연습해야 했단다. 어머니가 말씀하시는 모든 것에 집중해야 한다는 사실만 기억해. 지름길은 없어. 어머니가 너한테 말씀해 주시는 그대로 모든 단계를 따라야만 해."

닐의 말에 고개를 끄덕이곤 그에게서 받은 표시된 카드 한 벌을 주머니에 넣었다.

"이제 어머니가 너를 뒤로 데리고 가실 거야. 저기 뒤에 작은 사무실이 하나 있거든. 명심해. 어머니가 시키는 건 뭐든지 해야 해."

그는 주변을 살펴보더니 루스에게 미소를 지었다.

루스는 아들의 팔뚝을 툭툭 치더니 나를 쳐다보았다.

"어서 오려무나, 짐. 우리 이제 시작하자."

루스는 가게 뒤쪽 문을 향해 걸어갔다. 내가 정말 무엇을 하고 있는지 잘 알지 못한 채, 루스를 따라갔다.

뒤편의 사무실은 어둑하고 약간 퀴퀴한 냄새가 났다. 창문은 없고 낡은 갈색 책상과 철제 의자 두 개만 놓여 있었다. 중앙에는 털이 북실북실한 카펫이 깔려 있었는데, 마치 사방 벽 주변에 짧은 갈색 풀처럼 툭 튀어나와 있었다. 어디를 봐도 마술 도구는 없었다. 지팡이도 플라스틱 컵도, 카드도 모자도 없었다.

"짐, 앉을까?"

루스는 철제 의자 하나에 자리를 잡았고 나도 나머지 하나에 앉았다. 우리는 서로 얼굴을 마주 보았으며 무릎은 거의 닿을 정도였다. 내 오른쪽 다리는 안절부절못하고 위아래로 움직였다. 초조할 때면 나오는 습관이었다. 내 등은 문 쪽을 향해 있었는데, 도망쳐야 할 경우를 대비해서 문의 위치를 알아 두자는 생각을 잠시 했다. 나는 머릿속으로, 여기를 나가서 자전거까지 가는 데 얼마나 걸릴지 계산해 보았다.

"오늘 네가 와 줘서 반갑구나." 루스가 미소를 보이자 다리 떨림이 조금 줄어드는 듯한 기분이 들었다. "기분은 어떠니?"

"괜찮습니다."

"지금 기분은 어떠냐고 물었단다."

"잘 모르겠어요."

"초조하니?"

"아뇨."

나는 거짓말을 했다.

루스는 내 오른쪽 무릎에 손을 얹더니 지그시 눌렀다. 내 무릎은 금세 움직임을 멈추었다. 나는 긴장한 채 스스로 뭔가 대비를 했다. 그러니까 이 상황이 좀 더 이상하게 흘러가면 뛰어나갈 생각이었다. 루스는 무릎에서 손을 거두었다.

"하지만 초조한 듯 다리를 떨고 있구나."

"루스가 나한테 무엇을 가르쳐 줄지 궁금해서 그러는 것 같아요."

"내가 너한테 가르쳐 줄 마술은 마술가게에서 살 수 있는 그런 게 아니란다. 이 마술은 수백 년 동안, 어쩌면 수천 년 동안 우리 주변에 있어 왔지. 그런데 누군가 너한테 그걸 가르쳐 주어야만 비로소 네가 배울 수 있단다."

나는 고개를 끄덕였다.

"하지만 먼저 네가 나한테 뭔가를 해 주어야만 해."

루스의 비결을 배우기 위해서라면 그녀에게 뭐든 줄 거라고 마음을 먹고 있었지만, 나한텐 자전거 외에 그리 대단한 게 없었다.

"무엇을 드려야 할까요?"

"나한테 약속을 해 줘야 한단다. 이번 여름에 내가 너한테 가르쳐 주고 있는 것을, 훗날 너도 다른 누군가에게 가르쳐 줄 것이라고 말이야. 그리고 그 사람에게도 똑같이 다른 누군가에게 그걸 알려 주고, 그 사람도, 그다음 사람도 마찬가지로 그리할 것이라고 약속을 받아야 해. 그렇게 할 수 있겠니?"

내가 누구한테 그걸 가르치게 될지 도대체 알 수 없었다. 게다가 그 시점에서 내가 그것을 다른 누군가에게 가르칠 수 있을지 없을지조차 확신이 서지 않았다. 하지만 루스는 나를 빤히 쳐다보며 대답을 기다리고 있었다. 그래서 단 하나의 정답만이 있음을 눈치 챘다.

"약속할게요."

나는 혹시나 가르쳐 줄 사람을 찾을 수 없을 경우를 대비해, 등 뒤에서 손가락을 교차해 볼까 생각했다. 하지만 그 대신 공중에 세 손가락을 들어 보였다. 언젠가 보이 스카우트 대원들이 그렇게 하는 걸 본 적이 있었다. 그렇게 하면 그 일을 공식화하는 행위라고 나는 나름대로 이해했다.

"자, 눈을 감으렴. 네가 바람 속에 흩날리는 하나의 나뭇잎이라고 상상해 보려무나."

나는 두 눈을 뜨고 찡그렸다. 나이에 비해 키는 정말 컸지만, 내 몸무게는 겨우 54킬로그램을 넘겼을 뿐이었다. 그러니까 나는 바람 속에 흩날리는 나뭇잎이라기보다 땅속에 박힌 잔가지에 더 가까웠다.

"자, 눈을 감아 보자꾸나."

루스는 상냥하게 말하며 고개를 끄덕였다.

나는 다시 눈을 감고 바람 속에 흩날리는 나뭇잎을 상상하려고 애썼다. 아마도 루스는 내가 나뭇잎이라고 생각하도록 최면을 걸 생각인 것 같았다. 예전에 무대 최면술사를 본 적이 있는데, 그는 관객들을 향해 다양한 가축이라고 생각하게끔 만들었다. 그러고 나서 사람들이 서로 싸움을 벌이도록 했었다. 나는 마구 웃음이 터져 나와 그만 눈을 뜨고 말았다.

루스는 손바닥을 아래로 하여 두 손을 허벅지에 가만히 올려 둔 채, 내 맞은편 의자에 똑바로 앉아 있었다. 그리고 나지막이 한숨을 쉬었다.

"짐, 첫 번째 마술은 네 몸 안 모든 근육의 긴장을 푸는 방법을 배우는 것이란다. 그게 생각만큼 쉽지는 않아."

내가 긴장을 풀고 편안한 기분을 느껴 본 적이 있었는지 생각나지 않았다. 난 언제나 냅다 달려가거나 마구 싸울 준비를 하고 살았던 것 같았다. 다시 눈을 떴다. 그러자 루스는 오른쪽으로 고개를 갸우뚱하더니 내 눈을 똑바로 바라보았다.

"너를 아프게 하려는 게 아니란다. 너를 도와줄 거야. 날 믿어 줄 수 있겠니?"

루스가 지금 하고 있는 말을 곰곰이 생각했다. 살아오면서 누군가를 믿었던 적이 있을까? 확실히 어른들은 믿지 못했다. 하지만 지금껏 나한테 믿어 달라고 부탁한 사람은 아무도 없었다. 그래서 루스가 그렇게 말해 주는 게 참 좋았다. 나는 루스를 믿고 싶었다. 나한테 가르쳐 주어야 한다던 것도 배우고 싶었다. 하지만 이런 상황이 전부 이상하게만 느껴졌다.

"왜 그래야 하죠? 왜 나를 도와주려고 하는 건가요?" 내가 물었다.

"우리가 만나던 순간, 너한테 가능성이 있다는 걸 알았단다. 그걸 보았어. 그래서 너도 그 가능성을 볼 수 있도록 가르쳐 주고 싶은 거란다."

나는 가능성이 대체 무엇인지, 내게 그런 게 있다는 걸 루스가 어떻게 알았는지 혼란스러웠다. 당시 1968년 그 여름날에는 어쩌면 루스가 마술가게에 어슬렁거리며 들어왔던 사람 누구한테서나 가능성을 볼 수 있었을 텐데, 그중에서 결국 내가 선택되었다는 엄연한 사실도 미처 인식하지 못했다.

"좋아요. 믿어요." 나는 답했다.

"그렇다면 좋아. 거기서부터 우리는 시작할 거야. 이제 네 몸에 초점을 맞추렴. 기분이 어떠니?"

"잘 모르겠어요."

"자전거를 타는 걸로 생각해 보자꾸나. 네가 정말 빠르게 자전거를 탈 때, 네 몸 안에서 어떤 느낌이 들지?"

"느낌이 좋아요. 그런 것 같아요."

"지금 네 심장은 어떤 상태니?"

"뛰고 있어요." 이렇게 말하며 나는 웃었다.

"느리게 아니면 빠르게?"

"빠르게 뛰어요."

"좋아. 네 손은 어떤 느낌이니?"

아래를 내려다보니 의자 가장자리를 꽉 붙잡고 있는 내 손이 보였다. 나는 손의 긴장을 풀었다.

"손도 이제 느긋하게 풀었어요."

"좋아. 호흡은 어떠니? 깊게 쉬고 있니, 아니면 얕게 쉬고 있니?"

루스는 호흡을 깊게 들이쉬었다가 내쉬었다. "이렇게 하고 있니?

아니면 이렇게 하고 있니?" 이번에 루스는 숨이 차서 헐떡이는 강아지처럼 빠르게 숨을 쉬기 시작했다.

"그 둘 사이 어디쯤인 것 같아요."

"초조하니?"

"아니요." 나는 거짓말을 했다.

"다시 다리를 떨고 있는데."

"조금 초조한 것 같아요."

"몸은 우리 안에서 일어나고 있는 일에 대한 신호로 가득 차 있단다. 몸은 정말로 놀라운 것이지. 누군가가 너한테 기분이 어떠냐고 물어보면, 넌 '잘 모르겠다.'고 대답할 수도 있어. 네가 정말 모르거나 말하고 싶지 않을 수도 있으니까. 하지만 네 몸은 언제나 네가 어떤 느낌인지, 어떤 기분인지 알고 있어. 네가 두려울 때, 즐거울 때, 너무 신날 때, 초조할 때, 화가 날 때, 질투할 때, 슬플 때 네 마음은, 네가 잘 모른다고 생각할 수도 있지만, 네 몸한테 물어보면 똑바로 말해 줄 거야. 어떤 면에서 몸은 자기만의 마음을 갖고 있단다. 몸은 반작용을 해. 반응을 하지. 몸은 어떤 상황에서 올바른 방식으로 반응할 때도 있고, 잘못된 방식으로 반응할 때도 있단다. 무슨 말인지 알겠니?"

문득 나는 그 말이 참으로 맞다는 생각이 들었다. 집에 오면, 항상 문을 열고 들어가는 순간 엄마의 기분이 어떤지 순간 알아챌 수 있었다. 엄마가 한마디 거들 필요도 없었다. 내 배 속의 깊은 구멍이 속에서 그걸 느낄 수 있었다.

나는 어깨를 으쓱했다. 루스가 말하고 있는 것을 따라가려고 노력하고 있었다.

"정말로 슬프거나 정말로 화가 난 적이 있니?"

"이따금 그래요."

나는 화가 난 적이 많았지만 그렇게 말하고 싶지 않았다.

"네가 화가 났을 때나 두려웠을 때가 언제였는지 그 예를 하나 이야기해 주었으면 좋겠구나. 그러면 네가 그 이야기를 해 줄 때, 네 몸 안에서 어떤 느낌이 드는지에 대해 우리가 이야기를 나눌 수 있을 거야."

내 마음은 마구 내달리기 시작했다. 루스에게 어떤 이야기를 해 주어야 할까. 가톨릭 학교에 다녔는데 수녀님이 나를 손바닥으로 철썩 때리는 바람에, 생각할 겨를 없이 나도 수녀님을 되받아쳤던 그때 이야기를 해야 할까? 아니면 아빠가 다시 술에 취해 집에 왔던 목요일 밤에 대해 말해야 할까? 그도 아니면 엄마를 병원에 모시고 갔을 때 의사가 했던 말을 듣고 의사를 때려 주고 싶었다거나 아니면 쥐구멍으로 숨고 싶었다거나, 실은 둘 다 하고 싶었다는 이야기를 해도 될까?

"짐, 네 생각의 소리가 너무 커서 나한테도 다 들리는구나. 내가 그걸 불러낼 수는 없단다. 네가 생각하고 있는 걸 지금 이 순간 곧바로 나한테 말해 주려무나."

"루스에게 말하고 싶지 않은 온갖 것들에 대해 생각하는 중이에요."

루스는 미소 지었다. "그래, 알았어. 네가 무슨 말을 해도 잘못되었다고 말할 수 있는 건 없단다. 지금 우리는 네가 어떤 느낌이고 어떤 기분인지에 대해 이야기하고 있어. 감정은 맞거나 틀리거나 하지 않아. 그건 그냥 감정일 뿐이란다."

나는 루스가 하고 있는 말을 정말로 믿지 않았다. 나는 나의 감정, 나의 분노, 나의 슬픔, 그러니까 내 감정이 나를 휘몰아치는 듯한 모든 방식에 대해 엄청난 수치심을 느꼈다. 도망치고 싶었다.

"네 다리는 지금 1초당 1마일의 속도로 올라갔다 내려갔다 하는구나." 루스가 말했다. "내가 셋을 셀게. 그러면 나한테 이야기를 시작했으면 좋겠어. 네가 말하려고 하는 것에 대해 더 이상 깊이 생각하지 말고. 알았지? 자, 준비되었지?"

그래도 여전히 내 머리와 마음은 그다지 당황스럽지 않은 말할 거리를 찾아내느라, 마구 튀어나오는 온갖 생각과 감정을 치워 버리려고 미친 듯이 애쓰고 있었다. 정말이지 루스를 놀라게 하고 싶지는 않았다.

"하나……."

만약 루스가 가톨릭 신자라서 내가 수녀님을 때려 학교에서 쫓겨나 누나와 매형이 사는 집으로 보내졌다는 이야기를 듣고 기겁하면 어쩌지? 거기서 또 싸움을 해서 그 학교에서도 쫓겨났다는 이야기를 듣고 깜짝 놀라면 어쩌지? 만약 내가 너무 폭력적인 아이라는 걸 알고서 더 이상 마술가게로 오지 않았으면 하고 바란다면 어쩌지?

"둘……."

만약 아빠가 술에 잔뜩 취해서 우리 자동차를 부숴 버린 일에 대해 내가 너무 화가 났었다는 이야기를 하면 어떨까? 그래서 자동차 앞이 완전히 움푹해지고 뒤 범퍼는 밧줄로 묶어 타고 다녀야 하는 상황이라, 누가 말하지 않아도 그 모습 자체가 "*보세요. 우린 너무 가난해서 차를 고칠 만한 돈도 없어요.*"라고 온 동네에 광고하고 다니는 처지가 된 것에 화가 나서 미칠 지경이라면, 루스는 어찌 생각할까? 내가 버르장머리 없는 나쁜 아들이라고 생각하면 어쩌지?

"셋…… 시작!"

"우리 아빠는 술을 마셔요. 매일은 아니지만 많이 마시죠. 술을 마시러 나가면 몇 주 동안 사라지고 없어요. 그러면 우리는 먹고살 돈이 하나도 없어져요. 정부에서 주는 공공 지원금이 있지만 그걸로는 너무 빠듯해요. 아빠가 술을 마시지 않을 땐, 아빠한테 걸리지 않으려고 전부 발끝을 들고 집 안을 돌아다녀요. 집에서 술이라도 마시는 날엔 늘 고함을 치고, 소리 지르고, 물건을 깨고, 엄마는 울기 시작하죠. 이런 일이 일어나면 우리 형은 사라지고 없고, 나는 내 방 안에 숨지만 혹시 일이 잘못될 경우를 대비해 다 듣고 있어요. 엄마가 늘 걱정이죠. 엄마는 많이 아파서 거의 하루 종일 침대에 누워 있으니까요. 아빠가 술을 마시면 엄마 상태는 항상 더 나빠지고 싸움을 하게 돼요. 아빠가 집에 오면 엄마는 아빠한테 고함을 질러요. 그러고 나서 아빠가 집을 나가면 엄마는 조용해지죠. 엄마는 여간해서 침대에서 나와 뭘 먹거나 뭘 하지 않아요. 무얼 어찌 해야 할지 저도 잘 모르겠어요."

"계속 하렴, 짐."

루스는 정말로 내 말을 귀 기울여 듣고 있었다. 내가 말하고 있는 것을 정말로 듣고 싶어 하는 것 같았다. 충격을 받은 것처럼 보이지도 않았다. 루스는 다 이해하는 듯 초콜릿 칩 쿠키 같은 미소를 지어 보였다. 내가 지금 말하고 있는 것을 다 알고 있는 것 같았다. 아니면 적어도 우리 가족이 너무 가난하다는 이유로, 우리 가족을 먼지만도 못한 쓰레기라고 생각하는 건 아닌 것 같았다.

"어서 이야기를 계속하렴." 루스는 나를 격려해 주었다.

"한번은 제가 학교를 마치고 집에 왔는데 집 안이 조용한 거예요. 뭔가 좀 이상한 느낌이 드는 그런 조용한 분위기였어요. 엄마 방으로 가 보니 누워 계셨어요. 엄마는 약을 한 움큼 다 드셨던 거예요. 평소 먹는 진정제였는데, 한꺼번에 너무 많이 먹었던 거죠. 나는 옆집으로 달려가서 옆집 아주머니에게 병원까지 태워 달라고 부탁해야 했어요. 예전에도 그 아주머니가 그렇게 해 주신 적이 있거든요. 그러니까 엄마는 예전에도 이런 사고를 낸 적이 있었어요. 병원에서 엄마는 침대에 누워 계시고 나는 엄마 옆에 앉아 있었는데, 커튼 저편에서 병원 사람들이 이야기하는 소리가 다 들렸어요. 어떤 남자는, 엄마 때문에 이따위 서류를 모두 작성하는 게 너무 괴롭다며, 예전에도 엄마가 그런 적이 있다고 말하면서 이런 사람들한테 시간을 낭비하는 일이 지친다고 말하는 거예요. 같이 있던 여자는 크게 웃으면서 '어쩌면 이번이 마지막일 수도 있지.'라는 투로 말을 하더군요. 정말이지 나는 어찌해 볼 수가 없었어요. 그러자 두 사람은 같이 웃더라고요. 나는 너무 화가 나서 커튼을 찢어 버리고 그 두 사람한테 소리쳤어요. 병원 사람들이 그러면 안 되는 거잖아요. 그리고 엄마한테도 너무 화가 났어요. 왜 이렇게까지 하는지 도저히 이해할 수 없었으니까요. 불공평하고 당혹스러운 일이었어요. 또 엄마를 그렇게까지 화나게 하고 슬프게 하는 아빠한테도 화가 났어요. 엄마, 아빠 그리고 병원에 있는 모든 사람에게 다 화가 났어요. 정말로, 정말로 때로는 미쳐 버릴 만큼 화가 나요."

이제 이야기를 마쳤는데 어찌해야 할까. 루스는 나를 마주한 채 의자에 앉아 있고, 나는 내 못난 테니스 신발에 난 구멍만 뚫어져라 쳐다본다.

"짐." 루스는 부드러운 목소리로 내 이름을 부른다. "지금 이 순간 네 몸은 어떤 느낌이니?"

나는 어깨를 으쓱해 보였다. 이제 루스가 우리 가족에 대해 알게 되었으니 나에 대해 어떻게 생각할까.

"네 배 속 느낌이 어때?"

"좀 아픈 것 같아요."

"가슴은 어떠니?"

"단단히 조이는 느낌이에요. 좀 아파요."

"머리는 어떠니?"

"머리는 지끈지끈해요."

"눈은 어떠니?"

나는 왜 그랬는지 모르지만 루스가 그렇게 물어보는 순간, 그저 눈을 감고 울고만 싶었다. 울면 안 돼. 울고 싶지 않았지만 어쩔 도리가 없었다. 눈물 한 방울이 볼을 타고 흘러내렸다.

"뭔가 눈을 찌르는 것 같아요."

"네 부모님에 대해 이야기해 줘서 고맙다, 짐. 때때로 우리는, 무슨 말을 해야 할까 하고 생각하는 것 자체를 멈출 필요가 있단다. 그리고 우리가 말해야 할 걸 그냥 말하면 되는 거지."

"그렇게 말하기는 쉽죠."

루스와 나는 함께 웃었다. 그 순간 나는 기분이 조금 나아졌다.

"이제 가슴이 아까만큼 조이는 기분은 들지 않아요."

"좋아. 그거 잘 되었구나. 이제 너한테 네 몸 안의 모든 근육의 긴장을 푸는 방법을 가르쳐 줄 거란다. 매일 한 시간씩 이걸 연습했으면 좋겠구나. 우리가 매일 아침 여기서 연습하는 걸 모두 밤에 집에서 연습해야 해. 말하자면 숙제 같은 거지. 자, 긴장을 푸는 일은 말처럼 그리 쉽지 않겠지만, 그건 사실 정말, 정말 하기 어렵단다. 그래서 연습이 많이 필요해."

나는 아직도 기억이 나지 않았다. 내가 긴장을 풀고 느긋한 기분을 느꼈을 때가 언제였을까? 나는 거의 언제나 피곤했는데 느긋한 기분을 느껴 본 적이 있을까? 사실 그게 어떤 건지도 몰랐다.

루스는 나한테 편안한 자세로 의자에 앉아 눈을 감으라고 했다. 또다시 내가 바람 속에 흩날리는 나뭇잎이라고 상상하도록 했다. 내 머릿속에서는 찬 기운이 거리를 따라 솟아오르는 듯한 느낌이 들었다. 이렇게 의자에 앉으니 기분이 조금 가벼워졌다.

"자세는 구부정하게 하지 말고. 네가 근육의 긴장을 푼다고 해도,

정신은 깨어 있고 근육도 여전히 자기 할 일을 하길 원하겠지. 자, 숨을 깊이 들이쉬고, 그다음 내쉬렴. 이렇게 세 번 코로 숨을 들이쉬고 입으로 내보내는 거야."

나는 최대한 깊게 숨을 쉬었다. 세 번.

"이제 네 발끝에 초점을 맞추렴. 마음속으로 네 발끝에 대해서 생각하는 거야. 발끝을 느껴 봐. 조금씩 꼼지락 움직여 봐. 신발 안에서 발끝을 둥글게 말았다가 쫙 펴 봐. 깊이 숨을 들이쉬고, 다음 천천히 내쉬고. 호흡은 계속 유지하고 발끝에 초점을 맞추는 거란다. 이제 발끝이 점점 더 무거워진다고 느껴 보렴."

나는 몇 번 더 심호흡한 뒤에 발끝에 집중하려고 애썼다. 이 정도는 쉬울 거라고 생각했지만 그렇지 않았다. 나는 신발 안에서 발끝을 꼼지락거려 보았지만, 그다음 순간 '개학하기 전에 새 신발을 마련할 수 있을까?' 하고 생각하기 시작했다. 그러자 돈이 없다는 생각 때문에 발끝에 대해서는 깡그리 잊어버렸다.

루스는, 내가 발끝이 아니라 다른 일에 대해 생각하기 시작한 때를 다 눈치채고 있는 듯했다. 내 마음이 발끝이 아닌 다른 데로 방황할 때마다, 바로 그 순간에 정확히 끼어들어 다시 깊게 숨을 쉬라고 말을 해 주곤 했기 때문이다. 얼마나 오래 숨을 쉬어야 했는지, 얼마나 오래 발끝에 대해 생각해야 했는지 말할 수는 없지만 그건 마치 영원처럼 느껴졌다.

"이제 심호흡을 하고 너의 발에 초점을 맞추렴."

나는 배가 고파졌다. 지루해졌다. 내 발이 마술을 배우는 거랑 무슨 상관이 있다는 걸까? 점심시간이 다 되어 갈 텐데. 어쩌면 루스는 나를 굶겨 죽일 작정이었나 보다. 맹세하건대 루스는 분명히 내 마음을 읽고 있었던 것이다. 어쩌면 그렇게 정확한 시점에 나한테 끼어들어 말을 해 주는지!

"다시 네 발에 집중하렴."

나는 발목을 돌리면서 크고 못나고 배고픈 내 발에 대해서 생각했다.

"이제 네 발목에 대해 생각하렴. 네 무릎도. 허벅지에 긴장을 풀고. 다리가 점점 무거워져서 의자에 털썩 주저앉는다고 느껴 보려무나."

나는 상상했다. 나는 세상에서 가장 뚱뚱한 사람이다. 어느 정도냐 하면, 내가 앉은 의자가 너무 무거워서 그 밑에 카펫이 짓눌려 아주 못 쓰게 되는 바람에, 결국 그 카펫은 낡은 중고품으로 중국에 팔려 가는 신세가 된다. 그렇게 뚱뚱하다고!

"이제 네 배 속 근육의 긴장을 풀어 볼까. 근육을 단단하게 조인 다음, 풀어 보자."

루스가 시키는 대로 했지만 배에서 꾸르륵 소리만 크게 날 뿐이었다. 분명 루스도 들었을 것이다.

"이제 가슴 차례란다, 짐. 깊게 숨을 들이쉬었다가 내쉬고, 가슴 근육의 긴장을 풀어 보렴. 심장이 뛰는 걸 느끼면서 심장 주변 근육의 긴장을 풀어 보자. 너의 심장은 일종의 근육이란다. 몸속 곳곳에 피와 산소를 순환시키지. 그러니 다른 근육들처럼 심장도 긴장을 풀 수가 있단다."

심장의 긴장을 풀면 혹시 내 몸의 기능이 멈추지 않을까? 그다음, 루스는 무엇을 하라고 할까?

"가슴 중앙에 초점을 맞추고. 가슴 근육이 느슨하게 풀어지는 것을 느끼렴. 깊게 숨을 들이쉬고, 좀 더 긴장이 풀릴 때 심장 박동을 느껴 보려무나. 이제 숨을 내쉬고 다시 가슴 근육을 푸는 데 집중하렴."

진짜 그렇게 연습을 하자 내 심장이 더 이상 내달리지 않는다는 것을 알아챘다.

나는 의대 시절에 심장 공부를 자주 하곤 했다. 그때, 미주 신경을 통해 연수라고 하는 뇌간 부분과 심장을 연결하는 신경이 있다는 사실을 배웠다. 그리고 미주 신경은 어떻게 두 가지 구성요소를 갖고 있는지, 그리고 만약 긴장을 풀고 호흡을 천천히 하여 신경의 출력량을 증가시키면, 어떤 식으로 부교감 신경계를 자극시켜 심장 박동을 느리게 하고 혈압을 내리는지도 배웠다. 또한 미주 신경의 탄력을 줄이는 것이 어떻게 실제로 교감 신경계를 자극하는지도 알아냈다. 이는 사람이 두렵거나 놀랄 때 발생하는 현상이다. 그래서 심장 박동이 증가한다. 하지만 그 날 마술가게에서 루스가 나한테 긴장을 풀고 호흡하는 법을 가르쳐 줄 때, 나는 조금 더 기분이 좋아지고 차분해진다는 느낌을 받았다. 그때 나는 신경계에 대해 몰랐고 뇌와 심장이 소통하는 무수히 많은 방식을 알지 못했다. 내 심장이나 뇌를 작동시키기 위해, 내 심장이나 뇌가 무언가를 공부할 필요는 없었다. 나는 뇌에서 심장으로 신호를 보내고 있었고 내 심장은 반응하고 있었다.

"이제 네 어깨에 긴장을 풀어 보자꾸나. 네 목과 턱도 함께. 혀는 입의 가장 바닥까지 떨어뜨리고. 네 눈과 이마가 단단해지다가 풀어지는 걸 느껴 보렴. 이제 모든 것, 몸 안의 근육은 전부…… 그냥…… 긴장을 풀도록 하자."

영원처럼 보였던 그 숨쉬기와 긴장 풀기에 대해 루스는 그 외의 다른 말은 하지 않았다. 나는 거기에 앉아서 천천히 숨을 들이쉬고 내쉬면서 긴장을 풀어 보려고 애썼다. 안절부절못하며 꼼지락거리지 않으려고 노력했다. 루스가 숨을 깊게 들이쉬고 내뱉는 소리를 들을 수 있었다. 그래서 이것을 하나의 신호로 여기고 나도 똑같이 하려고 했다. 호흡을 어떻게 해야 하는지 생각하고 있으면, 숨 쉬는 일이 어렵다. 한두 번 곁눈질로 루스를 엿보려고 했는데, 루스는 눈을 꼭 감고 의자에 앉은 내 자세를 거울처럼 비추고 있었다. 마침내 루스가 침묵을 깼다.

"좋아, 시간이 다 됐다. 이제 눈을 뜨렴."

나는 눈을 뜨고 의자에서 일어났다. 내 몸이 달라졌어. 조금 이상한 느낌이 진짜 들었다.

"잘했어, 짐. 분명 간식이 네 눈앞에 나타나겠구나."

루스는 책상 서랍을 하나 열더니 칩스 아호이 초콜릿 칩 쿠키 한 봉지를 꺼내며 이렇게 말했다.

"네가 먹고 싶은 만큼 집어도 돼."

나는 두 손 가득 한 움큼을 쥐었다. 내가 제일 좋아하는 과자였다. 그러자 루스는 끼고 있던 안경테 너머로 나를 쳐다보더니 말했다.

"이제 네 길 위에 들어섰구나."

내가 정말 어떤 길 위에 들어섰는지 몰랐다. 한 시간 동안 의자에 그냥 앉아 있는데 무슨 마술 같은 일이 있는지 정말 알 수 없었다.

"짐, 네 몸의 긴장을 푸는 연습을 하려무나. 특히 네가 말해 주었던 것처럼 가족과 함께 있는 상황에서는 특히 그렇게 했으면 좋겠구나. 네가 화가 나고 슬플 때도 긴장을 풀고 느긋해질 수 있어. 그게 큰일처럼 느껴진다는 걸 잘 안단다. 하지만 결국 너는 거의 즉각적으로 완전한 이완과 휴식의 상태로 들어갈 수 있을 거야. 배워 놓으면 굉장한 마술이란다. 이 점에 대해선 나를 믿어 보렴."

"좋아요. 그런데 왜 그래야 하는지 물어봐도 돼요?"

"삶에는 우리가 통제할 수 없는 일들이 수없이 많단다. 특히 어릴 때는 무언가에 대해 통제력을 갖고 있다는 느낌을 가지기가 어렵지. 네가 뭐든 바꿀 수 있다는 느낌을 갖기가 힘들어. 하지만 너는 이제 네 몸을 통제할 수 있고 네 마음을 조절할 수가 있어. 그게 대단하게 들리지 않을 수도 있지만 그건 정말 강력한 것이란다. 모든 걸 바꿀 수 있거든."

"잘 모르겠어요."

"앞으로 알게 될 거야. 계속 복습해야 한단다. 이번 여름에 네가 배운 것을 모두 계속 연습하렴. 그러면 언젠가 그 사실을 알게 될 거야."

나는 알았다는 듯 고개를 끄덕였지만 내가 복습을 할지, 안 할지는 모를 일이었다. 이건 내가 배우고 싶었던 그런 마술의 비결은 아니었다.

"아이작 뉴턴이 누구인지 아니?" 루스가 물었다.

"과학자였던가 그랬죠?"

"그래, 맞단다. 뉴턴은 물리학자이면서 수학자였지. 어쩌면 역사상 가장 위대한 과학자 중의 한 명일 거야. 그 사람에 대한 이야기가 있는데 아마 네가 좋아할 것 같구나. 뉴턴의 삶이 처음부터 그렇게 위대했던 건 아니란다. 뉴턴이 태어나기 3개월 전에 아버지는 세상을 떠났어. 아버지 없이 미숙아로 태어난 뉴턴을 생각하면 정말로 삶의 출발점이 공평하지 못했다고 너도 말하게 될 거야. 뉴턴이 세 살 때 어머니가 재혼을 했는데, 새 아버지는 뉴턴을 잘 돌봐 주지 않았단다. 한번은 뉴턴과 어머니가 집 안에 있는데 집을 불태워 버리겠다고 위협한 적도 있었지. 너만한 나이였을 때, 뉴턴도 꽤 분노에 휩싸인 소년이었어. 여하튼 그러다가 뉴턴이 농부가 되길 바랐던 어머니는 뉴턴에게 학교를 그만두게 했단다. 새 아버지도 그러길 원했고, 주변의 모든 사람들도 당연히 농부가 되길 기대했지. 하지만 뉴턴은 농사짓는 걸 싫어했어. 농사짓는 일이라면 지긋지긋하게 생각했지. 선생님이 나서서 어머니에게 아들을 다시 학교로 보내라고 설득했어. 뉴턴은 최고 우등생이 되었지만, 워낙 다른 학생들에게 너무 심하게 괴롭힘을 당했기 때문에 최고 점수를 올리는 일이 뉴턴만의 복수 방법이었던 거야. 나중에 케임브리지 대학에 진학했지만 등록금을 감당하려고 학비와 식비를 받는 조건으로 학교에서 다른 학생들 시중드는 일을 해야만 했어. 뉴턴은 다른 아이들과 똑같은 혜택이나 행운, 혹은 돈을 갖고 있진 않았지. 하지만 그는 세상을 바꾸었단다."

나는 유명한 과학자가 자기 부모를 증오했다거나 동료 급우들과 싸웠다는 사실을 그때 처음 알았다.

루스와 닐에게 인사를 하고 마술가게 문을 막 닫고 나오려 할 때, 루스가 말하는 소리가 들렸다.

"짐, 잊어버리면 안 돼. 우리가 함께 이야기했던 걸 연습하는 거 말이야."

루스는 내 눈을 지그시 바라보더니 미소 지었다. 나는 내 몸 곳곳에 퍼지는 따스한 기운을 안고서 1번가까지 자전거를 몰고 갔다. 루스가 나한테 몸의 긴장을 푸는 방법을 왜 가르쳐 주었는지 알 수 없었지만, 집에 가서 연습할 작정이었다. 그게 정말로 마술인지 알아볼 참이었다.

지금은 루스가 첫날 나한테 가르쳐 주었던 많은 부분이 스트레스에 대응하는 뇌와 몸의 급성 반응, 또는 흔히 투쟁-도주 반응이라고 하는 것임을 잘 알고 있다. 만약 뇌가 위협을 인지하거나 생존의 공포를 느끼는 상태라면, 교감 신경계라고 하는 자동 신경계의 그 부분이 부신 호르몬(아드레날린제)을 분비하기 시작한다. 또한 부신은 시상하부가 분비하는 호르몬에 의해서도 자극을 받고, 그리하여 코르티솔이 생성된다. 그때 나는 열두 살의 나이에 코르티솔 수준을 끌어올렸던 것이라고 확신한다. 기본적으로 생명을 위한 투쟁에 필요 없는 몸 안의 모든 것은 정지한다. 소화는 느려지고, 혈관은 수축되고(단, 큰 근육 내의 혈관은 오히려 팽창한다.), 청력은 약해지고, 시력은 좁아지고, 심장 박동은 올라가고, 타액 분비를 규제하는 눈물샘이 즉각 억제되기 때문에 입은 바짝바짝 말라 간다.

사실 생명을 걸고 싸우는 상태라면 이 모든 게 중요하지만, 이런 급성 스트레스 반응은 말하자면 일시적이다. 연장된 스트레스 상태로 살면 분노, 우울증, 불안, 가슴 통증, 두통, 불면증, 면역 체계 억압 등 온갖 유형의 심리적 영향과 생리학적 파급 효과가 찾아온다.

사람들이 스트레스 호르몬에 대한 본격적인 논의를 시작하기 훨씬 전에, 루스는 이미 나한테 만성 스트레스와 위협에 대한 나의 생리학적 반응을 통제할 수 있도록 가르쳤던 것이다. 지금도 수술실에 들어갈 때면, 나는 호흡을 천천히 가라앉히고, 혈압을 조절하고, 심박동 수를 낮추곤 한다. 뇌의 가장 민감한 부분을 현미경을 통해 보면서 수술할 때, 내 손은 흔들리지 않으며 내 몸은 이완된다. 이게 전부 루스가 마술가게에서 가르쳐 준 마술 덕분이다. 사실 루스가 아니었다면, 나는 신경외과 의사가 되지 않았을 것이다. 몸의 긴장을 푸는 법을 배우는 일은 그때도, 지금도 강력한 효과가 있지만 그건 시작에 불과했다. 내 몸 전체를 완전히 이완시킬 수 있는 지점까지 루스가 나를 인도하는 데 열흘이 걸렸다. 열하루째 되는 날, 나는 자전거를 타고 마술가게로 가서 의자에 앉아 눈을 감고 루스가 근육의 긴장 풀기 과정을 이야기해 주길 기다렸다. 하지만 루스에게는 다른 계획이 있었다.

"짐, 눈을 떠 보렴. 이제 네 머릿속 목소리에 대해서 뭔가를 해야 할 때가 왔구나."

루스의 마술 #1

몸의 긴장 풀기

1. 방해받지 않고 이 연습을 할 수 있는 시간과 장소를 찾아보자.

2. 이미 스트레스를 받았거나 정신을 산만하게 만드는 다른 문제가 있거나 술에 취한 상태거나 피곤한 상태라면 아예 시작하지 말아야 한다.

3. 시작하기 전에 몇 분간 앉아서 편안하게 긴장을 풀자. 이 연습을 통해서 성취하고 싶은 소망을 떠올려 보자. 당신이 하고자 하는 의도를 명확히 규정하자.

4. 이제 눈을 감아 보자.

5. 코를 통해 숨을 깊게 들이쉬고, 입을 통해 천천히 내쉬는 호흡을 세 번 하고 시작하자. 이런 형태의 호흡법에 익숙해질 때까지 반복하자. 그러면 호흡 자체가 당신의 집중력을 떨어뜨리지 않을 것이다.

6. 일단 이런 방식으로 호흡하는 것에 편안함을 느낀다면, 구체적으로 당신이 어떻게 앉아 있는지 곰곰이 생각하고, 당신이 스스로를 바라보고 있다

고 상상해 보자.

7. 이제 발끝에 초점을 맞추기 시작하고 발끝의 긴장을 풀자. 다음, 근육을 이완하면서 발에 초점을 맞추자. 호흡을 내쉬면서, 마치 두 발이 거의 녹아 없어지는 상상을 해 보자. 오직 발끝과 발에만 초점을 맞추자. 이렇게 시작하면, 산만해지거나 이런저런 생각으로 집중력이 떨어지기 쉬울 것이다. 이럴 경우, 발끝과 발의 근육을 이완하면서 그냥 다시 시작하면 된다.

8. 일단 발끝과 발의 긴장을 푸는 데 성공했다면, 그 연습을 위로 확장하여 종아리와 허벅지의 긴장을 풀자.

9. 배와 가슴 근육의 긴장을 풀자.

10. 척추를 떠올리면서 척추를 따라 있는 근육을 이완하고 어깨와 목까지 올라가자.

11. 마지막으로 얼굴과 두개골 근육의 긴장을 풀어 보자.

12. 이런 식으로 몸의 근육 이완을 확장할 수 있게 되었을 때, 찾아오는 평온한 기분을 인지하자. 기분 좋은 그 느낌을 알아채면 된다. 이 시점에서 졸리거나 심지어 잠이 들어도 이상한 일이 아니니, 괜찮다. 잠들지 않은 채 완전히 긴장이 풀린 느낌을 얻으려면 몇 번의 시도가 더 필요할 것이다. 스스로를 너그럽게 대하기 바란다.

13. 이제 심장에 초점을 맞추고 천천히 숨을 들이쉬고 내쉬면서 심장 근육

이완하기를 떠올려 보자. 몸의 긴장이 풀리고 호흡이 느려지면서, 심장 박동도 느려진다는 사실을 알게 될 것이다.

14. 이제 완전히 긴장이 풀린 당신의 몸을 상상해 보자. 그리고 천천히 숨을 들이쉬고 내쉬면서 단순히 존재 자체가 된 감각을 경험하자. 따스한 기운을 느껴 보자. 마치 물 위에 떠 있는 듯한 느낌을 받을 것이며 평온한 기운이 찾아들 것이다. 계속 천천히 숨을 들이쉬고 천천히 내쉬자.

15. 명확한 의도를 갖고서 긴장을 푼 이 느낌, 평온함과 따스함을 기억하자.

16. 이제 천천히 눈을 뜨자. 눈을 뜬 채 잠시 앉아 있어 보자. 그리고 아무런 의도도 생각도 없는 상태로 있어 보자.

숨쉬기와 긴장 풀기는
마음을 길들이기 위한
첫 번째 단계다.

이 연습의 오디오 버전을 듣고 싶다면 intothemagicshop.com으로

3장

생각하기에 대해 생각하기

좋은 마술사라면 다음 마술을 시작하려 할 때 관객에게 신호를 준다. 위대한 마술사라면 다음 마술로 넘어갔다는 사실을 관객이 알아차리기도 전에 이미 관객에게 자신의 주문을 건다.

루스는 위대한 마술사였다.

루스가 내 머릿속 목소리를 지적했을 때에야 나는 비로소 그런 게 있다는 걸 알았다. 루스가 나한테 그 목소리를 잠재우기 위해 노력하라고 했을 때야 비로소 그 소리가 얼마나 시끄러운지 깨달았다. 내 몸의 긴장을 푸는 훈련을 하는 건 힘들었다. 항상 텔레비전 소리가 쾅쾅 울리듯 켜져 있고, 깊게 들이쉬고 내쉬는 호흡마다 무겁고 퀴퀴한 담배 연기가 섞이는 작은 아파트 우리 집 안에서는 특히 그랬다. 내 몸의 긴장을 푸는 일이 이렇게 어렵다면 내 생각을 잠재우는 일은 불가능해 보였다.

나는 열흘 동안 마술가게로 갔다. 여러모로 우리 집보다 더 편안했다. 그 고요함과 평온함이 정말 좋았다. 처음 수업을 하고 난 며칠 후부터 루스는 매일 점심을 가져다주기 시작했다. 우리는 마술 연습을 마치면 가게 앞으로 가서 커다란 녹색 타파 그릇을 열곤 했다. 하얀 플라스틱 뚜껑을 열면 그 안에는 보통 얇게 썬 과일 조각과 치즈와 크래커, 혹은 땅콩이 들어 있었다. 내가 평소에 잘 먹는 유일한 땅콩은 콘 너츠였다. 루스가 싸 온 여러 가지 땅콩 중에는 이상한 것도 있었지만, 그래도 먹어 보긴 했다. 이걸 먹고 나면 항상 내가 가장 좋아하는 칩스 아호이 쿠키를 먹었다. 닐은 바쁘지 않으면 함께 점심을 먹으며 이야기를 해 주거나 새로운 마술 기법을 보여 주거나 그가 만들고 있는 최신 카드 팩을 보여 주곤 했다. 닐은 입안에 먹을 걸 가득 넣은 채 말하는 걸 좋아했다.

우리는 임시로 결성된 이상한 트리오였지만, 곧 나는 그들이 가깝게 느껴졌다. 마치 가족 같은 느낌이 들었다. 이 마술가게 가족 안에서 나는 돌보는 역할을 할 필요가 없었다. 하루에 그 두 시간 동안 나는 그들에게서 온전한 관심과 돌봄을 받았다. 우리는 이야기하고 농담을 했다. 일종의 편안함이 있었다. 어떤 이야기는 아예 하지도 못하고, 언제든 밑바닥에 흐르는 분노나 원망이 드러날 수 있는 우리 집과는 달랐다. 닐은 언제나 독서용 안경을 쓴 다음, 그 너머로 나를 바라보면서 이야기를 시작하곤 했다. 그리고 이야기를 시작하면 미소를 지었다.

닐은 한국의 비무장지대에 배치되었던 이야기를 해 주었다. 어느 날, 닐과 동료들은 매점 안에서 마술을 보여 주고 있었다. 그때 마침 부대장의 명령이 떨어져 즉시 남북분계선인 38선으로 출동해야만 했다. 그래서 검문소에 도착했는데 헌병대가 들여보내 주지 않았다. 닐과 동료들이 무기를 들고 있긴 했으나 그때까지 마술 공연용 실크 해트와 연미복을 걸치고 있었던 것이다.

이 이야기를 포함해 닐이 들려준 이야기가 사실인지 아니면 과장된 것인지 알 수 없었지만, 들으면 늘 웃음이 났다. 일단 웃기 시작하면 도저히 멈출 수 없는 그런 웃음이었다. 그런 순간이면 나는 완전히 긴장을 풀고 루스가 말해 준 대로 내 머릿속 목소리를 흘려보낼 수 있었다. 루스는 오하이오 주의 작은 동네에서 살던 이야기를 들려주었다. 서로가 서로를 아껴 주고 가족과 친구들과 함께 긴 여름날을 보냈던 곳이라고 했다. 나는 이따금 닐이 나를 도제 형식의 제자로 삼아서 최고로 멋진 마술 비법을 모조리 가르쳐 주는 상상을 하기도 했다. 호텔이나 극장에 우리 둘을 광고하는 문구가 붙은 차양이 커다란 조명을 받아 반짝반짝 빛나는 모습까지 상상해 보았다. 대개 그런 경험에 굶주리다 보면 그것을 얼마나 붙잡고 싶어 하고, 다시 놓고 싶어 하지 않는지 보통 사람들은 잘 모른다. 루스와 닐과 함께 있을 때, 나는 특별한 사람이라는 생각이 들었다. 나는 그렇게 타인과 연결되었다는 느낌을 지금까지 살아오면서 늘 느껴 왔다. 때로는 엘리베이터 안에서 난데없이 만난 사람일 때도 있었다. 엘리베이터 안에서 서로의 눈을 쳐다보노라면, 아무리 해도 설명할 수 없는 여러 이유로 거기엔 단순한 눈의 마주침이 아니라 뭔가 더 깊은 이해, 그리고 서로의 인간성을 인식하면서 둘이 같은 여정 위에 존재한다는 현실을 인정하는, 어떤 유대감이 존재한다. 문득 그런 일이 일어날 때, 진짜 그런 생각을 하게 된다면 정말이지 마술 같다. 또 어느 때는 빈털터리 노숙자가 된 사람의 눈을 깊이 들여다보곤 했다. 우리 둘의 눈이 마주치면, 마치 내가 뒤돌아 나 자신의 얼굴을 응시하는 것 같았다. 그 짧은 순간, 그리고 종종 그보다 훨씬 더 긴 순간마다 나는 내 삶의 여정이 지닌 고통을 경험하고, 지금 내가 서 있는 지점으로 나를 데려다주었던 삶의 여정에 고마움과 더불어 따라오는 깊은 공감을 느낀다.

사람들은 저마다 이야기를 갖고 있다. 그리고 그 이야기의 핵심으로 가면 우리 대부분의 이야기는 서로 닮아 있다는 사실을 지금까지 살아오면서 알게 되었다. 유대감은 강한 힘을 발휘할 수 있다. 때때로 그저 짧은 만남으로도 누군가의 삶을 영원히 바꿀 수 있다.

분명 루스와의 만남이 바로 그런 경우였다. 그 첫 만남은 모든 걸 바꾸어 버렸고, 그게 아니었다면 상상할 수도 없는 전혀 다른 궤도에 내 삶을 올려놓았다. 루스는 초자연적인 존재는 아니었다. 열두 살 그때는 루스가 그런 존재라고 즐겨 상상하기도 했었다. 루스는 공감과 직관이라는 심오한 재능을 지닌 존재였고, 어떤 보답도 바라지 않고 다른 존재를 아끼고 보살필 줄 아는 그런 사람이었다. 루스는 나에게 시간을 선물해 주었다. 관심을 주었다. 그리고 내가 오늘날까지 여전히 이용하는 마술을 알려 주었다.

사실 그 시절 마술가게에서 얼마 동안은 그곳에 있는 게 시간 낭비며, 루스가 가르치려고 하는 것을 어쩌면 나는 배울 수 없을 거라고 생각했던 때도 있었다. 그리고 어떤 때는 루스가 정말로 미친 사람 같다고 생각한 적도 있었다. 하지만 지금은 루스가 나에게 가르쳐 주었던 기술이 여러 면에서 오랜 세월을 거쳐 온 것이며, 수천 년을 거슬러 올라가는 동양 전통의 일부라는 사실을 너무도 잘 안다. 오늘날 과학은 뇌가 적응하고 채택하는 원리인 신경가소성이 실제 현상임은 물론, 뇌가 가진 고유한 기능의 일부라는 점을 인정한다. 집중력을 향상하도록 뇌를 훈련시킬 수 있다. 그리고 정신을 산란시켜 선명하고 유용한 결정을 방해하는 머릿속의 끊임없는 대화에 아예 반응하지 못하도록 뇌를 훈련시킬 수도 있다는 사실을, 지금은 잘 알고 있다. 오늘날 이 사실은 누구나 잘 아는 내용이지만, 루스가 나에게 가르쳐 줄 당시에는 전혀 알려지지 않은 사실이었다. 루스가 내 머릿속 목소리를 끄는 법을 가르쳐 주겠다고 말했을 때, 실은 무슨 뜻인지 몰랐었다. 그러나 어찌 되었건 나는 그것을 따라가기로 마음먹었다.

"어깨에 긴장을 풀고. 목에 긴장도 풀고. 턱에 긴장도 풀고. 네 얼굴 근육의 긴장이 풀린다고 느껴 보렴."

지금 내가 알고 있는 방법 전부를 루스는 그때 이렇게 말해 주었다.

루스는 거듭해서 내 몸의 긴장을 풀라고 말했는데, 그 부드러운 목소리에 내 몸이 너무나 가벼워짐을 느꼈다. 마치 날의 날아가는 마술 카드에서 빠져 나온 카드처럼 공중 부양하며 의자 위를 맴돈다고 해도 놀라지 않을 정도로 깃털처럼 몸이 가벼웠다.

"이제 네 머릿속을 비웠으면 좋겠구나."

새로운 주문이었다. 갑자기 의자에 기댄 내 몸의 무게가 느껴졌다. 루스가 정확히 무슨 말을 하고 있는 거지? 어떻게 해야 내 머릿속을 비울 수 있지? 내 생각은 여기저기 정신없이 튀었다. 눈을 뜨자 루스가 미소 짓고 있었다.

"이건 다른 마술 비법이란다." 루스가 말했다.

"좋아요. 어떻게 하면 되나요?"

"음, 이건 조금 복잡해지지. 네 머리에서 계속 생각하기에 대해 생각을 할 테니까. 네 머리가 생각하려는 순간, 그것에 대해 아무 생각도 하지 말고 생각하기에 대한 생각하기를 멈추어야만 한단다."

아니, 무슨 말이지?

"내레이터가 무엇인지 아니?"

"물론이죠. 나한테 긴장 풀기 비결을 통해 루스가 나를 어디론가 안내하려는 것과 같잖아요."

루스는 두 번 박수를 치며 조금 웃었다.

"집에서 긴장 풀기 마술을 할 때는 어떻게 하니?"

나는 잠시 이 일에 대해 생각했다.

"여기서 하는 것과 똑같은 방식으로 해요."

"음, 나는 거기서 너를 안내하고 있지 않은데. 그러면 누가 그것을 안내해 주지?"

"루스가 해요. 내 머릿속에서요."

"하지만 네 머릿속에 있는 건 진짜 내가 아니지 않니? 그렇다면 누가 안내해 주고 있는 거지?"

내가 알고 있는 한, 나한테 집중하고 내 몸 안 모든 근육의 긴장을 풀라고 말하는 머릿속 목소리는 바로 루스의 목소리였다.

"바로 루스의 목소리예요."

"하지만 그건 실제로 내가 아니야. 그렇다면 누가 하지?"

루스가 원하는 대답이 무엇일까 생각했다.

"그럼, 저인가요?"

"그래, 바로 너야. 네 머릿속에서 너 자신에게 말하고 있는 건 바로 너야. 하지만 네가 내 목소리기를 원하기 때문에, 내 목소리처럼 들리는 거지. 이 내레이터는 사람 흉내 내기의 선수란다. 누구 목소리라도 들리게 할 수 있어."

"그렇군요."

"우리 모두는 이 목소리를 다 갖고 있어. 그 목소리는 끊임없이 우리 머릿속에서 우리한테 말을 해. 아침에 일어날 때부터 밤에 자러 갈 때까지 한순간도 빠지지 않아. 항상 거기에 있지. 한번 생각해 보렴. 그건 마치 다음 음악이 뭔지 이야기해 주는 라디오 디제이 같아. 너한테 그날그날, 매 순간 선곡표를 들려주고 있는 거지."

나는 이 점을 곰곰이 생각해 보았다. 평소에 로스앤젤레스 KHJ AM 다이얼 930에서 하는 보스 라디오 포맷의 '톱 40 히트'를 듣곤 했다. 그래서 유명한 디스크자키 '리얼 돈 스틸'이 내 삶을 안내해 주는 상상을 해 보았다.

"네 머릿속의 디제이가 하루 종일 모든 일에 대해서 온갖 이야기를 다 해 준다고 상상해 보렴. 너는 그 상황에 너무 익숙한 나머지, 아마 네 머릿속 라디오 볼륨이 최대치로 올라가 있다는 사실도 눈치채지 못할 거야. 그러니까 그 라디오는 절대 꺼지지 않아."

이게 사실일까? 알 수 없었다. 예전에는 미처 이 사실을 알아채지 못했다. 사실 나는 항상 무언가에 대해 생각하고 있었다. 하지만 생각하기에 대해서는 결단코 생각해 본 적이 없었다.

"네 머릿속 이 목소리는 네 삶의 매 순간을 좋거나 나쁜 것으로 판단하고 있어. 그리고 네 마음은 그 목소리가 너한테 말해 주는 것에 반응하지. 마치 그게 *실제*로 너를 잘 안다는 듯이 말이야." 루스는 마치 나에 대해 생각하고 있는 내가, 충격을 받거나 모욕을 당하기라도 한 것처럼 그 점을 강조해서 말했다. 나는 완전히 혼란에 빠졌다. "문제는, 대개 네가 보이는 반응은 너한테 그리 좋은 게 아니라는 거야."

"그런데 내 머릿속에 있는 게 나인데, 내가 나를 모르는 건가요?"

"아니야. 네 머릿속에 있는 목소리는 네가 아니야. 진짜 너는 그 디제이의 목소리를 듣고 있는 사람이지."

문득 내 안에 몇 명이나 살고 있는지, 이것에 대해 루스가 어떻게 생각하고 있을지 궁금해졌다. 아마 루스도 자기 머릿속 목소리를 듣겠지. 나도 내 머릿속에 있는 건, 날씨를 전해 주고 다음 노래를 알려주는 그런 디제이가 아니라 당연히 나였을 거라고 확신했다.

"이렇게 이해했으면 좋겠구나. 네 머릿속 목소리를 믿을 순 없어. 항상 너한테 말하고 있는 그 목소리는 대개 옳은 경우보다 틀린 경우가 더 많단다. 이 마술 비법은, 그 목소리의 볼륨을 낮추고 결국 소리를 완전히 꺼 버리는 방법을 배우는 것이라고 생각하면 돼. 그러면 지금 내가 하는 말이 이해될 거야."

"한번 해 볼게요."

"지금 그 디제이가 뭐라고 말하고 있니? 바로 지금 이 순간, 네 머릿속에서?"

나는 그저 내가 무엇을 생각하고 있는지에 대해 생각해 보았다.

"그 디제이 말이, 루스가 지금 무슨 이야기를 하고 있는지 잘 모르겠다고 말하고 있어요. 그리고 이런 건 통하지 않을 것 같다고요."

또한 그 디제이는 이 모든 게 정말 바보 같은 소리라고 말하고 있었지만, 그걸 루스에게 말하지는 않을 작정이었다.

루스는 미소 지었다.

"좋아. 자, 지금 너는 네가 무엇을 생각하고 있었는지에 대해서 그냥 생각했어. 그게 바로 이번 마술의 첫 부분이란다."

나는 알아들은 것처럼 고개를 끄덕였다.

"우리는 이제부터 생각하기에 대해서 생각하는 연습을 할 거야. 이제 눈을 감고 몇 분간 다시 네 몸의 긴장을 풀도록 하자."

나는 눈을 감고서 지금까지 백 번은 연습했던 긴장 풀기 순서를 차근차근 진행했다. 발가락부터 시작해 점점 위로 올라가 머리 맨 꼭대기까지 이어 갔다. 머릿속에서 각 부위를 떠올리면서 모든 근육의 긴장을 풀어 나갔다. 때가 되자 마치 따뜻한 물이 서서히 차오르는 욕조 안에 앉아 있는 듯 기분이 좋아졌다.

"호흡에 초점을 맞추렴. 들이쉬고 내쉬고. 호흡에 대해서만 생각해. 네 호흡 말고 다른 건 생각하지 말고."

나는 코로 숨을 들이쉬고 천천히 내쉬었다. 그리고 한 번 더 코로 숨을 들이쉬고 내쉬었다. 이렇게 몇 번 호흡을 하고 나자 얼굴이 간지러워져 손을 올려 그곳을 긁었다. 그렇게 얼굴을 긁으니 뾰루지가 올라온 것 같았다. 제발 여드름이 올라오면 안 되는데. 우리 아파트 윗집에 얼마 전에 이사 온 여자아이가 있었다. 나는 그 아이가 좋았다. 이름은 크리스였다. 크리스는 거의 허리까지 내려오는 길고 까만 머리카락을 갖고 있었다. 처음 얼굴을 본 날에 말을 걸었는데, 나중에 혹시나 나를 얼간이라고 생각하지 않을까 살짝 걱정이 되었다. 크리스는 굉장히 착해서 둘이 이야기할 때 미소를 짓기도 했다. 크리스도 우리가 같이 시간을 보내는 생각을 하긴 할까? 갑자기 내 부러진 이가 생각이 나서 얼른 윗입술로 덮었다. 아니야. 그럴 생각이 없을 거야. 지금 내가 무슨 생각을 하고 있는 거지? 여드름에 뻐드렁니 생각이라니, 세상에. 크리스가 나를 쳐다본 다음 뒤돌아 걸어가 버리는 장면이 떠오른다. 나는 크리스에게 어울리지 않았어.

"호흡에 계속 집중해야지. 만약 디제이가 계속 말을 하면, 듣는 걸 그만두고 다시 네 호흡에 집중하는 일로 돌아오렴."

내 머리는 갈 길을 잃었는데 난 전혀 눈치채지 못했던 것이다. 다시 호흡에 대해 생각하기로 돌아왔지만, 그때 또 우리 반 친구 하나랑 돌아다니던 생각이 나기 시작했다. 그 녀석은 '좋은' 동네에 살았다. 아버지가 어느 건설 회사 사장이라서 집도 아주 크고 부모님은 캐딜락을 몰고 다녔다. 작년에 한 번 저녁 식사에 나를 초대했는데, 저녁 먹는 동안 그 친구 어머니가 처음엔 내가 어디에 사는지 묻더니, 그다음엔 아버지가 무슨 일을 하는지 물었다. 나는 식탁 밑으로 기어들어 가 그만 사라지고 싶었다. 우리 아빠는 변변한 직장도 없고 술에 취해 난동을 부린 죄로 체포된 적도 있었다. 그런 이야기를 친구 어머니에게 해 줄 수 없었다. 아마 그쪽에서도 그런 이야기를 듣고 싶진 않았을 것이다.

아, 또 이러고 말았군. 나는 숨쉬기가 아닌 다른 것에 대해 생각을 하고 있었다. 이번 마술은 어려웠다. 해낼 수 없을 것 같았다. 한 다섯 번 숨을 쉬면 딴생각이 들기 시작하는 것 같다. 나는 숨쉬기 횟수를 세려고 마음먹었지만, 그다음 순간 깨달았다. 만약 숨쉬기 횟수를 세고 있다면, 여전히 내가 딴생각 중이라는 뜻이 된다. 이건 정말이지 불가능했다. 사람들이 진짜 이걸 할 수 있단 말이야? 루스는 이걸 할 수 있을까? 루스는 딴생각하지 않고 몇 번이나 숨을 쉴 수 있을까? 한번 물어봐야 하나? 루스도 이걸 익히는 데 오래 걸렸을까? 아니면 내가 정말 못하는 걸까? 여하튼 요점이 대체 뭐지? 그렇게 꼬리를 물고 계속 생각이 이어졌다.

난 최선을 다해 생각을 늦추어 보려고 했지만 확실히 내 머리는, 머리를 뺀 나머지처럼 조용히 앉아 있지 못했다. *내가 그냥 잘하고 있는 것처럼 꾸미면 루스가 알아챌까?*

"눈을 떠 보자."

루스를 바라보았다. 이번 마술은 완전히 실패했다.

"너무 어려워요. 할 수 없어요."

"짐, 넌 할 수 있어."

"이번엔 아니에요."

"그냥 연습이 필요한 것뿐이야. 단 1초라도 네 생각을 멈추도록 노력해 보렴. 그다음, 몇 초로 늘리고. 그다음, 조금 더 오래 하고."

"이건 정말이지 잘 안 돼요."

루스는 몇 초간 나를 가만히 바라보더니 아무 말도 하지 않았다.

"이 마술을 연습하는 사람은 누구나 맨 처음에 똑같이 말하곤 해. 네가 원하는 건 뭐든지 잘할 수 있어. 이것까지도 말이야. 네가 아직 그 사실을 모르는 것뿐이야."

갑자기 항상 내가 무언가를 잘하지 못하거나, 어딘가에 소속되지 못했거나, 그렇게 할 만한 능력이 되지 않는다고 느낄 때마다 찾아오던 고통이 엄습했다. 내 눈이 무언가에 찔려 시큰거리는 것 같았다. 루스와 함께 있을 동안에도 때때로 그런 감정이 차올라 그만 고개를 떨구고 소리 내어 울고 싶어지곤 했었다.

"네 머리가 호흡에서 멀어져 이리저리 방황할 때도, 그게 좋거나 나쁘거나 그런 게 아니란다. 그건 그냥 그렇게 되고 있는 거야. 그냥 그 사실을 알아채면 돼. 그다음, 머리를 네 호흡으로 돌려주면 된단다. 다시 호흡에 집중할 수 있도록 도와주렴. 그게 다야. 누가 통제하는 주인인지 보여 주기만 하면 돼. 내가 바라는 건, 네가 생각을 하고 있을 때 그 순간을 알아채면 된단다. 그러고 나면 네 머리가 여기저기 사방으로 뻗어 나가지 않고 있다는 사실을 눈치채기 시작할 거야."

"연습할게요."

"그렇지. 아주 좋아. 그게 네가 할 수 있는 전부란다. 연습하고, 연습하고, 더 많이 연습하고."

"우리가 함께 있을 때 하던 방식으로 하면 되는 거죠?"

"정확히 그대로 하면 된다."

벌써부터 기분이 한결 좋아졌다.

"먼저 제 몸의 긴장을 풀고요?"

"먼저 긴장을 풀고, 그런 다음 네 생각이 뻗어 나가는 걸 붙잡아 머리를 차분하게 하렴. 결국 내가 가르치는 모든 마술 비법은 함께 흘러가게 된단다. 그러면 너는 긴장을 푸는 동시에 네 머리를 고요하게 가라앉힐 수 있어. 하지만 지금은 하나씩 차례대로 하자."

나는 그날 집에 돌아오면서 머릿속의 그 거슬리는 디제이를 잠재우는 기술을 완수하겠다고 결심했다. 집에 가 보니 아빠는 아직 오지 않았고 엄마는 방 안 침대에 누워 있었다. 나는 조용히 내 방에서 호흡을 가다듬으며 디제이 소리를 꺼 버리는 데 집중했다. 하지만 그 고요함은 머릿속 목소리를 더 크게 만드는 것 같았다.

아빠는 언제나 술에 취한 상태였다. 그래서 술에 취했거나 숙취에 시달리는 상태로 언제든 불쑥 저 문을 뚫고 들어올 수도 있다. 내 삶에서 이 장면은 늘 반복되는 것 같았다. 항상 똑같은 방식으로 진행되는 연극처럼 그 장면은 계속해서 연출되곤 했다. 아빠가 집 안으로 들어오면 부모님은 큰소리로 싸움을 하고, 아빠는 지난날 저지른 모든 문제의 원인을 엄마한테 돌리며 비난하고, 그런 다음 앞으로 절대 지킬 수 없는 약속을 하곤 했다. 반복되고 또 반복되고.

내가 눈을 감은 채 의자에 앉아 있는 모습을 식구 중에 누군가 보았더라도, 십중팔구 그들은 그 상황에 대해서 입도 벙긋하지 않았을 것이다. 내가 무엇을 하고 있는지 물어보는 사람은 아무도 없었다. 내가 무슨 생각을 하고 있는지 물어보는 사람도 없었다. 그리고 내가 무엇을 느끼는지, 어떤 기분인지 제대로 물어보는 사람도 없었다. 나는 최선을 다해서 루스의 마술을 연습하려고 했다. 하지만 아빠가 집에 없는 날이면 언제나, 아빠가 나타나서 어떤 일이 생길지 걱정하고 생각하느라 정신이 하나도 없었다. *싸움이 시작되면 어떻게 하지? 엄마가 다시 약을 많이 먹어 버리면 어쩌나?* 생각하기를 멈추려고 애썼지만 불가능했다. *경찰이나 구급차를 불러야 할까? 누구한테 이야기해야 하지? 그 사람들이 엄마 때문에 온다면, 우리 방 침대 커버 아래 숨어 있는 형한테는 어떻게 설명해야 하지? 그 사람들이 아빠도 데려갈까?*

내 머리를 호흡하는 쪽으로 돌려 집중하려고 애썼지만, 머릿속은 그저 재앙의 시나리오를 계속해서 상기시킬 뿐이었다. 그 시나리오는 아빠가 현관문을 열고 걸어 들어오는 것부터 시작되었다. 그건 마치 토네이도가 곧 불어 닥친다는 걸 알지만, 너무나 두려운 나머지 몸이 얼어붙어서 도망쳐 숨을 수도 없는 상태와 같았다. 가끔 그런 꿈도 꾸곤 했다. 정말이지 악몽이었다. 꿈에서는 누군가에게 조심하라고 고함치려고 입을 떼었지만 아무 소리도 나지 않았다.

루스는 내가 이렇게 애쓰고 있다는 사실을 알고 있는 듯했다. 며칠 후, 나한테 뭔가를 바꿔 보자고 이야기했기 때문이다.

"네 머릿속의 그 생각을 죄다 중단하는 다른 방법을 시도해 보자꾸나."

루스는 초를 하나 가져오더니 작은 종이 성냥으로 불을 붙였다. 그리고 촛불을 사무실 책상 위에 올려놓았다. 그리고 내가 의자를 옮겨 촛불을 마주 보도록 했다.

"네가 촛불에 집중했으면 좋겠구나. 초의 불빛 말이야."

루스는 나한테 깊은 숨을 들이쉬고 내쉬라고 하면서 그냥 촛불을 빤히 바라보라고 말했다.

"그냥 저 촛불에 대해서 생각해 보렴. 네 머리가 이리저리 산만해질 때마다 불빛에 다시 집중해 보려무나."

어떤 면에서 나한테는 눈을 뜬 상태에서 내 머리를 잠재우는 것이 더 쉬웠다. 실은, 걱정의 대부분이 마구 밀려 나올 때는 눈을 감고 모든 게 어두워졌을 때였다. 어둠 속에서 집중을 방해하는 건 없었지만, 온갖 두려움이 한꺼번에 빠져나와 뛰어놀고 싶어 하는 것 같았다. *언제 우리가 다시 이 집에서 쫓겨나는 걸까? 왜 우리 아빠는 술을 마셔야 하는 거지? 우리 집에는 언제쯤 돈이 생길까? 왜 나는 우리 가족을 바로잡을 수 없을까? 나한테 뭐가 잘못된 거지?* 촛불을 뚫어지게 바라보고 있으니 마치 내가 그 속에 풍덩 빠져들 수 있을 것 같았다. 나는 촛불의 맨 아래 파란빛에 집중했고, 그다음 가운데 오렌지 빛에 집중했다. 그 빛은 핼러윈 캔디 콘 사탕을 닮았다. 때로는 촛불의 맨 위 하얀빛에 초점을 맞추기도 했다. 거의 내가 촛불 안에 들어갈 수 있을 것 같은 느낌이 들었다. 숨을 쉴 때마다 아주 조금씩 깜빡거리는 하나의 불빛을 그저 응시하는 것만으로, 머릿속 디제이를 잠재우는 일이 훨씬 더 쉬워졌다. 더불어 그 촛불을 보고 있으려니 몇 해 전에 우리 가족의 친구들이 산속에 있는 오두막집으로 우리를 초대해 주었던 때가 떠올랐다. 그 오두막에는 벽난로가 있었다. 지금도 그 벽난로 앞에 옹기종기 앉아 있던 때가 기억난다. 그 짧은 시기에 우리 아빠는 일자리를 갖고 있었다. 오랜만에 술에 취하지도 않았다. 우리 부모님은 교양 있는 분들이었고 엄마의 건강은 더 좋아 보였다. 나는 벽난로 불 앞에 앉아 불길을 쳐다보면서 한동안 거기에 푹 빠져 있었다. 온기가 느껴졌다. 기분이 좋았다. 행복한 기분이 들었다.

나는 그 몇 주 동안 참 많은 시간을 촛불을 바라보면서 루스와 함께 보냈다. 오늘 이날까지도 촛불이 켜진 광경은 나를 고요한 공간으로 데려다준다. 촛불을 응시하기로 방식을 바꾼 첫날, 우리 집에는 초가 없었다. 불현듯 그 몇 주 전에, 친구와 같이 성당에 갔던 기억이 났다. 친구의 할머니가 편찮으셨다. 성당에 간 친구는 성전 안의 상자에 10센트를 넣고 초에 불을 붙이고는 기도했다. 나한테는 매우 낯선 광경이었다. 집에 돌아오는 길에 성당으로 빙 돌아가서 주머니 속에 있던 15센트를 두고 초 두 개와 성냥을 집어 들었다. 그리고 매일 밤, 혼자 무진 애를 쓰며 촛불을 뚫어지게 쳐다보면서 내 생각 사이의 간격을 늘려 보려고 노력했다.

외과 의사로서 밤중에 고통이 더욱 극심해진다는 환자들의 이야기를 자주 듣는다. 사실 밤중에 그들의 통증이 더 악화되는 건 아니다. 밤이 되면 정신을 산만하게 하는 요인이 없어지기 때문이다. 머리는 고요해지지만, 하루 종일 제자리를 지켰던 통증은 조금 더 자기 소리를 내기 시작하는 것 같다. 그것은 새벽 2시에 갑자기 눈을 떴는데 불현듯 미래에 대한 온갖 불안이나 과거에 대한 후회가 어둠 속에서 모습을 더욱 드러내는 양상과 똑같은 이치다. 루스는 내 마음을 통제하는 방법을 가르쳐 주었고, 내 마음의 라디오 방송국에서 흘러나오는 죄의식, 과거 사건에 대한 수치심, 미래에 일어날지도 모르는 일을 상상하는 불안과 두려움을 다시 겪지 않도록 도와주었다. 아니, 어쩌면 더 중요한 사실은, 루스는 내가 이런 생각들에 대해서 예전처럼 감정적으로 반응하지 않도록 가르쳐 주었다는 것이다. 또한 나의 과거가 조금 달랐으면 하고 바라는 마음이 얼마나 부질없는지, 그리고 내가 통제할 수 없는 장밋빛 미래에 대한 온갖 걱정도 얼마나 허무한 일인지 가르쳐 주었다.

다 합쳐 거의 3주 동안 나의 생각을 인식하고 마음을 고요하게 만드는 데 필요한 세 가지 서로 다른 방식을 연습하며 보냈다. 호흡에 집중하기, 촛불 응시하기, 그리고 마지막 방법은 주문 외우기였다.

"짐, 만트라가 무엇인지 아니?"

나는 고개를 내저었다. 짐작조차 안 되는 단어였다.

"그건 네가 읊는 일종의 노래나 소리 같은 건데, 마음을 집중하도록 도와주는 것이란다. 네가 호흡이나 촛불에 마음을 집중했던 것과 같은 거야. 이것도 네 마음을 길들일 수 있는 또 하나의 방법이지."

루스를 다시 쳐다보니 호루라기와 종이 달린 목걸이를 걸고 있었다. 저게 루스가 말하고 있는 그것인가? 그 순간 루스는 내 쪽으로 몸을 숙였고 종소리가 낮게 딸랑 하고 울렸다. 나는 하마터면 크게 웃을 뻔했다. 루스는 종을 내려다보더니 웃었다.

"아니야. 내가 말하고 있는 건 그게 아니란다."

"어떤 종류의 소리를 말하는 거예요? 좀 낯설고 이상한 느낌이 들어요."

"음, 그거야 다 다르지. 이따금 사람들은 자신에게 중요한 단어나 마법의 의미가 있는 구절을 말하곤 해. 그런데 그게 뭐라도 다 좋아. 단어 자체가 진짜 중요한 건 아니야. 오히려 중요한 건 소리란다."

"그러면 저는 무슨 소리를 내죠?" 내가 물었다.

"그건 네 마음에 달렸지. 그게 뭐든 네가 계속 반복해서 그 소리를 주문처럼 외울 테니까."

"아주 큰 소리로 하나요?"

"아니야. 너한테만 들리게 하면 돼."

이건 정말이지 기묘한 느낌이었다. 내가 생각해 내야 하는 중요한 단어가 무엇일지 도통 감이 잡히지 않았다. 내 머릿속에서 늘 반복해서 말해 왔던 유일한 단어라곤 저주의 말뿐이었고, 그건 루스가 염두에 둔 말은 아닐 거라는 생각이 들었다.

"자, 그러면 무엇으로 할까?"

루스는 내가 마법의 단어를 생각해 내도록 참을성 있게 기다리고 있었다. 그런데 아무런 생각이 나지 않았다.

"아, 모르겠어요."

마술에서 주문이 중요하다는 사실을 나도 잘 알고 있었다. 아브라카다브라. 열려라, 참깨. 이런 주문은 곧바로 통하는 말이어야 했다.

"머릿속에 떠오르는 첫 단어나 말이 뭐니? 뭐라도 다 괜찮아."

"크리스."

나는 속삭였다. 우리 아파트 위층에 사는 여자아이 이름이었다. 나는 머릿속에서 적당한 단어가 무엇일지 이리저리 굴리고 있었다. 그런데 그 이름 외에는 아무것도 생각나지 않았다. 갑자기 문 손잡이 이미지가 머릿속에 떠올랐다. 손잡이. 크리스 손잡이. 이날까지도 어떻게 그런 단어 조합을 생각해 냈는지, 아니 그 순간 그 단어 조합이 어떤 의미를 갖고 있었는지 아직도 알 수가 없다.

루스는 나를 쳐다보았다.

"자, 그런 단어가 생각났니?"

"네."

나는 대답했지만 갑자기 부끄러워졌다. 잘못된 단어를 선택했다는 생각이 들었다. 그 단어의 소리는 바보같이 들릴 것이고 효과가 없을지도 몰라.

"자, 이제 그 말을 너한테 해 보렴. 그런데 천천히 네가 그 말을 하면서 단어 하나하나를 늘여서 해 보려무나."

"크리이이스…… 소오온자압이이……."

나는 혼잣말을 해 보았다.

연속으로 몇 번 반복해서 말해 보았다.

"이제 그 말을 너 자신한테 주문처럼 외웠으면 좋겠구나. 앞으로 15분 동안 계속 반복해서 말이야."

루스는 나를 쳐다보았다. 그때 왜 그랬는지 모르겠지만, 나는 루스가 제정신이 아닌 사람인 것처럼 그녀를 돌아본 것 같다.

"각 단어의 소리에 네 마음을 집중하렴. 그 밖에 다른 건 생각하지 말고."

루스의 말이 옳았다. 내가 만든 주문을 외우고 있는 동안에는 그것 말고 다른 것을 생각하기가 어려웠다. 게다가 *크리스*와 *손잡이*를 조합한 말을 계속 반복해서 말하고 있었지만, 그렇다고 위층 여자아이 크리스나 문 손잡이 자체가 떠오르거나 그 대상에 초점이 맞춰지지도 않았다. 내가 이 세상에 존재하는지를 크리스가 알고 있는지, 혹은 크리스가 내 부러진 이를 떠올릴지, 혹은 내 얼굴의 여드름을 크리스가 알아챘는지, 그런 건 하나도 중요하지 않았다. 그게 핵심이 아니었다. 핵심은, 더 이상 내 머릿속 디제이 목소리가 들리지 않았다는 사실이다. 그 디제이 소리가 딱 멈추었다.

집에서도 나의 만트라를 연습했다. 때로는 한 번에 몇 시간이고 연습하기도 했다. 그건 놀랄 정도로 머릿속을 차분하게 가라앉히는 효과가 있었다. 그때는 몰랐지만 지금은 왜 그랬는지 이유를 알 것 같다. 반복과 의도. 그것은 사람의 뇌를 변화시키는 가장 확실한 방법이다. 루스가 나한테 가르쳐 준 호흡 기술과 촛불을 바라보거나 나만의 만트라를 천천히 반복하는 방법을 결합하면서 모든 게 변하기 시작했다.

마침내 아빠가 집에 왔다. 이번에는 숙취에 시달리며 지난 일을 후회하고 있었다. 엄마는 방에서 나와 예의 그 싸움을 시작했다. 늘 그랬던 말다툼이었지만, 이번에는 우리가 퇴거 통보를 받았다는 사실이 포함되었다. 나는 지난 몇 시간 동안 방 안에서 호흡하기와 스스로 주문 외우기를 연습하고 있었다. 설명할 수 없는 이런저런 이유로, 나는 불현듯 거실로 가서 부모님에게 사랑한다고 말했다. 그러자 부모님을 다른 방식으로 보게 되었음을 깨달았다. 그리곤 다시 내 방으로 돌아왔다.

화가 나거나 당황스럽지 않았다. 나는 그 상황을 그냥 받아들였다. 몇 분이 지나자 내 머릿속에서도, 바깥에서도 아무런 소리가 들리지 않았다. 집은 조용해졌다. 나는 다시 거실로 가서 부모님이 조용하게 앉아 계신 모습을 보았다.

"잘 될 거야." 아빠가 말했다.

"우리도 아들 사랑해." 엄마가 덧붙였다.

그 순간, 나는 일이 잘될지, 안될지 정말 알지 못했다. 하지만 부모님이 최선을 다해 나를 사랑했다는 사실을 잘 알고 있었다. 물론 오랫동안 부모님이 나를 사랑해 주기를 얼마나 바랐었는지 떠올린다면, 그게 내가 꿈꾸던 장면은 아니었다. 그러나 그 순간, 그것이면 충분하다고 생각했다.

내가 맨 처음 보았던 뇌는 포르말린이 가득 담긴 유리병 안에 매달려 있었다. 회색빛의 주름이 팬 모습이었다. 그 모습만 보자면 뇌는 인간의 모든 기능을 담당하는 슈퍼컴퓨터라기보다, 거대한 호두나 3파운드짜리 오래된 햄버거 덩어리에 더 가까웠다. 나는 그 주름진 덩어리를 빤히 쳐다보았다. 저런 회색빛 젤라틴 방울과 하얀 물질이 어떻게 사고와 언어와 기억의 원천이 될 수 있을까? 나는 언어와 미각과 모든 동적 기능을 담당하는 뇌의 영역을 공부하곤 했지만, 뇌의 어느 부분을 자르고 들어가야 사랑이 흘러넘치는 걸 볼 수 있는지 나에게 증명해 줄 선생님은 없었다. 교재 안에도 없고 수술하는 동안에도 볼 수 없었다. 아이를 양육하고 보호하려는 모성을 증명할 수 있는 뭔가가 있다면 찾아 보여 줄 텐데, 그런 횡단면은 뇌 안에 없었다. 아버지란 존재가 자식이 본인보다 더 많이 가진 환경에서 잘 자라기를 바라는 마음으로, 두 가지 일자리를 기꺼이 뛸 수 있도록 자극하는 그 불가사의한 힘을 간직한 생체 조직이 있다면 검사라도 해 보았을 것이나, 그런 건 존재하지 않았다. 응급 상황에서 누군가 전혀 모르는 타인을 돕기 위해 다 같이 기꺼이 달려가게 만드는 부분이 있다면 단단한 뇌의 중심에서 정확히 집어 보여 줄 텐데, 그런 것도 뇌 안에 없었다.

루스가 나한테 시간과 관심과 사랑을 주고 싶게 만들었던 요인은, 정확히 뇌의 어떤 부분이었을까?

포르말린 안에 둥둥 떠 있는 뇌 속에서는 이런 요소들을 볼 수 없었고, 뇌 수술을 진행하는 동안 현미경을 통해서도 그런 것을 확인할 수 없었다. 의대 시절, 뇌를 생각하기 위해 나의 뇌를 쓰고, 뇌의 아이러니에 대해 깊이 생각하느라 마음을 쓰면서 수많은 밤을 지새웠다. 마음과 뇌를 어떻게 하면 정확히 분리하고 구분할까? 뇌를 수술할 수는 있지만 마음을 수술할 수는 없다. 하지만 뇌에 수술을 하면 영원히 마음을 변화시킬 수 있다. 그것은 인과관계의 딜레마다. 닭이 먼저냐, 알이 먼저냐로 대표되는 영원히 반복될 질문이다. 어느 날, 루스에게 바로 이 문제를 물어보았고, 루스는 이렇게 답했다.

"짐, 만약 네가 배가 고프다면 닭이 먼저인지 알이 먼저인지, 그 문제는 전혀 중요하지 않아. 그렇지?"

나는 때때로 너무 배가 고팠고, 그럴 때는 닭이든 달걀이든 뭐든 행복하게 먹을 수 있을 것만 같았다.

루스는 항상 모든 것을 깨부수고 그것이 무엇이든 새로운 관점에서 다르게 보도록 한다. 그리고 하루하루 지나면서 나 자신의 감정과 생각에 대해 새로운 관점을 갖도록 가르치고 있었다. 그런 면에서 생각하기에 대한 생각하기, 곧 뇌 자체를 관찰하는 뇌의 이 기능은 커다란 불가사의 중 하나다.

이제 우리가 함께할 여름날이 겨우 2주밖에 남지 않았을 무렵, 나는 내 생각을 관찰하면서 결국 내 생각에서 나를 분리시킬 수 있는 아이디어에 마음을 쏟고 있었다. 그때 루스는 불쑥 새로운 마술을 하나 꺼냈다.

"짐, 마술사가 여자를 절반으로 자르는 마술을 본 적 있지?"

"그럼요." 나는 고개를 끄덕였다.

"자, 우리도 그것과 비슷한 마술을 할 건데, 자르는 대상은 바로 너의 심장이란다. 그 심장을 잘라 열어 보일 거야. 그것을 딱 중간에서 반으로 가르게 될 거란다."

대체 루스가 지금 무슨 말을 하고 있는 거지? 하지만 그때쯤 루스가 갑자기 뭔가를 꺼내 보이는 일에 익숙해졌기 때문에 내가 할 수 있는 일은 곧 적응하고, 안전벨트를 졸라매면서 그 경주를 기꺼이 즐기는 것임을 잘 알고 있었다.

루스의 마술 #2

마음 길들이기

1. 루스의 마술 #1에 맞춰 일단 몸의 긴장을 풀고 나면, 이제 마음을 길들일 때가 왔다.

2. 호흡에 집중하면서 다시 시작하자.

생각이 떠오르고, 그 생각을 따라가는 것은 흔히 일어나는 일이다. 이런 일이 생길 때마다, 초점을 호흡하기에 다시 맞추면 된다.

어떤 사람들은 실제로 콧구멍을 떠올리면서 공기가 들어가고 나가는 것을 생각하면 초점을 되돌리는 데 도움이 된다고들 한다.

3. 마음의 방황을 줄이는 데 도움이 되는 그 외의 기술로는 첫째, 만트라를 이용하는 방법이 있다. 만트라는 계속 반복해서 외우는 단어나 구절이다. 둘째, 촛불이나 다른 사물에 초점을 맞추는 방법이 있다. 이렇게 하면 그렇게 방황하고 있는 생각에 주의를 집중하지 않게 되니 도움이 된다.

어떤 기관에서는 교사가 학생에게 만트라를 직접 주기도 하지만, 어떤 단어든 자기만의 만트라로 선택할 수 있다. 아니면 촛불이나 다른 사물에 초점을 맞출 수 있다. 어떤 방법이 자신에게 효과가 있는지 알아보자. 사람마다 다르다.

4. 이 연습을 하는 데 시간과 노력이 반드시 든다. 그러니 실망할 필요 없다. 평온한 마음의 심오한 결과를 보게 되기까지, 몇 주 혹은 이보다 더 오랜 시간이 걸릴 수도 있다.

흔히 부정적이거나 산만한 생각속에 감정이 따라가려고 할 때, 늘 똑같은 욕망을 갖고 그러는 건 아니다. 그때마다 감정의 결은 다르다. 단순히 긴장 풀기만으로도 당신이 느끼는 평온함은 늘어날 것이다. 내면의 대화로 정신이 산만해지지 않으면, 연관된 정서적 반응이 일어나지 않기 때문이다. 바로 이 반응이 당신 몸의 나머지 전체에 영향을 끼치게 된다.

5. 하루에 20분에서 30분 동안 이 연습을 실천하자.

마음을 길들이게 될 때
우리가 받는 보답은
생각의 선명함이다.

이 연습의 오디오 버전을 듣고 싶다면 intothemagicshop.com으로

4장

아픔을 안고 성장하기

그날은 랭커스터 역사상 가장 더운 8월의 하루가 될 것 같았다. 무려 40도 가까이 오를 거라고 했다. 그래서 평소보다 조금 일찍 집을 나서 마술가게로 출발했다. 하늘에는 하얀 구름이 아니라 거무스름해 보이는 구름 몇 줄기가 떠 있었다. 해가 쨍쨍 나는 날씨도 아니었고, 구름 낀 흐린 날도 아니었는데 눈길 가는 곳마다 갈색 빛깔 아니면 회색 빛깔이었다. 두 발로 움직이는 자전거 페달을 거쳐 땅에서 올라오는 열기가 느껴졌다. 너무 뜨거워서 다리털을 태워 버릴 것만 같았다. 두 손이 다 햇볕에 타는 느낌이 들지 않도록 한 번에 한 손씩 바꾸어 가며 핸들을 잡았다. K가를 내려갈 때 잠시 동안은 두 손을 놓은 채 페달을 밟으며 미끄러져 갔다. 그때, 성공회 교회 옆 벌판에서 울리는 고함을 들었다.

주먹을 날리고 있는, 덩치가 조금 큰 녀석이 누군지는 알았다. 나보다 2학년 선배였는데, 우리 형제를 못살게 굴더니 몇 번 때리기도 했고 심지어 들러리를 대동해 우리에게 침을 뱉은 적도 있었다. 두 녀석은 일종의 갱 집단처럼 학창 시절 오후 3시와 5시 사이에 랭커스터를 꽤 주름잡고 다녔다. 그런데 지금은 아직 아침 10시도 되지 않았는데 이렇게 나와 있는 걸 보니, 여름이라 낮이 길어져서 아침부터 돌아다니고 있는 게 분명했다. 둘 중 하나는 어떤 한 녀석을 잡아 주먹을 날리며 발로 차고 있었고, 나머지 하나는 고함을 치며 웃어 재끼고 있었다. 맞고 있는 아이가 땅에 몸을 웅크리고 고개를 푹 숙이고 있었기 때문에 누군지 알아볼 수 없었다. 게다가 방어하는 자세로 머리 위를 두 팔로 감싸고 있었다. 아주 잠깐 혹시 우리 형이 아닐까 생각했지만, 내가 나올 때 형이 집 안에 있었다는 사실을 기억해 냈다.

그때 내가 왜 자전거에서 내려 그 녀석들한테 소리를 쳤는지 모르겠다. 형을 보호하는 데 워낙 익숙해 있긴 했다. 그건 나중에 어른이 되어서도 여전히 계속된 습관이었다. 그러나 나는 굳이 긁어 부스럼 만드는 사람이 아니었고, 이 친구들하고는 더더욱 그러지 않았었다. 처음에 그 녀석들은 내 말을 듣지 않았다. 그런데 그들 쪽으로 가까이 걸어가자 땅에 웅크리고 있던 그 아이가 맞았던 주먹과 발길이 고스란히 느껴져 내 심장은 마구 뛰기 시작했다. 심호흡을 했다. 그리고 다시 한 번 그만두라고 고함을 질렀다.

"당장 그만둬!"

덩치 큰 녀석은 땅에 웅크린 아이 쪽으로 몸을 숙이고 있다가, 내

소리를 듣더니 몸을 세웠다. 나를 향해 심술궂게 씩 하고 웃더니 땅에 웅크리고 있는 그 아이의 배 쪽으로 한 번 더 발길질을 했다. 그 때문에 나는 움찔하며 뒷걸음질 쳤다. 마치 내가 발길질을 당한 듯 아픔이 느껴졌다.

"누가 나랑 붙을 거야?"

그들의 관심이 나한테로 옮겨 왔다. 땅에 몸을 웅크리고 있던 아이는 일어나려고 했다. 이렇게 보니 학교에서 잘 알던 아이였다. 이름은 기억나지 않았지만 작년에 그 가족이 여기로 이사를 왔었다. 그 친구 아빠는 공군 기지에 있다가 지금은 나온 상태였다. 그 아이 얼굴은 피투성이였고 쓰던 안경은 땅에 떨어져 있었다. 그 아이는 거기 있던 우리 세 사람 덩치의 절반밖에 되지 않았던 것 같다. 나는 이들과 키는 엇비슷했지만, 덩치를 보아하니, 그 두 녀석은 나보다 몸무게가 적어도 10킬로그램 이상 훨씬 더 많이 나갔다. 그 아이가 몸을 일으키더니 비틀거리며 교회 쪽으로 걸어가는 모습을 지켜보았다. 얼른 거기서 나가라고, 뭐라고 할 수도 없는 상황이었다.

"네가 쟤를 대신할 거라고?"

그 두 녀석이 내가 있는 쪽으로 몇 걸음을 옮겼다. 입은 바짝바짝 마르고 귀에서는 웅웅 소리가 나기 시작했다. 나는 루스가 가르쳐 준 대로 심호흡을 하려고 애썼지만 폐 안에 공기를 채우기가 어려웠다.

이거 느낌이 별로 안 좋은데.

"그래, 네가 영웅이라는 생각이 들지? 빌어먹을 그런 영웅 말이야?"

나는 아무런 대꾸를 하지 않았다. 대신 마술가게에서 배웠던 것처럼 다리와 손의 긴장을 풀려고 노력했다. 나는 발끝을 들어 올렸다 내렸다 하면서 생각을 정리했다. 싸워야 한다면 그러지 뭐. 하지만 먼저 달려들지는 않겠어.

"네 엉덩이를 먼저 걷어차고 그런 다음 네 자전거를 가져가 주지."

나는 여전히 아무 말도 하지 않았다. 그 녀석 옆에 있던 들러리가 조금씩 내 뒤로 움직이고 있는 걸 감지했지만, 나는 꼼짝 않고 나한테 주먹을 날리고 발로 차고 싶어 하는 그 녀석만 빤히 쳐다보았다. 둘 중에서 명령을 내리는 쪽은 바로 그 녀석이었다. 그 녀석은 내 얼굴 쪽으로 자기 얼굴을 들이밀었다. 얼마나 가까이 왔는지 그 녀석 입술 가에 허옇게 말라 버린 침 자국이 보일 정도였다. 그렇지 않아도 더운 날씨가 더 푹푹 찌고 있었다. 그 녀석 얼굴은 땀범벅에 먼지 투성이였다.

"네 녀석이 내 발에 입맞춤하고 싶지 않다면야."

나는 마술가게에 있는 루스와 닐을 떠올렸다. 지금쯤 내가 자전거를 타고 거기에 오기를 기다리고 있을 것이다. 혹시 나타나지 않으면 루스는 내가 하루를 빼먹은 거라고 생각할까? 내가 여기서 피를 흘리며 있는 모습을 누가 발견이라도 해 줄까? 그 덩치 작은 아이는 나를 위해 도움을 청하러 갈까? 저 녀석은 아침에 일어나서, 시리얼에 우유를 말아 먹고, 입도 닦지 않은 채 당장이라도 사람들을 두들겨 팰 작정으로 집 밖으로 뛰쳐나왔을까? 이런 생각들이 머릿속에서 마구 내달리기 시작했지만, 나는 녀석의 말라 버린 하얀 침 자국을 뚫어지게 쳐다보면서 그게 초에 붙은 불인 것처럼 생각을 했다.

"내 발에 입을 맞춰."

나는 고개를 들어 그 녀석 눈을 들여다보았다. 그리고 덩치 작은 친구를 그만 때리라고 말했던 이후에 처음으로 입을 열었다.

"싫다."

그 녀석은 손을 뻗어 내 티셔츠 앞을 거머쥐었다.

"내 발에 입을 맞춰."

그 녀석은 위협했다. 다른 사람을 위협할 만한 힘을 가지고 있는 사람임을 아는 것 같은 기분 나쁜 미소를 지었다. 그 녀석 얼굴은 내 얼굴 바로 앞에 있었다. 그 녀석이 숨 쉬는 냄새를 맡고 느낄 수 있을 정도였다. 나는 아주 잠시 눈을 감았다. 그런데 그 1초 사이에 무언가가 달라졌다.

나는 눈을 뜨고 그 녀석 눈을 똑바로 쳐다보았다. 우리가 무엇인가를, 혹은 누군가를 정말로 이해하려고 노력할 때 하는 방식대로 그 녀석 눈을 깊이 뚫어지게 응시했다.

"네가 나한테 원하는 게 뭐든 해도 좋아. 하지만 네 발에 입을 맞추지는 않을 거야."

그 녀석은 웃으면서 옆에 들러리 친구 쪽으로 고개를 돌렸다. 그 녀석이 눈썹을 치켜드는 모습이 보였다. 그런 다음 그 녀석은 나를 쳐다보았다. 나는 눈 하나 깜빡하지 않고 뚫어지게 녀석을 쳐다보았다. 그 녀석은 주먹을 들더니 귀 뒤쪽까지 끌어 올렸다. 나는 움찔하지 않았다. 그저 내 눈을 그 녀석 눈에 고정시켰다. 그 순간 그 녀석이 나보다 덩치가 더 크다거나 그 주먹에 다른 아이의 피가 묻어 있다거나 하는 것에는 신경 쓰지 않았다. 나는 물러서지 않을 작정이었다. 그렇지만 나를 두려워하게 하려고 먼저 녀석한테 위력을 가하지는 않을 것이다. 그리고 그 녀석 발이나 그 어느 누구의 발에도 입을 맞추지는 않을 것이다. 앞으로도 영원히.

그 짧은 순간 우리 두 눈은 못을 박은 듯 마주 보고 있었다. 나는 그를 보았고, 내가 보고 있다는 사실을 그 녀석도 알고 있었다. 그 녀석의 아픔과 두려움이 보였다. 다른 친구들을 괴롭히면서까지 숨기고 싶은 아픔과 두려움이었다.

그 녀석이 먼저 눈길을 내려놓았다. 그리고 들러리 친구를 보더니 곧 다시 나를 쳐다보았다.

"이 무슨 시간 낭비야."

내 셔츠를 잡았던 손을 풀더니 살짝 밀었다. 나는 한 발짝 뒷걸음질 쳤지만 넘어지지는 않았다.

그는 아주 짧은 순간이라도 다시 나를 쳐다보는 일 없이 곧바로 외면했다.

"날씨가 너무 더워. 그만 가자."

들러리 녀석이 내 등을 살짝 미는 걸 느꼈지만 그건 일종의 쇼맨십 같은 제스처에 불과했다. 분명히 말할 수 있다. 그 녀석도 그때 무슨 일이 벌어졌는지 몰랐을 것이다. 두 녀석은 발걸음을 옮기기 시작했다. 들러리 녀석이 덩치 큰 녀석에게 뭔가 말하는 모습이 보였다. 뻔하다. 왜 나를 때리지 않았느냐고 물어보았을 것이다. 친구를 괴롭히던 덩치 큰 녀석은 들러리를 밀치며 소리쳤다.

"입 닥쳐."

둘 다 뒤도 안 돌아보고 걸어갔다.

나는 심호흡을 몇 번 했다. 그리고 두 녀석이 걸어가는 모습을 지켜본 뒤 자전거가 있는 쪽으로 갔다. 무슨 일이 일어났는지, 아니 심지어 내가 왜 그랬는지 정확히 알 수 없었지만 기분은 좋았다. 아차, 늦었다. 루스가 나를 기다리고 있을 텐데. 제발 내가 하루 날려 버린 게 아니라는 사실을 루스가 알아주어야 하는데. 나는 자전거를 타고 최대한 빨리 마술가게로 달려갔다.

쏜살같이 마술가게 문을 열고 들어갔다. 숨이 턱턱 막혔지만 루스와 닐에게 여기 오는 길에 있었던 이야기를 전부 해 줄 참이었다. 내가 나 자신을 위해, 그리고 자신을 방어할 수 없었던 어린 친구를 위해 분연히 일어섰다고 말해 주려고 했다. 내 기억으론 태어나 처음으로 영웅이 된 듯한 기분이 들었다. 내가 무슨 일을 했는지 루스가 알아챈다면, 오늘 지각한 일에 대해 루스는 반드시 용서해 *주어야만 해.*

"루스!" 큰 소리로 불렀다. 그런데 이상했다. 루스도 닐도 카운터에 없었다. "루스! 닐! 저 왔어요."

아무 대답이 없었다.

나는 사무실 쪽으로 고개를 돌려 보았다. 그때 두 사람의 목소리가 들렸다. 루스와 닐이 논쟁을 벌이고 있었다. 나는 두 사람이 그렇게 말다툼하는 걸 처음 보았다.

"그 아이는 아직 어린애일 뿐이에요."

"앞으로 평생 그 아이는 이 사실을 기억하게 될 거야. 네가 제대로 설명하고 바로잡아야 해."

"너무 늦었어요. 이미 상처가 된걸요. 좀 더 나이가 들면 제가 모두 설명할게요."

"상처는 언제든 없어질 수 있고, 그래야만 해."

루스의 목소리는 화가 나 있었다.

나는 루스가 저렇게 화내는 모습을 본 적이 없어서 걱정되었다. 내가 무슨 잘못을 했나? 내가 늦었다고 두 사람이 화가 잔뜩 난 건가? 아무리 생각해도 그건 아니었다. 닐이 나한테 무슨 상처를 입혔다고? 내가 크면 닐이 나한테 무슨 설명을 해 주겠다는 거지?

"닐, 사람은 누구나 실수를 한단다. 분명히 나는, 너랑 내 몫을 나눴어. 하지만 이걸 바로잡기에 너무 늦은 건 아니라고 너한테 말해 주는 거야. 만약 지금 바로잡지 않는다면 넌 후회하게 될 거야. 내 말 믿어."

모든 게 조용해졌다. 나는 그들에게 내가 엿듣고 있었다는 사실을 들키기 싫었다. 그래서 가게 앞까지 되돌아가서 다시 문을 열고 두 사람 이름을 불렀다. 내가 두 사람 이야기를 엿듣고 있었다는 사실을 아마 그들은 모를 것이다.

"안녕하세요. 루스, 저 왔어요."

루스는 사무실 문을 열고 나왔다. 우리 엄마처럼 두 눈이 붉어져 있었다. 분명히 울고 있었던 거야.

"짐, 늦었구나."

"죄송해요. 여기 오는 길에 작은 문제가 있었어요."

루스는 나를 위아래로 훑어보았다.

"네 셔츠 위에 그거 피 아니니?"

"맞아요. 그런데 제 건 아니에요. 걱정 안 하셔도 돼요."

루스는 소리 내어 웃었다.

"그 소리를 들으니 더 걱정이 되는구나. 이쪽으로 오렴."

나는 닐 옆을 지나쳐서 걸어갔다. 닐은 웅얼거리며 인사를 했지만 나를 쳐다보진 않았다. 내가 무슨 잘못을 했는지, 그에게 무슨 일이 있는지 감이 오지 않았다. 하지만 뭔가 나쁜 일이 생겼음이 분명했다. 이제 닐은 나를 미워하는 것 같았다.

루스는 나를 의자에 앉히고 긴장 풀기 연습을 시키고, 그다음 머릿속에서 나만의 주문을 외우게 하고는 내 옆을 이리저리 걸어 다녔다. 연습을 시작했지만 내가 엿들었던 대화가 자꾸 생각났다. 닐이 나한테 무슨 실수를 했었나? 얼마나 나쁜 일이기에 루스가 저렇게 울기까지 했지? 나는 더 이상 끌고 갈 수가 없었다. 당장 내 생각을 길들일 수가 없었다.

"무슨 일이에요? 제가 무슨 잘못을 한 거죠? 왜 닐이 저한테 화가 나 있어요?"

나는 여전히 눈을 감은 채, 세 가지 질문을 불쑥 던졌다. 그러고는 눈을 떴더니 루스가 뜨악한 표정으로 나를 쳐다보고 있었다.

"왜 네가 무슨 잘못을 했다고 생각한 거니?" 루스가 물었다.

"루스와 닐이 나를 두고 말다툼하는 소리를 들었어요. 문을 통해 다 들렸다고요. 닐은 저를 미워해요."

루스는 계속 나한테서 눈을 떼지 않았다. 그러더니 그냥 고개를 끄덕였다.

"그걸 다 들었다는 거니?"

"네."

비참했다. 루스와 닐이 나한테 잘해 주었고 꿈같은 사람들이라는 걸 잘 알고 있었다. 그래서 오늘이 마술가게에 오는 마지막 날이라는 확신이 섰다.

"정말, 지금 말이니? 닐이 너한테 무슨 말을 하든?"

"닐이……."

나는 잠시 생각했지만 닐이 나한테 무슨 말을 했는지 정확히 기억할 수 없었다.

"그래서?" 루스는 대답을 재촉했다.

"그게, 그러니까…… 상처를 입혔다는 그런 이야기였어요."

"그래서 네 이름도 들었니?"

"아니요. 정확히 그렇진 않아요."

그러고 보니 두 사람이 내 이름을 말한 건 기억나지 않았지만 그건 분명 나에 관한 이야기였다. 나는 더 비참한 기분이 들었다. 루스는 나한테 거짓말로 나를 두고 말다툼한 게 아니라고 말하려는 걸까?

"짐, 우리는 너에 대해 이야기를 하고 있던 게 아니란다. 그건 우리 손자에 대한 이야기였어."

루스는 부드러운 목소리로 말했다.

"손자라면?"

"그래. 닐한테 아들이 하나 있어. 그런데 그게 복잡하고 슬픈 일이란다. 난 손자를 늘 보고 싶어 하지."

"몇 살인데요?"

"아마 네 나이쯤 되었을 거야."

"어디에 살아요?"

"지금은 엄마랑 같이 있단다. 하지만 그게 중요하진 않아. 중요한 것은, 왜 너는 우리가 너에 대해 논쟁을 했다고 생각했던 거니? 왜 닐이 너를 미워한다고 생각했던 거지?"

나는 그 점에 대해 뭐라고 말해야 할지 정말 난감했다. 그냥 그들이 나에 대해 이야기를 하고 있을 거라고 지레짐작했던 것이다.

"짐, 누구나 살다 보면 아픔을 겪는 상황에 처하게 된단다. 우리 손자와 아들이 처한 상황 때문에 내 마음이 많이 아파. 일종의 상처 같은 거지. 무릎을 베거나 찧으면 어찌해야 할까? 먼저 거기에 관심을 집중하겠지. 무릎을 깨끗이 닦고, 붕대로 감싸고, 잘 나을 수 있도록 하겠지. 아니면 무릎 상처쯤 무시해 버리고 상처가 나지 않은 척, 아프지 않은 척할까? 통증 때문에 욱신거리는데도 바짓부리를 내려 그냥 상처가 잘 아물었으면 하고 바라기만 할까? 그게 상처를 치유하는 최선의 방법일까?"

"아니죠."

사실 루스가 나한테 무슨 말을 하고 있는지 정확히 알 수가 없었다.

"우리 마음의 상처도 마찬가지란다. 그 상처가 나을 수 있도록 관심과 주의를 기울여야 해. 그렇지 않으면 그 상처는 계속해서 아픔을 줄 거야. 때로는 아주 오랫동안 그럴 수도 있어. 우리는 모두 상처입게 돼. 그게 삶이거든. 하지만 우리한테 상처를 주고 우리를 아프게 하는 것에 대해서도 마술 같은 효과가 있단다. 상처와 아픔은 놀라운 역할을 하기도 해. 우리 마음에 상처가 생기면 그때가 바로 마음을 열어야 하는 순간이란다. 우리는 아픔을 거치면서 성장하지. 어려운 상황을 헤치며 자라는 거야. 그렇기 때문에 네 삶에서 어려운 일이 나타날 때마다 기꺼이 감싸 안고, 그리고 그 모든 어려움을 다 껴안아야 해. 어려운 문제가 전혀 없는 사람들을 보면 오히려 유감이란다. 어떤 어려움도 헤쳐 나가지 않고 살아갈 수 있는 사람이 누가 있겠니? 그런 사람들은 신이 주신 좋은 선물을 하나 잃어버린 셈이지. 멋진 마술을 놓치는 셈이란다."

나는 루스의 말에 고개를 끄덕였다. 나는 지금까지 살아오면서 모든 걸 가진 듯 보이는 친구들과 나 자신을 끊임없이 비교하며 보냈다. 그들은 식료품 가게에서 길게 줄을 서지 않아도 되었다. 엄마가 푸드 스탬프를 내밀 때 계산대 직원이 쳐다보는 그 아픈 눈길을 느낄 필요가 없었다. 또는 한 줌의 분유와 버터와 치즈 덩어리를 받으려고 정부에서 하는 푸드 뱅크에 줄 서서 기다릴 필요가 없었다. 그들은 말다툼하고, 술에 취하고, 때로는 과도하게 약을 털어 넣는 부모가 없었다. 한밤중에 모든 게 잘못되었고, 어쨌든 모두가 나의 잘못이라고 느끼면서 잠들 필요도 없었다. 그들에게는 차도 있고 돈도 있고 옷도 있고 여자 친구도 있고 근사한 집도 있었다. 루스는 그런 사람들에게도 유감을 느낄까?

"짐, 너한테 가르쳐 줄 다음 마술은 너의 마음을 여는 것이란다. 어떤 사람들은 이 마술을 많이 어려워해. 하지만 너한테는 이게 더 쉬울 거야."

"왜요?"

"왜냐하면 삶은 이미 네 마음을 열기 시작했거든. 짐, 너는 사랑하고 배려하잖니. 네 가족을 돌보고. 형이랑 엄마, 그리고 아빠까지도 말이야. 닐이 너한테 화가 났다고 생각했을 때도 너는 닐을 배려했어. 매일 여기에 올 만큼 너는 다른 사람을 배려하고 아끼지. 다른 사람을 배려하고 돌보는 네 능력에 대해서 나는 아무런 의심도 없단다. 그게 바로 네 마음을 여는 한 부분이거든."

나는 그날 아침, 덩치 큰 친구에게 맞고 있던 작은 아이를 생각했다. 그 애가 누군지 전혀 몰랐지만 그래도 나는 그 아이를 지켜 주었다. 내가 가던 길을 멈출 만큼 배려했다. 나도 어쩌면 그 아이와 같은 상황에 처했었고, 언제든 그럴 수 있기 때문에 배려하고 돌보아 주었다. 이미 수백 번 그런 아픔과 모욕감을 느껴 보았고, 그 상처를 겪었기 때문에 지나칠 수 없었던 것이다. 그건 정말이지 큰 상처가 된다.

"네 마음을 여는 나머지 한 부분은 너 자신을 사랑하고 돌보는 거란다. 이건 네가 정말로 열심히 연습해야 하는 부분이야."

나는 나 자신을 사랑하고 돌보았다. 그거라면 어려울 게 없었다.

"짐, 닐과 나누던 대화가 너에 대한 것이라고 네가 짐작했던 데는 다 이유가 있어. 네가 실제로 들었던 이야기에서 훌쩍 건너뛰어 닐이 너를 미워하는 것까지 간 거야."

"저는 그저 오해를 했어요."

"그렇구나." 루스가 웃었다. "우리 모두는 오해를 하지. 서로 간에. 우리 자신을. 이런저런 상황을. 오늘 좋은 교훈이 나왔네. 그렇다고 그게 다 우리에 관한 건 아니라는 거야. 우리 손자에 관한 거라면, 나도 똑같은 교훈을 배워야 할 거야. 분명히."

나는 고개를 끄덕였다.

"우리 각자는 삶에서 받아들일 만한 게 무엇인지 선택하게 된단다. 어렸을 때는 그리 많은 선택을 하지 않지. 가족과 환경은 이미 주어진 상태로 태어나니까, 그건 정말이지 우리가 통제할 수 없는 거야. 하지만 나이가 들어가면서 우리는 선택을 하게 돼. 의식적으로건 무의식적으로건 우리 스스로를 어떤 식으로 남들 앞에 내놓느냐를 결정하게 되는 거지. 남들이 우리를 어떤 식으로 대하도록 하느냐, 이런 말이란다. 너는 어떤 걸 받아들이겠니? 또 어떤 걸 받아들이지 않겠니? 선택을 해야만 하고 스스로를 굳건히 지키고 자립해야 하는 거야. 그 어느 누구도 너를 위해 대신해 줄 수는 없단다."

나는 그날 아침에 목격했던 첫 번째 싸움 이야기를 루스에게 해주고 싶었지만 기회가 전혀 나지 않았다. 그리고 닐과 루스가 다시 싸우는 소리도 그 후론 결코 듣지 못했다.

그다음 주 들어서 루스는 매일 내 마음을 여는 법을 가르쳐 주었다. 대개 우리 모두의 머릿속에서 벌어지고 있는 대화는 아주 비판적이고 부정적인 것이라고 설명해 주었다. 어떤 면에서는 걸핏하면 우리한테 가장 이롭지 못한 방식으로 우리 스스로가 반응하도록 자극하는 그런 대화라고 했다. 계속 반복해서 같은 사건을 다시 겪게 하거나, 그저 그랬으면 좋겠다는 가정법으로 부질없는 바람을 반복하게 하는 대화라고 했다. 그래서 그런 연유로 우리는 정말로 지금, 현재, 여기에서 충분히 많은 시간을 누리지 못한다. 그날 아침, 루스와 나는 나 자신에게 해 주고 싶은 칭찬의 말을 해 보기 시작했다. 참 낯설었다. 거듭 반복하여 나는 말했다. *나는 착하다, 그건 내 잘못이 아니다, 나는 좋은 사람이다.* 그건 마치 내가 라디오에 나오는 또 다른 디제이가 된 것 같았지만 내가 말하는 건 모두 다정하고 위로가 되었다. 그러다 나쁜 디제이가 내뱉는 소리를 따라가고 있는 나를 발견할 때면 여지없이 그 행동을 멈추고 나 자신에게 친절의 주문을 전달했다.

"나는 가치 있는 사람이다. 사랑받는 존재다. 귀한 사람이다. 나는 다른 이들을 배려한다. 오직 나 자신에게 좋은 것만을 선택한다. 오직 다른 이들에게 좋은 일만을 선택한다. 나는 스스로를 사랑한다. 다른 이들을 사랑한다. 나는 내 마음을 연다. 내 마음은 활짝 열려 있다."

루스는 이 열 가지 긍정의 문장을 선곡표로 주면서 매일 아침, 매일 밤, 머릿속에 갑자기 떠오를 때면 언제든지, 그리고 특히나 긴장 풀기 연습을 하고 생각을 길들이고 난 후에는 반복해서 말하도록 시켰다. 그 문장은 전부 감상적이고 진부한 편이었지만, 그래도 루스 말을 따랐다. 큰 소리로 말하라고 시키지 않은 것만으로 감사했다. 그다음 순서로, 루스가 시킨 훈련은 나 자신과 가족과 친구들과 심지어 내가 좋아하지 않거나 그럴 만한 가치가 없는 사람들에게 애정 어린 생각을 전달하는 일이었다. 내가 좋아하지 않거나 좋아할 만한 가치가 없는 사람들에게 다정한 생각을 전달하기를 원한다고 루스가 말했을 때, 내 표정이 혼란스러워졌음을 루스도 보았다. 루스는 매우 다정한 모습으로 쳐다보며 이렇게 말했다.

"짐, 사람들에게 상처를 주는 사람들은 대개 상처를 가장 많이 받은 사람들이란다."

그러나 그건 힘들었다. 나를 때리고 괴롭혔던 아이를 떠올리는 일은 힘들었고, 어쨌든 그것도 괜찮다고 생각하기는 어려웠다. 그건 괜찮지 않았다. 나는 여전히 그 아이가 미웠고 나한테 못되게 굴고 상처 준 다른 모든 사람들도 미웠다. 하지만 나는 계속 노력했다. 애쓰고 또 애를 썼다. 그런데 잠시 후 불현듯 이런 생각이 들었다. 만약 그들이 상처 입었거나 얻어맞고서 고통 속에 울고 있는 모습을 떠올려 보고, 그리곤 그런 일이 나한테 일어났다면 어떤 기분일까 바꿔 생각하면 그러기가 더 쉬워졌다. 이를테면, 내가 누군가에게 화가 났을 때 그게 보통은 그 지점에서 나의 내면도 상처 입었기 때문이라는 사실을 깨닫기 시작하면 그 일이 더 쉬워졌다. 나는 다른 것 때문에 나 자신에게 화가 났던 것이다. 예전에는 이 사실을 결코 깨닫지 못했었다. 루스가 했던 말이 자꾸만 귓가에 맴돌았다.

"사람들에게 상처를 주는 사람들은 대개 상처를 가장 많이 받은 사람들이란다."

루스의 말이 맞았다. 그리고 그게 바로 루스가 말하고 싶은 핵심이었다. 만약 자신의 상처를 치유할 수 있다면 더 이상 상처 입지 않으며 다른 사람에게 상처를 주지도 않는다. 세상에! 루스와 함께한 시간이 어떻게든 나를 치유하고 있었던 것일까?

그 앞 주에, 루스는 마지막으로 가르쳐 줄 마술은 내가 원하는 건 뭐든지 얻을 수 있는 힘이라고 했다. 나는 그 단계로 갈 만반의 준비가 다 된 상태였다. 실은 마음에 대해서 말하는 일에 조금씩 지쳐 가는 중이었다. 마음에 대해 생각하는 시간이 많아질수록 나에게 상처가 되었다. 다시는 그렇게 상처 주지 않도록 내 안의 깊숙한 곳에 묻어 버리려고 수없이 많은 시간을 보냈는데, 그 시간은 그렇게나 고통스러운 수많은 일을 다시 끄집어냈다.

하지만 나는 조금씩 알아 가고 있었다. 그런 고통스러운 일이 다시 생각날 때 분명 상처가 되긴 했지만, 매번 조금씩 더 편해졌고 예전만큼 그렇게 아프지 않았다. 그러다 결국에는 머릿속에서 그 사건을 다시 겪어 보아도 내가 보이는 감정적 반응은 예전과 똑같지 않았다. 그런 기억과 함께 앉아 있어도 그 상처와 고통에 빠져 허우적대지 않았다. 그런 기억과 함께 앉아 있어도 나 자신을 비난하거나 어찌 되었건 그게 내 잘못이라고 생각하지 않았다. 나는 그냥 그 상처의 기억과 더불어 지낼 수 있게 되었다. 그리고 머릿속 디제이가 여전히 거기에 있었지만, 내가 그다지 신경 쓰지 않고 있었고 그 소리는 진짜로, 진짜로 조금씩 줄어들었다.

루스는 내 마음이 활짝 열리는 모습을 눈으로 확인하고 있었고, 때때로 그게 상처가 되긴 했지만 그래도 기분은 좋았다.

모든 인간이 공통적으로 가진 한 가지가 있으니, 다름 아닌 세상에 태어나 처음 듣는 소리다. 그것은 바로 어머니의 심장 박동이다. 그 안정된 리듬은 우리 각자가 잘 알고 있는 최초의 유대감이다. 그것은 머리로 기억하는 게 아니라 우리 심장에 박힌 앎이다. 심장은, 가장 어두운 곳에서도 우리가 안락함과 안전함을 발견하는 그런 곳이다. 심장은 우리를 함께 묶어 주는 것이다. 우리가 서로 헤어지면 부서지는 것이다. 심장에는 그것만의 마술이 깃들어 있다. 바로 사랑이다.

위스콘신 대학의 리처드 데이비드슨이 최초로 연민에 대해 연구를 시작했을 때, 함께했던 사람들은 오랫동안 명상을 해 왔던 티베트 승려들이었다. 당시 그들은 머리에 모자를 써야 했는데, 이 모자에는 연민 지수를 측정하기 위한 뇌전도 전극이 내장되어 있었다. 승려들에게 이 사실을 전하자 모두들 웃음을 터뜨렸다. 처음에 연구원들은 그 모자 생김새가 우스꽝스러워서 승려들이 그런 반응을 보인다고 생각했다. 사실 그 모자는 온갖 전극이 다 모여, 전극마다 땅에 끌릴 정도로 기다란 선이 연결되어 있어서 언뜻 보면 천연 가발처럼 보였다. 그러나 승려들이 웃음을 터뜨린 진짜 이유는 그게 아니었다. 과학자들의 예상은 완전히 빗나갔다. 마침내 한 승려가 나서서 그 모자가 왜 그렇게 우스웠는지 설명해 주었다.

"누구나 다 알잖아요. 연민은 머리에서 나오는 게 아니에요. 그건 심장에서 나오는 거라고요."

연구에 따르면 심장은 지성을 담은 기관이다. 이는 증명된 사실이다. 심장은 우리 뇌에서 비롯된 그 자체의 심오한 영향력은 물론 뇌와 정서, 이성적 추론과 선택에 끼치는 심대한 영향력을 갖고 있다. 심장은 뇌에서 나오는 지시를 수동적으로 기다리지 않고, 스스로 생각하는 동시에 몸의 나머지 부분에 신호를 보낸다. 뇌간에서 시작되어 심장과 인체 내부 기관 속에 거대한 신경 분포를 갖고 있는 미주신경은 바로 자율신경계(ANS) 영역이다.

심박 변이(HRV)로 알려진 심장 리듬의 패턴은 우리 내면의 정서 상태를 반영한 것이며 자율신경계의 영향을 받는다. 스트레스를 받거나 공포를 느끼면 미주 신경의 신호음이 줄어들고 교감 신경계(SNS)로 불리는 부분의 표출이 우세해진다.

교감 신경계는 우리 신경계의 매우 원시적인 부분과 관련된 것으로, 혈압과 심장 박동을 늘리고 심박 변이를 줄임으로써 위협이나 공포에 대응하도록 설계되어 있다. 이와 정반대로, 사람이 평온하고 마음을 열고 긴장을 풀면 미주 신경의 신호음이 늘어나고 부교감 신경계(PSNS)의 표출이 우세해진다. 부교감 신경은 휴식-소화 반응을 자극하고, 반면 교감 신경은 싸움-도주 반응을 자극한다. 연구원들은 심박 변이를 측정함으로써 심장과 신경계가 어떻게 스트레스와 감정에 반응하는지 분석할 수 있다. 사랑과 연민의 감정은 심박 변이의 증가와 관련 있으며, 불안이나 분노나 좌절을 느끼면 심박 변이는 줄어들면서 점점 잔잔해지고 규칙적으로 변한다. 많은 사람들은 이 사실에 당황스러워한다. 왜냐하면 스트레스와 심장 박동이 늘어나면 심박 변이가 혼란스럽고 불규칙적이고 매우 변동이 심해져야 하는 게 언뜻 논리적으로 보이기 때문이다. 그리고 그 반대로 심박 변이가 가장 안정된 때는, 우리가 가장 평온하고 긴장이 완전히 풀린 상태가 되어야 할 것 같다. 그러나 심박 변이는 우리의 예상과 정반대다.

흥미롭게도, 갑작스러운 심장 마비 사망의 가장 큰 원인 중 하나는 심박 변이의 부족이다. 이는 만성적으로 위협 자극에 노출되어 미주 신경 신호가 줄어든 결과다. 스트레스, 불안, 만성적 공포, 부정적 사고는 모두 특별히 힘을 더 들여 심장 안에 혈액을 주입하게 되는 주 요인이다. 그것은 마치 우리 몸이 관객으로 꽉 찬 극장 안에서 "불이야!" 하고 외치는 것과 동격이다. 또 한 번, 또 한 번 계속 반복된다. 결국 누군가는 짓밟히고 만다.

루스는 나의 뇌 속에 새로운 신경 연결 체계를 형성하도록 돕고 있었다. 그것은 아주 쉽게 말해서 인간의 뇌가 일생 동안 경험에 의해 변화되는 능력을 뜻하는 신경가소성이라는 용어가 일반적으로 사용되기 훨씬 전에, 내가 신경가소성과 대면한 최초의 경험이었다. 사실, 미국 심리학자 윌리엄 제임스는 120여 년 전에 맨 먼저 그 이론을 제시했지만 20세기 말이 되어서야 신경가소성의 가능성이 이

해되기 시작했다. 루스의 훈련은 두 가지로 진행되었다. 먼저 새로운 신경 회로를 만들어 나의 뇌를 바꾸도록 했다. 그뿐 아니라, 미주신경의 신호를 규칙적으로 만들고, 그렇게 하여 나의 정서적 반응과 심장 박동과 혈압 모두에 영향을 끼칠 수 있게 했다. 루스는 그 가르침의 효과에 대해 오직 직관적인 이해만 갖고 있을 뿐, 그 마술 뒤에 숨은 생리학에 대해서 전혀 모르는 상태였다. 그렇게 루스는 내가 좀 더 집중하고, 주의를 기울이고, 더 평온해지고, 면역 체계를 개선하고, 스트레스를 줄이고 심지어 혈압을 낮추도록 만들고 있었다.

어느 날, 엄마는 나한테 약을 먹느냐고 물었다. 그때까지 나는 한 번도 그런 적이 없었다. 나는 술과 약이 무서웠다. 이미 그때는 엄마가 여러 번 약을 먹고 자살 시도를 했을 무렵이었다. 엄마는 내가 훨씬 더 평온해지고 행복해 보인다고 말했다. 벼랑 끝에 선 것 같지 않다고도 했다. 루스는 내가 감정을 조절하고, 공감과 사회적 유대를 높이고, 나를 좀 더 낙관적인 사람으로 만들 수 있는 능력을 키워 주고 있었다. 루스는, 나 자신과 세상을 인식하는 방법을 송두리째 바꾸어 버렸다.

그리고 그 일은 모든 것을 완전히 변화시켰다.

가장 노련한 최고의 마술사는 관객에게 상황이 어떻게 진행되고 있는지 아무런 실마리를 주지 않은 채, 관객의 주의력을 통제하고 그 기억을 조작하고 그 선택에 영향을 끼치는 방법을 알고 있다. 루스는 내 몸의 긴장을 풀고 내 생각을 길들이는 방법을 가르쳐 줌으로써, 내가 나만의 집중력을 통제하는 방법을 배우도록 안내하고 있었다. 그러니까 후디니가 탈출하는 마술보다 더 어마어마한 환상의 마술, 역사상 가장 위대한 마술을 내가 직접 선보이도록 가르치고 있었다. 그것도 세상에서 가장 야유를 심하게 퍼붓기로 악명이 자자하고, 의심이라면 앞장서는 관객, 이름하여 나의 마음 앞에서 그 마술을 펼쳐 보이도록 가르쳐 주었다.

나는 내 생각을 관찰하는 법을 배움으로써 나 자신과 그 생각을 분리하는 방법을 익히고 있었다. 다른 것은 몰라도 그것이 루스가 나한테 말해 준 내용이었다. 루스의 말을 전부 이해한 건지 아무런 확신이 서지 않던 그때, 나는 그 정도로 감을 잡았다. 그럼에도 불구하고 루스와 그 마술을 배울 때는 내 삶이 그렇게 변하는 모습을 볼 수 없었다. 나는 여전히 아무도 거들떠보지 않는 동네 구석의 작은 아파트에 살았다. 여전히 가난했다. 친구도 거의 없어서 친교 같은 건 존재하지도 않았다. 부모님이 나를 사랑한다는 걸 알았지만, 여전히 내 삶은 고장 난 기계처럼 혼란스러웠다. 그 당시만 해도 부자로 태어나야 성공할 수 있을 것 같다는 생각을 했다. 가난하게 태어난다는 건, 최면술사의 꼬임에 빠져 무대에 올라와 자신이 날아다니는 새가 되었다고 믿어 버린 바보가 되는 것 같았다. 아무리 날갯짓을 해도 사람들은 웃기만 할 뿐, 그는 절대로 진짜 날 수가 없을 것이다. 나는 마음을 열려고 노력했다. 최선을 다해 나만의 긍정 십계명을 암송했다. 하지만 내 마음속에서 나는 여전히 가난한 아파트에 살면서 자주 사랑과 음식에 허기진 초라한 아이였다.

나도 내가 누구인지, 그리고 내 미래에 무엇이 있을지에 대해서 나만의 이야기를 품고 있었다. 그러나 아직 내 상처를 선물로 바라볼 마음의 준비는 되지 않았다. 하지만 루스가 나한테 마지막으로 가르쳐 준다고 했던 마술을 배울 준비는 기꺼이 되어 있었다. 루스는 이미 5주 동안 매일같이 나를 가르쳐 왔다. 그리고 이제 한 주만 더 지나면 오하이오로 돌아가야 한다.

"짐, 너한테 몇 가지를 말해 줘야겠구나. 지금 너는 정말로 무언가를 해냈다고 생각하지 않아. 그러나 이미 해냈다는 사실을 네가 알았으면 좋겠구나. 지금 이 순간 네가 깨달을 수 있는 것보다 훨씬 더 많은 것을 말이야."

나는 고개를 끄덕이며, 이미 많이 이루었다고 말해 주면서 말을 끊으려고 했지만 루스는 내가 말하도록 내버려 두지 않았다.

"이제 우리에게 시간이 많이 남지 않았구나. 떠날 때가 다가오니 이제 너한테 내가 알고 있는 가장 위대한 마술을 가르치려고 해. 하지만 절대적으로 내가 지금 하는 모든 말에 귀를 기울여야만 한단다. 모두 말이야. 이 점이 너무나 중요한데, 그 이유는 우리가 많은 시간을 보내며 함께했던 다른 모든 것과 달리, 이 마지막 마술은 네가 원한다고 생각하는 건 뭐든 다 줄 수 있는 힘이 있기 때문이야. 불행하게도, 이 마술은 네가 원한다고 생각하는 건 모두 다 너한테 줄 수 있기 때문에 그만큼 위험할 수도 있어. 네가 반드시 알아야 할 건, 네가 원한다고 생각하는 것이 언제나 너와 다른 사람들에게 최선의 것은 아니라는 점이야. 이 마술을 쓰기 전에 네가 바라는 것이 무언지 알기 위해 반드시 마음을 활짝 열어야 해. 그렇지 않으면, 그러니까 네가 바라는 게 무엇인지 진짜로 알지 못한 채 네가 원한다고 생각하는 걸 얻게 된다면, 끝내는 네가 원하지 않는 걸 얻게 될 뿐이야. 알겠니?"

아니, 뭐라고요?

그때, 나는 루스가 나한테 말해 주는 게 무엇인지 하나도 이해하지 못했다. 그저 "그 마술은 네가 원하는 걸 얻게 해 줄 거야."라는 말만 들렸다.

마침내 나는 마음의 준비를 했다. 이것이 루스가 약속했던 대로 내 삶을 바꿔 줄 마술 비결이 될 것임을 잘 알고 있었다. 나는 마지막 마술을 좀 더 빨리 시작해 달라고 루스를 설득하려 했다. 그래서 내 마음은 이미 열렸으니 다음 마술을 진행해도 되며, 당장에 시작하자고 줄기차게 이야기했지만 루스는 언제나 고개를 내저었다.

"짐," 루스는 경고했다. "네 마음을 여는 단계를 그냥 넘어갈 수는 없어. 그건 가장 중요한 부분이야. 내 말을 믿으렴. 그리고 약속해. 내가 알려 주려는 마지막 마술을 하기 전에, 반드시 이걸 먼저 하겠다고 말이야. 넌 내가 가르쳐 주는 걸 마술 속임수 같은 걸로 생각하고 있다는 걸 알아. 그래. 아마 어떤 면에서 내 가르침이 마술 비결이기도 하지. 하지만 제발 명심하려무나. 그런 마술에는 힘이 있단다. 지금 내가 진지하게 말하고 있는 걸 받아들이지 않는다면, 큰 대가를 치러야 할 거야. 지금 나한테서 이 사실을 배우렴. 그러면 나중에 힘겨운 방식으로 그 교훈을 배울 필요가 없을 거야."

"약속할게요."

루스가 마지막 마술을 가르쳐 준다고 했으니, 나는 뭐든 약속했을 것이다. 마음을 열고 안 열고는 크게 문제가 되지 않았다. 나는 이미 내가 원하는 걸 정확히 알고 있었다.

정확하게.

하지만 좀 더 신중하게 루스의 말을 들었어야 했다. 열두 살 그때, 활짝 열린 마음으로 남들과 세상으로 이어진다는 게 무엇인지 확실히 배웠어야 했다. 그랬다면 나중에 겪을 어떤 고통은 미리 막을 수 있었을까? 내 삶의 교훈은 전혀 다른 모습이 되었겠지? 부질없이 잘 되지 않았던 인간관계 중에 잘 해결될 수 있는 것도 있었겠지? 더 나은 남편이 되었을까? 더 좋은 아빠? 더 나은 의사? 삶의 전반기 내내 나의 몫을 요구하면서 나는 왜 그리도 경솔하고 성급하게 굴었던 걸까? 어떤 선택을 했어야 다른 모습으로 살 수 있었을까? 말하기는 어렵다. 하지만 나는 믿는다. 살아가면서 우리는 정말 배워야 할 것을 배우게 마련이라고. 그리고 우리 중에는 당연히 배워야 할 것을 어렵게 배우는 사람도 있다고. 루스는 자신이 할 수 있는 한 최선을 다해 나를 돕고자 애썼다. 나한테 스스로를 지키고 자립하라고, 남들이 나의 가치와 소중함을, 혹은 가능성을 판단하지 못하도록 가르쳐 주었다. 내가 고통을 자초하지 않도록 가르쳐 주었다. 하지만 그때 나는 어렸고 배고팠다. 루스가 내 마음을 훈련하는 방법을 알려 주었을 때, 그녀는 온 세상을 나에게 활짝 열어 주었다. 그런데 나는 그게 나의 적이라도 되는 양 공격했다. 지금 알고 있는 것을 그때 알 수 있었던 방법이 내겐 없었다. 만약 그때 내가 그걸 알았더라면, 무엇보다 먼저 내 마음을 진실로 열었을 것이다. 머리는 강한 힘을 갖고 있다. 하지만 먼저 마음을 열어야만, 그 머리는 우리가 진짜 원하는 곳으로 우리를 데려다줄 수 있다.

고통에서 배울 수 있다면, 고통을 겪는 게 선물이 될 수 있다. 하지만 쓸데없이 자신과 남들에게 아픔과 고통을 일으킬 때, 그것은 그 길 위에 함께하는 사람들을 고귀한 존재로 만들지 못할 뿐더러 그 상황은 모두에게 공정하지도 못하다. 루스는 몇 가지 매우 강력한 마술을 나한테 가르쳐 주었다. 그러니 만약 그날 루스가 해 주었던 말에 좀 더 주의했었더라면, 나는 나 자신과 많은 사람들을 수많은 고통과 아픔에서 구할 수 있었을 것이다.

하지만 나는 갓 십 대에 들어선 애송이였고, 게다가 뭔가에 주의를 집중하는 공부를 그때 막 시작했을 뿐이었다.

루스의 마술 #3

마음 열기

1. 루스의 마술 #1을 따라 몸의 긴장을 완전히 풀어 보자.

2. 일단 긴장이 풀리면 호흡에 초점을 맞추고, 온갖 생각이 담긴 머릿속을 완전히 비울 수 있도록 노력하자.

3. 생각이 떠오르면, 주의를 다름 아닌 호흡 쪽으로 다시 이끌면 된다.

4. 숨을 들이쉬고 내쉬기를 계속하여 머리를 완전히 비우자.

5. 이제, 살아오면서 당신에게 무조건적인 사랑을 베풀어 주었던 사람을 떠올려 보자. 무조건적인 사랑은 완벽한 사랑이 아니며 상처와 아픔이 배제된 사랑도 아니다. 한 번이라도 혹은 어느 때 잠시라도 사심 없이 당신을 사랑했던 사람을 뜻한다.

만약 당신을 무조건적으로 사랑해 주었던 누군가가 떠오르지 않는다면, 살아오면서 당신이 무조건적인 사랑을 주었던 사람을 떠올려도 좋다.

6. 무조건적인 사랑이 안겨 주는 따스한 기운과 만족감을 느끼며 앉아 있어 보자. 호흡은 천천히 들이쉬고 내쉬면 된다. 무조건적인 사랑의 힘을 느껴 보자. 당신의 온갖 결점과 불완전함에도 불구하고 어떤 식으로 기꺼이 인정받고 사랑받았는지 느껴 보자.

7. 당신이 소중하게 여기고 사랑했던 사람을 떠올려 보자. 그리고 의도적으로 그 사람에게 무조건적인 사랑을 전해 주자.

당신이 그에게 주고 있는 선물이 바로 누군가가 당신에게 주었던 바로 그 선물임을 깨닫기 바란다. 그리고 그 선물을 통해 다른 사람들도 소중한 사랑을 받으며 보호받는 기분을 느끼게 될 것임을 충분히 이해하면 된다.

8. 좋아하는 사람에게 똑같이 무조건적인 사랑을 주고 있을 때, 당신이 무조건적인 사랑과 인정을 받았을 때 느꼈던 감정을 다시 생각해 보자.

9. 당신의 결점과 불완전함과 상관없이 소중하게 아낌을 받고, 보호받고, 사랑받는 느낌이 어떠한지 다시 생각하자. 그리고 잘 알고 있지만 중립적인 감정을 갖고 있는 어떤 사람을 떠올리자.

이제 의도적으로 무조건적인 사랑을 그 사람에게 전해 주자. 그 사람을 사랑으로 감싸 안으면서 가능한 고통을 겪지 않으며 행복한 삶을 살아가기를 기원하자. 그 사람을 마음에 담고서 그 사람에게 다가올 미래를 확인하자. 그 행복을 바라보자. 당신도 그 따스한 감정 속에 푹 빠져 보자.

10. 이제 어려운 관계에 있거나 부정적인 감정을 갖고 있는 누군가를 떠올

리자. 흔히 사람의 행동은 상처를 밖으로 드러낸 것이라는 사실을 이해하기 바란다.

그들을 당신 자신으로 바라보자. 때로는 발버둥치고 실수도 하는 결점투성이의 불완전한 존재로 바라보자. 그리고 당신 삶에서 무조건적인 사랑을 주었던 사람을 떠올려 보자. 그 사랑과 인정이 당신에게 어떻게 영향을 끼쳤는지 곰곰이 생각해 보자. 자, 이제 그와 똑같은 무조건적인 사랑을 힘든 관계에 있거나 부정적인 감정을 갖고 있는 사람에게 전해주자.

11. 살면서 만나는 모든 사람을 당신과 똑같이 결점투성이의 불완전한 존재라고 생각하자. 당신도 그들도 모두 실수하고, 길을 잘못 들고, 때로는 남들에게 상처를 주지만, 그럼에도 여전히 무진 애를 쓰고 사랑받을 가치가 있는 존재다.

의도적으로 다른 사람들에게 무조건적인 사랑을 보내자. 마음속으로 사랑과 온기와 인정으로 가득 찬 욕조에 몸을 담근다고 상상해 보자. 그들이 어떤 반응을 보일지는 전혀 중요하지 않다.

중요한 것은 당신의 마음이 활짝 열려 있다는 점이다.
활짝 열린 마음은 다른 사람들과 이어지고,
그 연결은 모든 것을 변화시킨다.

이 연습의 오디오 버전을 듣고 싶다면 intothemagicshop.com으로

5장

세 가지 소원

내 여름날은, 가장 위대하고 가장 강력하고 가장 비밀스럽고 게다가 삶을 바꿀 수 있는 사상 최고의 마술 비결을 가르쳐 주겠다는 루스의 약속과 함께 점점 끝이 보이고 있었다. 여전히 나는 그 마술이 어떤 것인지 이해하지 못했지만, 사상 초유의 무대에 서는 가장 위대한 마법사가 될 거라고 상상했다. 대부분의 마술사들은 스카프에서 비둘기를 꺼내 보이거나 모자에서 토끼를 꺼내거나 흐릿한 공기 중에서 카드 부채를 꺼내 들곤 했다. 가장 교묘한 속임수를 쓰는 마술사라면 자신을 마법의 대상으로 삼아 아무도 없는 어딘가에서 무대 한가운데로 난데없이 마술처럼 등장하곤 한다. 여름이 시작될 때만 해도 커다란 희망이나 목을 빼고 기다릴 만한 게 아무것도 없었다. 하지만 세 가지 소원을 들어준다던 램프의 요정 지니처럼, 루스는 나한테 내가 원하는 건 뭐든지 마술로 얻을 수 있는 방법을 알려 주려고 했다.

루스가 여기에 머무르게 될 마지막 주가 되었다. 지난 6주는 어떻게 보면 한평생처럼 길게 느껴지기도 하고, 또 어떻게 보면 눈 깜짝할 사이에 쏜살같이 지나 버린 것만 같았다. 네 가지 마술을 배우기 위한 6주라는 시간이 긴 시간처럼 보였지만, 루스가 말하기를 이런 유형의 마술을 배우고 완성하기까지는 대개 수년이 걸린다고 했다. 덧붙여 내 평생에 걸쳐서 계속 연습하고 습관처럼 삼아야 한다고도 했다. 나는 최대한 자주 마술가게로 와서 매일 그 마술을 제대로 습득할 때까지 연습을 계속하곤 했다. 그때가 되어서야 비로소 루스는 다음 마술로 넘어가도 좋다고 승낙했다.

루스가 가고 나면 무엇을 할까? 남은 여름날을 어떻게 보내지? 이런 생각들은 되도록 하지 않으려고 애썼다. 개학한다는 생각만 해도 불안해졌다. 이렇게 걱정하기 시작할 때마다 호흡하기와 몸의 긴장 풀기를 연습하곤 했다. 그런 걱정은 시간 낭비일 뿐이라고 루스가 말해 주었지만, 나는 여전히 학교도, 엄마도, 아빠도 걱정되었고, 기간이 만료되는 9월 첫날 집을 비워 주어야 하는지도 걱정되었다. 엄마는 점점 더 우울증이 심해지고 있는 것 같았다. 아빠는 걸핏하면 술에 취해 출근하지 않은 탓에 최근에 잡은 일자리도 잃고 말았다. 지금은 집에 들어앉아 담배를 피우고 텔레비전만 보고 있었다. 아빠는 월세를 낼 거라고 장담하면서 더 이상 걱정하지 말라고 했지만, 그 약속은 크게 의미가 없었다. 걱정을 안 할 수가 없었다. 우리가 집에서 쫓겨날까 봐 걱정되었다. 아빠가 다시 술을 마시고 쥐꼬리만큼

남은 돈마저 가져갈까 봐 걱정되었다. 형도 걱정이었다. 형은 나랑 같이 방을 쓰는데 언제나 방에 틀어박혀 울곤 했다. 나는 울고 싶어도 울 수가 없었다. 식구들이 흩어지지 않게 붙들고 있어야 했기 때문이다. 동네 술집으로 아빠를 찾아 나서야 했고, 혹시 아직 수중에 남아 있다면 그 돈을 챙겨야 했다. 엄마가 다시 자살 시도를 해서 긴급 의료진이 찾아오면 구급차를 타고 병원까지 가야 할 사람도 나뿐이었다. 놀리고 괴롭히는 아이들로부터 형을 보호해야 하는 사람도 다름 아닌 나였다.

집으로 돌아갈 무렵, 깊은 한숨을 쉬며 마술가게 문을 열고 나왔다. 닐은 카운터 뒤에서 손을 흔들어 주었다. 전날, 내가 집에 가려 할 때에 닐은 마술사들의 비밀 협회에 대해 이야기해 주었다. 너도 그 모임에 초대받을 텐데, 어떤 마술사에게도 네 비밀을 절대로 밝히면 안 돼. 약속해.

"하지만 가장 중요한 비밀 중의 하나를 말해 줄게. 너는 너 자신의 마술을 믿어야 해. 이렇게 해야만 위대한 마술사가 되는 거야. 위대한 마술사는 자신이 관객에게 하고 있는 이야기를 믿고 그 자신도 믿지. 환상이나 박수갈채나 교묘한 손길 같은 이야기가 아니란다. 자신을 철석같이 믿는 마술사의 능력, 그리고 관객들이 자신을 믿게 만드는 마술사의 능력에 대한 이야기야. 마술이란 결코 관객의 희생으로 이루어지지 않아. 마술은 사기나 속임수가 아니거든. 진정한 마술사는 관객을 무엇이라도 가능한 세상, 모든 게 현실이 되는 세상, 믿을 수 없는 것이 믿을 수 있는 것이 되는 세상으로 데려간단다."

나는 아직 어떤 비밀 마술 협회의 회원도 아닌데 왜 이 비밀을 나한테 말해 주는지, 닐에게 물었다. 아직 아닌데 말이야.

"짐, 너는 위대한 마술을 하게 될 거야. 난 그걸 알아. 우리 엄마도 알고 계시고. 헌데 너도 그 사실을 알고 있어야 해. 진짜로 믿어야 한다니까. 그게 가장 중요한 점이고 그게 모든 마술 비법 중에 최고의 비결이지. 내일 네가 마지막 마술 연습을 시작할 때, 이걸 기억해야 하고 우리 엄마가 떠나신 후에도 그 사실을 명심해야 해."

루스는 큰 초에 불을 붙이더니 사무실 중앙의 TV장 같은 작은 탁자 위에 올려놓았다. 처음 보는 초였다. 초는 붉은 색깔의 기다란 유리 실린더 안에 들어 있었다. 실린더 바깥은 갈색과 오렌지색 소용돌이무늬가 둘러싸고 있었다. 실린더 안의 초는 흰색으로 유리 안에 3분의 1을 차지했다. 소용돌이무늬 때문인지 마치 촛불이 움직이면서 춤을 추는 것처럼 보였다. 루스는 방 안의 불을 다 껐다. 그래서 평소보다 매우 어둑하고 좀 더 신비한 분위기가 났다.

"이게 무슨 향이죠?" 루스에게 물었다.

"샌달우드 향이란다. 꿈을 꾸기에 좋은 향이지."

심령회를 하려는 건가? 혹시 루스가 심령회에 쓸 점괘판을 들고 나왔나? 또다시 마술을 배우는 첫날이 된 것처럼 나는 흥분되면서도 초초했다.

"여기 앉으렴."

루스는 미소를 짓더니 내 어깨에 손을 얹었다. 내가 이 마술을 얼마나 기다려 왔는지 루스는 잘 알고 있었다.

루스도 맞은편에 앉아서 몇 분 동안 내 눈을 빤히 들여다보았다.

"짐, 네가 삶에서 가장 원하는 게 무언지 말해 보렴."

뭐라고 말해야 하나. 나는 돈을 원했다. 다시는 무엇도 걱정할 필요 없을 정도로 충분한 돈을 원했다. 원할 때면 언제나, 원하는 건 뭐든지 살 수 있을 만큼 충분한 돈을 원했다. 사람들이 내 성공에 깊은 인상을 받고 나를 진지하게 대해 줄 정도로 충분한 돈을 원했다. 내가 행복해지고 우리 엄마가 절대 우울해하지 않고, 우리 아빠가 술을 마실 필요가 없을 만큼 충분한 돈을 원했다.

"최대한 구체적으로 생각하렴."

나는 그걸 큰 소리로 말하기가 조금 당황스러웠지만 어쨌든 말을 꺼냈다.

"저는 많은 돈을 원해요."

루스는 미소를 지었다.

"얼마나 원하니? 구체적으로 말해 보렴."

이 모든 일이 실현되려면 얼마만큼의 돈이 필요한지 정확히 생각해 본 적은 없었다. 실은 아무 생각이 없었다.

"충분한 돈이요." 이렇게 대답했다.

루스는 희미한 웃음을 터뜨렸다.

"짐, 네가 말하는 충분한 돈이 정확히 얼마만큼인지 크게 말해야 한단다."

나는 곰곰이 생각해 보았다. 학교 주변에서 어떤 남자가 은색 포르쉐 타르가를 몰고 가는 모습을 자주 본 적 있다. 분명 이 근처에서 일을 하거나 살고 있는 사람일 것 같았다. 아주 멋져 보였다. 그래서 언젠가 나도 저렇게 될 거라고 맹세했다. 집으로 놀러 오라고 초대했던, 아버지가 건설회사 사장인 친구가 생각났다. 큰 풀장과 테니스장, 엄청난 후원이 있는 대저택처럼 거대한 집이었다. 다이아몬드 박힌 금색 롤렉스 시계를 탁자 위에 풀어 놓고 풀장 옆에 누워 있던 친구 아버지 모습이 기억났다. 내가 시계를 쳐다보고 있는 걸 보더니, 한번 차 보라고 말해 주었다. 시계는 너무 무거웠다. 순금이라고 했다. 나는 무례한 질문인 줄도 모르고, 그 시계가 얼마나 하느냐고 물었다. 그는 눈도 깜빡이지 않고 6,000달러라고 말했다. 1968년에 그 정도면 어마어마한 돈이었다. 나는 그렇게 많은 돈을 시계 하나에 쓸 수 있다는 게 상상이 되지 않았다. 그래서 언젠가는 나도 이 아저씨 같은 시계를 사겠노라고 혼잣말을 했다. 그 뒤에 영화 「환상의 섬」을 보고 나서 나만의 섬을 갖는 꿈을 꾼 적도 있었다. 나는 나 자신에게 여러 가지 소망을 허락하곤 했다. 내 뻐드렁니를 고쳐서 사람들이 다시는 그걸로 놀리지 않기를, 그리고 나도 그것 때문에 당황하는 일이 없기를 바랐다. TV에서 보았던 비싼 레스토랑에도 가고 싶었다. 아주 부자가 되어 내 이름을 딴 곳이 여러 군데 생기기를 바랐다. 이 모든 일이 이루어지면 기분이 괜찮을 것 같았다. 그래, 그게 내가 가장 원하는 것이었다. 괜찮아지는 것.

"많이요. 내가 원하는 걸 전부 가질 수 있을 만큼 많이요."

내가 이렇게 대답한 후에도 루스는 전혀 머뭇거리지 않았다. 금세 다시 물었다.

"충분한 게 대체 얼마나 될까?"

200만 달러로 말할까? 그러면 내가 욕심이 많다고 생각할까? 그래서 이렇게 답했다. "100만 달러요. 그러면 충분한 돈이죠."

루스는 나한테 눈을 감으라고 말했다. 내 몸의 긴장을 풀라고 했다. 생각이 담긴 머리를 비우라고 했다. 그러고 나서 내 마음의 문을 열라고 했다. 나는 아직도 마음의 문을 여는 것에 대해 확실하게 감이 잡히지 않았지만 어쨌든 내 방식대로 고개를 끄덕였다.

"자, 이제 너 자신이 네가 말했던 대로 충분한 돈을 가지고 있는 모습을 생각하렴. 네 머릿속에서 그 100만 달러를 보려무나."

처음에 나는 그저 돈이 꽉 찬 방을 보았다. 바닥에서부터 천장까지 지폐 다발이 쌓이고 쌓여 있었다. 내 머릿속에서 어떤 그림을 그리고 있는지, 루스가 물어보기에 그런 방의 이미지를 말해 주었다.

"짐, 너한테 그 돈을 보라는 뜻이 아니란다. 너 자신을 보라는 거야. 마치 그만큼 충분한 돈을 가진 것처럼 보이는 네 모습을 말이야. 무슨 말인지 알겠니?"

"잘 모르겠어요."

"네 마음속에서 너 자신을 그리는 방법은 두 가지란다. 하나는, 마치 네가 너 자신이 나오는 영화를 보고 있는 것처럼 하는 방법이 있고. 또 하나는 네 눈을 통해서 그 세상을 바라보고 있는 것처럼 하는 방법이 있어. 네가 100만 달러를 가지고 있을 때 세상이 너한테 어떻게 보이는지를 상상해 보려무나. 백만장자의 눈으로 세상을 그려 봐. 네가 이미 원하는 만큼의 돈을 갖고 있다고 상상해 봐. 정확하게 뭐가 보이니?"

나는 눈을 감고서 그 미래를 상상하려고 애썼다. 포르쉐 911 타르가가 보였다. 물론 은색이었다. 하지만 내 눈을 통해서는 어떤 것도 그림 그릴 수가 없었다. 내가 은색 포르쉐를 운전하는 모습을 볼 수 있었지만, 멀리서 마치 TV를 시청하는 것 같았다. 비싼 레스토랑에서 식사하는 모습도 보았다. 성처럼 커다란 저택도 보았다. 하지만 루스가 말한 것처럼, 모든 게 내 것인 양 바라보려고 애를 쓰면 잘 할 수가 없었다. 모든 게 내가 보고 있는 영화 같았다. 실은 몇 초 이상은 상상하기조차 어려웠다.

"이게 쉬울 거라고 생각했는데 어렵네요."

루스에게 이렇게 털어놓았다. 포르쉐 911에 대해 이야기했고 영화처럼 차 안에 타고 있는 내 모습을 바라보고 있다고 말해 주었다.

"연습을 해야 하고 시간이 필요하지. 더 많이 연습해야 한단다. 그러면 결국 네가 직접 포르쉐를 운전하고 있는 것처럼 포르쉐를 볼 수 있게 될 거야. 그 순간 가죽 핸들을 쥔 네 손의 느낌이 어떠한지도 생각해 보렴. 차에서 어떤 향이 나니? 차 소리는 어때? 속도계를 내려다보고 얼마나 빨리 달리는지도 느껴 보고. 바깥 풍경은 어때? 낮일까, 밤일까? 이 차를 운전할 때 네 몸은 어떤 느낌이 드니?"

"그런 걸 전부 상상해야 한다고요?"

"할 게 많지. 하지만 그게 비결이야. 이미 네 것이라고 이미지를 그려야만 네가 원하는 건 뭐든 가질 수가 있어. 그게 항상 그렇게 쉽고도 어려운 거야. 이번 여름 내가 여기 랭커스터로 오는 모습을 상상했었단다. 이 가게에서 우리 아들이랑 같이 있는 모습을 보았어. 태양이 저 유리에 어떻게 비치는지도 그림 그릴 수 있었지. 닐의 손을 잡은 내 손도 보았어. 그리고 어린 남자아이가 나한테 말을 거는 모습도 보았단다. 이 모든 걸 내 마음속에서 그려 냈고, 그것을 현실로 만들었어. 내 여행이 계획되기 훨씬 전에는 내가 어떻게 랭커스터로 오게 될지 몰랐지만, 내가 올여름에 랭커스터에서 지내게 되리라는 걸 믿었단다. 머릿속에서 나는 이미 이곳에 와 있었어."

"저를 보셨다고요?" 내가 물었다.

"어린 남자아이와 함께 시간을 보내는 내 모습을 보았단다. 그때는 그 아이가 내 손자인 줄 알았어. 하지만 그게 아니라는 게 밝혀졌지. 이미 밝혀졌듯이 나와 시간을 보내야 할 사람은 바로 너였단다. 자, 짐, 네가 보다시피 이 여행을 상상하기도 전에 나는 마음을 열었었어. 마음을 열고서 나를 필요로 하는 누군가와 내가 반드시 있어야 할 곳에 가 있는 상상을 한 거지. 그다음엔 그 일이 일어날 거라고 믿었어. 세상일이라는 게 우리가 생각하는 대로 항상 일어나는 건 아니야. 하지만 모든 일은 정확히 일어나기로 예정된 방식으로 이루어진다는 사실을 배워 알고 있단다. 왜 이번 여름을 너랑 같이 보내기로 예정되어 있는지 나는 알지 못해. 하지만 언제나 그럴 만한 이유가 있다는 건 알고 있지. 그리고 만약에 우리 손자랑 올여름을 보내기로 예정되어 있었다면, 일이 그렇게 되었을 거라는 사실도 알고 있어. 짐, 옛말에도 있잖니? '준비된 학생에게 준비된 선생이 나타난다.'고. 너는 이미 준비된 학생이었던 거야."

나는 루스의 개인적인 삶에 대해서는 정말로 아는 게 거의 없었지만, 이 대화를 하고 45년 뒤에 알게 된 사실이 하나 있다. 나와 여름을 보낸 그다음 해인 1969년에 루스는 랭커스터에서 100마일 이상 떨어진 레이크 이사벨라에서 손자 커티스와 함께 여름을 보낼 수 있었다고 한다. 루스는 자신만의 마술을 펼쳤다. 그리고 나처럼 아마 그때 비로소 손자 커티스도 준비가 되었기 때문에 그렇게 될 수 있었을 것이다.

루스는 그날 집으로 가는 나를 배웅하면서 이미 가르쳐 주었던 세 가지 마술을 연습하고, 특히 내 마음을 여는 일에 특별히 주의를 기울이라고, 그런 다음에 내가 삶에서 이루고 싶은 모든 것의 목록을 작성해 보라고 했다. "네가 원하는 열 가지를 써 보면 좋겠구나. 네가 만들어 내고 싶은 것에 대해 곰곰이 생각해 보렴. 네가 어떤 사람이 되고 싶은지 적어 보고. 그런 다음, 그걸 내일 가져와 보려무나."

"열 가지 소원이 아니라 세 가지 소원이라고 생각했었어요."

"짐, 하늘에 별처럼 수없이 많은 소원을 가져도 돼. 하지만 우선 열 가지로 시작하고 내일 그걸 가져오렴."

루스가 손으로 써 보는 과제를 내준 일은 처음이었다. 나는 루스가 말한 그대로 해 보았다.

1. 집에서 쫓겨나지 않기
2. 크리스랑 계속 데이트하기

3. 대학 가기

4. 의사 되기

5. 100만 달러

6. 롤렉스 시계

7. 포르쉐

8. 저택

9. 섬

10. 성공

다음 날, 루스에게 이 목록을 전해 주었다. 루스는 죽 읽어 내려갔다. "흠." 루스의 반응은 이것뿐이었다.

"왜요?" 나는 물었다.

"짐, 이 목록을 만들기 전에 확실히 마음을 열었니? 내가 그렇게 하라고 했었는데."

나는 그렇게 했다는 뜻으로 고개를 끄덕였다. 그때 나는 처음이자 유일하게 루스에게 거짓말을 했다. 하지만 내 마음을 여는 방법에 대해서는 도무지 감이 잡히지 않았다. 루스가 가르쳐 준 것 중에 유독 그 부분만은 정말로 이해하지 못한 것 같았다. 그런데 내가 원하는 걸 얻기 위한 방법을 너무 배우고 싶어서, 루스에게 다시 물어보고 싶지도 않았고 다시 뒤로 돌아갈 필요도 없다고 생각했다. 내 목록의 소원을 실현하는 방법을 배울 수 있는 날이 이제 겨우 엿새뿐이었다.

"네가 의사가 되고 싶어 하는 줄은 몰랐구나."

4학년 때 '직업의 날'이 있었다. 지역 사회 전문가들이 그들의 직업에 관해서 이야기해 주러 오는 날이었다. 소방관과 회계사와 보험회사 영업 사원은 이미 익숙한 직업이었다. 이 중에 크게 관심이 가는 사람은 없었다. 소방관은 꽤 멋진 일이었지만, 그가 말하길 소방관이라는 게 대체로 무언가 나쁜 일이 일어나기를 기다리는 일이 다반사라고 했다. 다음 사람은 좀 달랐다. 그는 우리 한 사람 한 사람을 보고 미소 지어 주었다. 그 사람은 의사였다. 특별히 아이들만을 돌보는 소아과 의사라고 했다.

"아픈 사람, 특히나 아이들을 돌보는 일은 영광이고 특권이랍니다. 이 일을 하려면 매우 특별한 유형의 사람이 필요합니다."

반 전체를 향해 의사는 계속 말했다.

"어렸을 때, 천식을 심하게 앓다가 거의 죽을 뻔했습니다. 엄마가 나를 의사한테 데리고 갔는데, 그때 본 의사의 미소를 절대 잊지 못할 겁니다. 그 의사를 보자마자 곧 내가 죽지 않을 거라는 걸 알았어요. 그리고 그 순간, 내가 의사가 될 거라는 사실도 알았습니다."

우리 반 앞에 서 있는 그에게서 눈부시게 빛이 났다. 자신의 일에 대해 저렇게 말할 수 있다니.

"하지만 그건 직업이 아닙니다. 일종의 소명이죠. 소명이란 모든 사람에게 해당되는 건 아닙니다. 9시 출근, 5시 퇴근하는 정규적인 직업을 넘어서서 그 일을 해내는 사람에게 다가오는 부름 같은 것이죠. 오랜 시간 일을 해야 합니다. 사람들이 모두 의지하고 있으니까요. 만약 의사로서 실패한다면 그건 그 사람들이 세상을 떠나게 된다는 의미가 될 수도 있어요."

혹시 나처럼 최면에 걸린 듯 듣고 있는 사람이 또 있나 하고 교실 안을 빙 둘러보았다. 내가 입을 딱 벌리고 넋을 잃은 채 자기를 쳐다보고 있는 걸, 그 의사도 분명 보았을 것이다. 아니나 다를까 강연이 끝나고 쉬는 시간에 그 의사는 나한테 다가와서 이름을 물어보았다.

나는 읽기에 아주 능하고 몇몇 잘하는 과목이 있었지만 그렇게 뛰어난 학생은 아니었다. 실은 공부할 필요성을 느끼지 못했다. 부모님도 공부하라고 격려했지만, 당시 나는 공부할 공간이 없었고 도움이 필요할 때 도와줄 사람도 없었다. 텔레비전이 늘 켜져 있거나 부모님의 말다툼이 계속될 때는 집중하기가 어려웠다. 우리 선생님은 제일 똑똑한 학생들이나 항상 준비를 잘 해 오는 학생들에게 힘을 다 쏟는 것 같았다. 기억해 보면 내가 왜 지각을 했는지, 혹은 왜 숙제를 해 오지 않았는지 물어보는 경우가 단 한 번도 없었다. 대개 내 목소리가 반에서 들리는 유일한 경우라면 농담을 던질 때였는데, 그러면 십중팔구 난처한 상황에 빠지곤 했다. 그 외에 나는 대체로 선생님 눈에 보이지 않는 존재로 느껴졌다. 하지만 이 의사에게는 질문할 거리가 백만 개는 되었다.

"사람이 죽는 걸 본 적이 있나요?" "태어나는 모습도요?" "주사도 놓나요?" "아이들이 진료실에서 울면 어떻게 하나요?"

나는 그에게 소아과 의사로서의 삶에 대해 별 연관 없는 질문을 열 가지 넘게 물어보았다. 그리고 그는 시간을 내어 각 질문에 대답해 주었다. 마치고 떠날 시간이 되자, 그는 내가 마치 어른이라도 되는 것처럼 손을 잡고 악수를 청했다.

"아마 너는 언젠가 의사가 될 거야."

나는 그때 대학에 가거나 의사가 되는 일은 상상조차 할 수 없었다. 그건 마치 언젠가 달에 가서 걸어 보겠다는 생각만큼이나 불가능해 보였다. 하지만 그가 농담을 하고 있는 것 같진 않았다. 그는 내 눈을 똑바로 쳐다보면서 이렇게 말해 주었다.

"네가 이 일을 좋아하는 걸 난 알 수 있단다. 그래서 네가 언젠가 정말로 좋은 의사가 될 거라고 말할 수 있는 거야. 네 스스로가 부족하다고 생각하지 말아라."

그는 나한테 다시 미소를 보내더니 뒤돌아 교실을 나갔다.

"네 스스로가 부족하다고 생각하지 말아라." 이 말이 내내 머릿속을 떠나지 않았다. 그게 무슨 의미인지 확실히 알지는 못했다. 나는 스스로 부족하다고 여기지 않았다. 아니, 뭔가 기대할 만한 게 있다고 생각한 적이 없다고 하는 게 더 맞는 말이었다.

그런데 그 순간, 가족 중에 대학 문턱에 가 본 사람이 하나도 없지만 이것이야말로 내가 정확히 하게 될 일이라고 결심했다. 바로 의사 되기였다. 그 즉시, TV 프로그램 「벤 키지」에서 여러 번 본대로 병원 스피커에서 내 이름이 호출되는 장면을 상상했다. 벤 키지가 신경외과 의사였다는 사실은 지금 나에게 중요하지 않다. 우연일까? 그걸 누가 알겠는가? 하지만 오늘이 되어서야 하는 말이지만, 나는 아직도 참으로 선명하게 내 마음의 눈으로 그 의사를 볼 수 있으며 그 스피커 소리를 들을 수 있다.

나는 루스에게 말했다. "네, 의사가 되고 싶어요." 그런 다음, 스스로 이렇게 말을 고쳤다. "의사가 되리라는 걸, 제가 이미 잘 알고 있어요."

그렇게 되려면 어떻게 해야 할지 정말 아무 생각이 없었다. 아니, 의대는 고사하고 대학에 가는 꿈도 꾸어 본 적이 없었다. 그런데 그 순간, 나는 그 일이 일어나리라는 사실을 이미 알고 있었다.

루스는 내가 마치 놀라운 업적을 달성한 듯이 박수를 쳐 주었다.

"그거야. 바로 그것이란다." 루스가 말했다.

"그게 뭔데요?"

"그렇게 아는 것 말이야. 네가 의사가 될 거라는 걸 반드시 알아야 한단다. 그런 다음 마치 네가 의사인 것처럼 마음속에서 그렇게 그림을 그려야 해. 자, 의사의 눈으로 세상을 바라보렴."

나는 두 눈을 감고 그렇게 해 보았다. 어려웠다. 하얀 가운을 내려다보면서 나 자신을 의사로 바라보는 일이 좀처럼 잘되지 않았다. 이미지가 흐릿하고 애매했다.

"그렇게 바라보기가 어렵네요."

"그렇기 때문에 먼저 네 몸의 긴장을 풀고 네 머리를 깨끗하게 비워야 한단다." 루스는 이렇게 말하면서 다시 첫 번째 훈련으로 나를 데리고 갔다. "자, 이제 네가 주의를 환기시켰으니 너의 의도를 정할 때가 왔구나."

"제 뭐를 정한다고요?"

나는 휘둥그레진 눈으로 물었다.

"너의 의도. 만약 몸의 긴장을 풀고, 머리를 비우고, 마음을 연다면, 확실한 의도를 정하기가 쉬워진단다. 너는 의사가 될 뜻을 갖고 있잖니. 그 점이 아주 명확해지는 거지."

나는 다시 눈을 감고 생각했다. *나는 의사가 되려고 한다. 나는 확실히 의사가 되려고 한다. 나는 의사가 될 뜻을 품고 있다, 확실하게.* 어느 게 더 좋을지 잘 몰라서 이 모든 걸 다 생각해 보았다.

"짐, 이제 머릿속에서 네가 창을 통해 바라보고 있다고 상상해 보자. 그 창은 뿌옇게 흐려서 잘 보이지 않아. 마치 바깥은 추운데 따뜻한 차 안에 앉은 것 같은 거지. 네 마음의 뜻을 희뿌연 서리가 녹는 것으로 생각해 볼까? 거듭 반복해서 의도를 정하렴. 그러면 창은 점점 깨끗해질 거야. 뿌옇던 것도 점점 사라지겠지. 창의 다른 편에는 의사가 된 네가 있어. 창을 통해 그 이미지를 더욱 선명하게 볼수록, 그 이미지가 실제 삶에서 일어날 확률은 더 높아지지."

나는 계속 반복하여 시도해 보았다. 그러다 결국 내 머릿속 창을 통해 하얀 가운을 입은 내 모습을 볼 수 있었다.

"계속 그렇게 하렴. 날마다, 매주, 매달, 해마다. 네 머릿속에서 그 창을 통해 선명하게 바라볼 수 있는 건 뭐든 진짜 현실이 될 거야. 그 창 안에 있는 것을 네가 이미 가졌다고 상상하면 할수록, 또는 그 창 안에 있는 모습대로 네가 이미 되었다고 상상하면 할수록, 그 일은 더 빨리 이루어질 거야."

"진짜로 현실이 돼요? 이 마술이 정말로 효과가 있다는 걸 약속하는 거죠?"

"약속하마. 짐, 너한테 절대로 거짓말하지 않아. 그런데 그게 지금 당장 일어난다고 하진 않을 거야. 노력이 필요해. 그리고 어떤 일은 일어나려면 다른 것보다 시간이 더 오래 걸릴 거야. 그리고 때로는 네가 기대한 방식대로 정확히 일어나지도 않을 거야. 하지만 약속하마. 네 목록에 쓴 모든 것, 네 마음속에 느끼는 모든 것, 네가 깊이 생각하는 모든 것, 그리고 네 머리와 마음으로 상상하는 모든 것은 분명히 일어날 거야. 네가 정말로 믿고 정말로 열심히 노력한다면 말이야. 그걸 반드시 눈으로 보아야 하고, 그런 다음에 그걸 따라가야 한단다. 그냥 방 안에서 우두커니 기다리면 안 돼. 실제로 좋은 성적을 얻어 의대에 가서 의사가 되는 공부를 해야지. 그런데 좀 불가사의한 면에서 네가 그 소원을 너한테 끌어올 거야. 그리고 네가 상상한 대로 될 거야. 만약 네 머리와 마음을 사용한다면, 그 일은 이루어질 거야. 내 말을 믿으렴."

그날 밤, 나는 집으로 가서 이번 여름에 루스가 말해 주었던 모든 것을 잊어버리지 않으려면 써 놓는 게 낫다고 판단했다. 그래서 특별한 걸 모아 둔 상자에서 공책을 꺼냈다. 빈 페이지를 찾아 맨 위에 '루스의 마술'이라고 적었다. 그리고 페이지를 넘겨 몸의 긴장 풀기, 머리 비우기, 마음 열기, 의도 정하기에 대해 알고 있는 모든 것을 적어 내려갔다. 루스의 말 중에 기억나는 건 죄다 적었다. 무슨 뜻인지 감이 잡히지 않는 것도 다 적어 두었다. 가장자리 여백에 메모도 했다. 뭐든 잊어버리고 싶지 않았다. 내가 원하는 열 가지 목록을 그 공책에도 그대로 옮겼다.

그 목록의 첫 소망을 읽었다. '집에서 쫓겨나지 않기.' 루스가 이 마지막 마술에 대해 들려주었던 모든 이야기를 읽고 또 읽었다. 루스는 내가 원하는 건 뭐든 떠올리고, 거듭 내 의도를 반복하고, 그다음에 내 머릿속으로 선명한 그림을 그려 보라고 했다. 내가 원하지 않는 것에 대해서는 생각하지 않아야 했다. 그런데 이 집에서 쫓겨나지 않는 것을 상상하는 방법을 나는 알지 못했다.

그 전에도 우리 가족은 쫓겨난 적이 있었다. 경찰이 와서 엄마한테 퇴거 통보를 했다. 그런 다음에는 집주인이 고용한 사람들이 우리 물건을 거리에 내던졌다……. 나는 이걸 계속 상상하기 싫었다. 머릿속에서 그런 일이 일어나는 걸 볼 수 있을 때, 그 일이 일어나지 않는다고 어떻게 상상하지? 이웃과 친구들도 모두 우리가 쫓겨나는 모습을 지켜보고 있다. 달리 갈 데가 없다. 우리는 노숙자 쉼터로 인도되고 우리 집 가재도구는 전부 쓰레기장으로 가게 된다. 머릿속에서라도 그 일을 다시 겪고 싶지 않았다. 정말이지 너무 아픈 경험이었다.

루스가 말해 준 것을 곰곰이 생각해 보았다. 그리고 그 반대를 상상해 보기로 마음먹었다. 그 주의 남은 기간 매일, 심지어 루스와 함께 있지 않을 때도 몇 시간이고 우리 가족이 그대로 우리 집에 사는 모습을 그려 보았다. 우리가 월세를 내는 모습을 보았다. 우리가 행복해하는 모습을 보았다. 내 머릿속에서 뿌연 창을 깨끗이 닦았다.

때로는 여전히 경찰관이 우리 집 문을 두드리는 모습을 상상하고 있는 내 모습을 발견하곤 했다. 정말이지 끔찍한 노크 소리였다. 시끄럽고 거칠어서 못 들은 척 무시할 수 없는 그런 소리. 나는 그 노크 소리가 무엇을 뜻하는지 잘 알았다. 게다가 매월 첫날 월세 내는 날이 얼마나 빨리 다가오는지도 너무나 잘 알았다. 루스는 이곳을 떠날 것이고, 나는 결국 집 없는 신세로 전락하고 말 것이다. 두 개의 이미지가 내 머릿속에서 싸움을 벌였지만, 나는 날마다 뿌연 창을 더욱더 깨끗하게 닦으면서 엄마가 월세를 내는 모습과 우리가 이 집에 그대로 살게 되는 모습을 보았다. 내 머릿속에서 반복해서 말하고 있었다. "월세를 냈다. 우리는 쫓겨나지 않는다."

루스와 나는 그 주에는 매일, 마지막 순간까지 함께 연습했다. 루스는 계속 나 자신을 의사로 그림 그려 보라고 했는데, 나는 집으로 가서 월세를 이미 지급한 모습을 그려 보려고 연습하곤 했다. 아빠는 오래전에 해 준 일에서 돈이 좀 나올 것 같다고 말해 주었지만, 나는 그 말을 믿지 않았다. 허구한 날 듣던 이야기였다. 집에서 쫓겨나갈 날이 다가오고 있었지만, 나는 내가 가진 유일한 힘으로 그 상황에 맞서 싸웠다. 내가 가진 유일한 힘은 루스의 마술뿐이었다.

토요일 아침, 루스에게 작별 인사를 했다. 루스는 오랫동안 나를 안아 주었다.

"짐, 네가 자랑스럽구나,'

"루스, 고맙습니다. 저한테 가르쳐 준 모든 것에 감사합니다."

작별 인사를 하자니 어색했다. 더 의미 있고 거창한 장면이 연출되어야 했었는데. 닐은 손님하고 같이 있어서 겨우 손을 흔들어 주는 정도였다. 루스는, 닐이 가게 문을 닫고 공항에 데려다줄 때까지 가게에서 기다린다고 했다. 그런 다음, 그게 다였다. 나는 자전거를 타고 집으로 향했다.

내 방 안에 있을 때 현관문을 두드리는 소리가 들렸다.

그 소리에 화들짝 놀랐다. 나는 줄곧 루스가 여기를 떠나는 일에 대해서 생각하던 중이었다. 노크 소리가 한 번 더 들렸다. 성이 나서 우격다짐으로 고집을 피우는 듯한 소리였다. 속이 울렁거렸다. 가슴 안쪽의 심장이 빠르게 뛰는 걸 느낄 수 있었다. 바닥에 두 발이 딱 붙어 버린 것만 같았다. 다시 문 두드리는 소리가 났다. 엄마는 방에 누워 있고 아빠와 형은 집에 없었다. 별수 없이 내가 문을 열어 주어야만 했다. 나 말고 아무도 없었다.

부엌 창문을 통해 바깥을 살폈다. 집 앞에 보안관 대리의 순찰차와 현관 앞에 보안관이 있을 거라고 생각했다. 그런데 어떤 남자가 서 있었다. 정장 차림의 남자였다. 문을 열자 그 남자는 나를 보더니 아버지가 있는지 물었다.

"지금 집에 안 계신데요."

"그러면 아버지에게 진작 돈을 갚지 못해서 죄송하다고 전해 주세요. 이 봉투를 아버지에게 전해 주면 됩니다. 그리고 기다려 주어서 고맙다고도 전해 주세요."

그 남자는 봉투를 건네주고는 가 버렸다. 나는 현관문을 닫고 손에 쥔 봉투를 내려다보았다. 봉투 앞면에는 이름과 주소가 있었다. 뒤집어 보았다. 봉투를 봉한 상태가 아니었다. 그래서 봉투 입구를 열어 보았다. 그 안에 돈이 보였다. 많고도 많은 돈이었다.

나는 안방으로 달려가서 엄마한테 봉투를 주었다. 엄마는 봉투를 열더니 찬찬히 돈을 세었다. 앞으로 3개월 치 월세를 낼 수 있고 거기다가 공과금도 조금 내고, 먹을거리까지 살 수 있을 만큼 충분한 돈이었다.

나는 믿을 수가 없었다. 그 마술이 통했던 것이다. 정말로 그 마술이 효과가 있었어.

"저 나갔다 올게요." 엄마에게 큰 소리로 말했다.

나는 자전거를 타고 최대한 빨리 마술가게로 갔다. 루스는 닐과 함께 그때 막 가게 밖으로 나오는 길이었다.

"루스! 루스!" 나는 거의 비명을 지르듯 소리쳤다.

두 사람은 인도 위에 멈춰 섰다.

"다시 돌아와 줘서 반가워." 닐이 말했다. "실은 아까 이걸 너한테 주려고 했었어." 그는 가게에서 가방 하나를 가져오더니 나한테 건네주었다. "여기 우리 엄마가 계시지 않아도 언제든 와도 돼. 아무 때나."

나는 고맙다고 인사를 했다. 닐은 루스가 기다리고 있는 차 쪽으로 걸어갔다.

나는 루스의 눈을 뚫어지게 쳐다보았다. "루스, 그 마술이 진짜 통했어요." 내 눈에는 눈물이 그렁그렁 맺혔다. "그 마술 말이에요. 그거 진짜예요."

루스는 두 팔로 나를 감싸더니 자전거에 앉은 나를 꼭 안아 주었다. "알고 있단다. 짐, 그렇고말고." 루스는 한 걸음 물러나더니 차가 있는 쪽으로 걸어가다가 다시 나를 향해 돌아보았다.

"이제 네가 알게 되었구나. 그렇지 않니? 네 안에 가진 너의 힘 말이야. 넌 배울 준비가 되어 있었고, 나는 영광스럽게도 너를 가르치게 되었던 거야. 우리 각자는 내면에 그 힘을 갖고 있단다. 그저 그것을 사용하는 방법을 배워야 하는 것뿐이야. 하지만 기억하렴. 너한테 가르쳐 준 그 마술은 강력한 힘을 가지고 있단다. 선한 의도로 사용하면 강력하지만, 준비되지 않은 사람의 손에 들어가면 상처를 주고 고통을 일으킬 수도 있어. 그리고 이것도 기억하려무나. 짐, 현실로 만들어 내는 것은 바로 너의 생각이야. 다만 네가 직접 현실을 만들지 않는 경우에, 다른 사람들이 너의 현실을 만들어 낼 수 있단다."

나는 루스가 떠나가는 모습을 지켜보았다. 우리가 함께했던 그 마지막 순간에 루스가 해 주었던 말을 다 이해했다고 생각했다. 그런데 돌아보면 나는 충분히 이해하지 못했던 것이다. 이해하기는커녕 그 앞에도 다다르지 못했다. 나중에 내 삶에서 진실로 그것을 이해하는 때가 오지만, 그 전까지 나는 루스가 말했던 대로 준비되지 않은 사람의 수중에서 그런 힘이 어떻게 작용하는지 철저히 겪어야만 했다. 내가 바로 루스가 말한 그런 사람이었던 것이다.

닐이 건네준 가방 안을 살펴보았다. 그 안에는 가짜 플라스틱 엄지와 트릭이 표시된 카드 몇 벌이 들어 있었다.

나는 잠시 닐에 대해 생각했다. 그리고 가방을 닫았다. 닐의 마술도 정말 좋지만 루스가 나한테 가르쳐 준 마술에 비할 바가 아니었다. 나는 더 좋은 뭔가를 갖고 있었다. 더 강력한 무언가를 가졌다. 이제 내가 원하는 걸 얻을 것이다. 내가 원하지 않는 한 가지는 가난한 것, 아니 돈 있고 좋은 집에 살고 좋은 차를 몰고 좋은 직업이 있다고 나보다 더 잘났다고 생각하는 사람들에게 업신여김을 당하는 것이었다. 나는 모든 것을 가질 거야. 아무도 나를 업신여기지 않을 테지. 나는 의사가 될 거야. 모든 사람이 우러러보는 그런 사람. 나는 백만장자가 될 거야. 힘 있는 사람이 될 거야. 성공한 사람이 될 거야. 그걸 이루는 방법을 나는 이미 알고 있었다. 루스가 가르쳐 주었다. 이 마술은 내가 상상했던 그 어느 것보다 더 위대했다. 그리고 그 마술은 항상 내 안에 그 자리에 머물러 있었다. 나는 그 사실을 그저 몰랐던 것뿐이었다. 나는 내 머리와 마음을 훈련할 것이다. 연습할 것이다. 더 열심히 노력하고 필요한 게 뭐든 더 많이 이룰 것이다. 내 안에 그 힘이 있다는 걸 나는 알고 있었다.

우리는 집에서 쫓겨나지 않았다. 그것은 내가 절실히 필요했던 바로 그 증거였다. 루스의 마술은 진짜였고 정말이지 힘이 있었다. 나는 소원 목록에서 그것을 지웠다. 그리고 나머지 소원도 이렇게 지우게 되리라는 사실을 잘 알았다.

나는 랭커스터를 싫어했다. 분명히 그 이유의 대부분은 우리 가족의 처지 때문이었을 것이다. 하지만 랭커스터가 아니라면, 특별한 것을 성취하도록 해 줄 그 마술을 배우지 못했었을 것이다. 나는 거기에, 그때, 그 장소에서 만나야 할 바로 그 사람을 만나게 되었던 사실에 지금도 감사한다. 그 사람은 자신의 마술로 나의 뇌를 바꾸어 버린 존재였다.

루스를 만나기 전, 나의 현실은 갈 길을 잃어버린 듯한 느낌이었고, 삶이란 운 있는 사람과 운 없는 사람이 따로 있는 불평등한 공간이었다. 내가 중요한 사람이 될 수 있다거나 부모님이 살고 있는 초라하고 끔찍한 세상을 벗어날 수 있는 그 어떤 현실적인 가능성을 보지 못했다. 그런데 루스를 만난 후, 나는 세상을 다르게 보았다. 나 자신을 다르게 보았다. 무한한 가능성이 있는 세상을 믿게 되었다. 내가 원하는 건 뭐든 나 스스로 만들어 낼 수 있고, 이 사실이 나한테 힘과 목적의식을 심어 주었다. 궁극적으로 우리 모두는 그와 똑같은 마술을 배울 만한 능력을 갖고 있다. 나는 내 마음의 힘에 다가갔고, 그 힘을 사용할 준비가 되어 있었으며, 이제 더 이상 그 어느 누구도, 그 어떤 것도 나를 막을 수 없었다.

루스의 마술 #4

의도를 명확하게 하기

1. 조용한 방에 앉아 두 눈을 감는다.

2. 어떤 목적이나 성취하고 싶은 무언가를 떠올려 본다.

그 비전의 세세한 형태가 완전히 다 만들어지지 않아도 상관없다. 그러한 목적이나 비전이 다른 사람에게 해를 끼치지 않는 것, 또는 나쁜 의도가 아닌 것이어야 한다는 점이 중요하다.

이 기술이 그런 목적을 달성하도록 도와줄 수는 있지만, 바람직하지 않은 목적이나 비전은 궁극적으로 아픔과 고통을 안겨 주거나 당신을 불행하게 만들 것이다.

3. '루스의 마술 #1'을 따라 몸의 긴장을 완전히 푼다.

4. 일단 긴장을 풀고 나면, 숨쉬기에 초점을 맞추고 온갖 생각이 담긴 머리를 완전히 비우도록 노력한다.

5. 이런저런 생각이 떠오르면, 다시 숨쉬기로 주의를 돌린다.

6. 계속해서 들이쉬고 내쉬기를 반복하여, 머리를 완전히 비운다.

7. 이제 당신의 목적이나 소망을 떠올리고, 그것을 이미 달성한 당신 자신을 본다. 천천히 숨을 들이쉬고 내쉬면서 그 비전을 보며 앉아 있는다.

8. 목적을 달성했거나 소망을 이룬 것과 관련하여 생기는 긍정적인 감정을 느껴 본다. 그런 생각을 갖고서 현실로 바꾸었다는 것이 얼마나 기분 좋은 일인지 만끽한다. 목적을 달성한 자신을 바라보면서 긍정적인 감정을 간직한 채 앉아 있는다.

9. 목적을 이미 달성한 자신을 보면서 긍정적인 감정을 갖고 앉아 있다면, 그 비전에 세부적인 사항을 덧붙이기 시작한다.

정확히 당신 모습은 어떠한가?
지금 어디에 있는가?
사람들은 당신한테 어떻게 반응하고 있는가?

최대한 그 비전에 많은 세부 사항을 덧붙인다.

10. 10분에서 30분 동안 하루에 한두 번, 혹은 그 이상 반복한다.

매번 목적을 이미 달성한 당신 자신의 비전으로 시작하자. 그 감정으로 앉아 있는다.

그 비전을 볼 때마다 매번 세부 사항을 덧붙인다. 처음에는 흐릿하고 애매모호하겠지만, 연습하는 횟수가 늘어날수록 그 비전은 더욱더 선명해질 것이다.

11. 매번 이 연습을 하면서 당신이 그 비전을 정교하게 잘 만들어 가고 있음을 알게 될 것이다. 무의식적으로 당신의 머리와 마음이 그 의도를 유리알처럼 선명하게 인식하기 때문이다.

당신이 발견하는 것에, 그리고 결국 당신이 목표를 달성하는 방식에 놀랄 수도 있다. 중요한 것은, 정확히 거기에 도달하는 방식이 아니라, 그 목표다.

의도가 명확해지면,
비전은 하나의 현실이 된다.

이 연습의 오디오 버전을 듣고 싶다면 intothemagicshop.com으로

2부

뇌의 불가사의를 찾아서

INTO THE
MAGIC
SHOP

6장

당신 자신에게 적용하라

만약 내 삶이 텔레비전 영화용으로 만들어진 것이라면, 이를테면 1970년대 방송을 시작한 ABC의 「애프터스쿨 스페셜」 중 하나라면, 루스의 마술 덕분에 우리가 쫓겨나지 않게 된 이후로 내 삶이 극적으로 바뀌었을 것이다. 그랬다면 아빠는 더 이상 술을 마시지 않았을 것이며, 엄마는 우울증의 어둠에서 영원히 빠져 나왔을 것이며, 돈은 마술처럼 현관 앞에 계속 나타나 주었을 것이며, 우리 모두는 그 완벽한 텔레비전용 영화 속 일가족이 그랬듯 그 후로 영원히 행복하게 살았을 것이다. 그랬다면 시트콤 속 완벽한 미국 일가족 브래드 번치도 감히 우리 도티 가족에게 명함도 못 내밀었을 것이다.

그러나 루스의 마술은 그런 식으로 영향을 주지는 않았다. 램프의 요정 지니가 온갖 소원을 실시간으로 들어주려고 밖으로 나오진 않았다. 우리 가족은 마법처럼 변하지 못했다. 아빠는 여전히 술을 마셨다. 형은 여전히 세상과 담을 치고 숨어 살았다. 엄마는 여전히 우울증과 발작 장애와 싸우고 있었다. 나는 그 마술을 전수받았다. 그래, 그랬지만 그것은 전적으로 나의 연습에 달려 있었다. 완벽해지도록 갈고 닦아야 했다. 게다가 불가능한 일이 이제 가능하다고 계속 믿어야 했다. 나는 나 자신을 위해 새로운 현실을 만들어 내려고 노력할 수 있었지만, 내가 사랑하는 사람까지 바꿀 순 없었다. 내가 아무리 그러고 싶은 뜻을 마음속에 크게 품고 있더라도 소용없는 일이었다. 그들은 스스로 현실을 바꾸도록 선택해야만 했는데 그런 일은 일어나지 않았다. 아마 이 점이 아이가 어린 시절 겪게 되는 가장 뼈아픈 부분일 것이다. 아이의 삶은 다른 사람들에게 의존하고 있으며 스스로 통제할 수 없다. 대개 다른 사람들의 선택으로 인해 받는 영향은 깊은 상처를 내고 오래도록 지워지지 않을 수도 있다.

나는 다른 누군가의 현실을 바꿀 수 없을지는 몰라도 나 자신의 현실을 바꿀 수 있다는 사실은 잘 알고 있었다. 내 소원 목록의 하나하나가 모두 실현될 것임을 잘 알았다. 그래서 루스가 떠난 직후에 그것을 머릿속에 철저히 기억하고는 데일 카네기 책과 닐에게서 받은 마술 비법이 든 나의 보물 상자 속에 그것을 집어넣었다. 그 상자 안에는 루스가 가르쳐 준 모든 것을 작성한 작은 공책도 들어 있었다.

나는 매일, 매주, 매달, 매일 아침, 매일 밤 연습했다. 머릿속으로 기술을 수행하는 모습을 반복해서 그려 보거나 상상하는 운동선수는 자신의 생체 기능을 변화시키고, 실제로 근육이 새로운 방식으로 일할 수 있도록 두뇌의 신경 패턴을 새롭게 만들어 낸다. 그렇듯이 나도 나의 뇌 속에서 새로운 신경 경로를 만들어 내기 위해 시각적인 이미지를 사용하고 있었다. 뇌는 강렬하게 상상한 경험과 진짜 경험을 구분하지 못한다. 나는 그저 의사가 된 나 자신을 시각적으로 그려 봄으로써 대학, 아니 의대에 지원하기도 훨씬 전에 의사가 되기 위해 내 머리를 훈련하고 있었다. 뇌가 지닌 또 하나의 불가사의는, 항상 뇌는 낯선 것보다 익숙한 것을 선택한다는 점이다. 내 미래의 성공을 시각적으로 그려 봄으로써, 나는 이 성공을 뇌에 익숙한 것으로 만들어 가고 있었다. 의도는 재미있는 친구다. 그래서 뇌는 자신의 의도를 어디에 놓건 그것을 보게 된다. 특정 형태의 차량을 사겠다고 생각하고부터, 어느 순간 가는 곳마다 정확히 그 형태의 차량을 갑자기 보게 되는 경험을 한 적이 있는가? 그 자동차를 마술처럼 눈앞에 나타나게 한 것이 당신의 *의도*일까? 아니면 결국 항상 당신 앞에 있는 것을 보게 하는, 뇌의 *집중력*이었을까?

"기대하는 대로 얻는다."는 말은 뉴 에이지풍의 기분 좋은 생각에 속하는 단순한 발상이거나 뇌 과학과 뇌 가소성의 강력한 예가 될 수 있다. 집중력은 강력한 요인이다. 말 그대로 우리 뇌를 바꿀 수 있다. 그리하여 우리가 배우고, 수행하고, 우리 꿈을 실현하는 데 유용한 바로 그 지점에서 중추 신경계의 회백질을 더 많이 만들어 낼 수 있다. 루스는 내가 삶에서 기대하는 것에 집중하도록 가르쳐 주었다. 내가 가난하게 살기를 기대했을까? 정부의 원조를 받으며 살거나 알코올 중독자 가정에서 자랐기 때문에 내 삶이 중요하지 않다고 예상했을까? 내가 살고 있는 집이나 우리 부모님의 상황 때문에 나의 가치가 그만큼 크지 않다고 생각했을까?

루스는 나한테 소홀한 가정에서 자란 가난한 아이라는 정체성에서 벗어나 내 머리와 마음이 가장 원하는 방향으로 나의 주의와 의도를 다시 맞추라고 가르쳤다. 돈. *롤렉스 시계. 성공. 포르쉐. 의사.* 이 모두는 나에게 새롭게 친숙해진 것들이었다. 내 세포와 전두엽 피질의 시냅스 속에 새겨 넣은 이미지였다. 전두엽 피질은 기획, 문제 해결, 판단, 이성적 추론, 기억, 의사 결정 등 우리의 관리 기능을 통제한다. 그리고 정서적 반응을 조절하고 나쁜 습관을 극복하거나 현명한 선택을 하도록 도와주는 곳이다. 우리 자신의 머리와 마음을 자세히 들여다볼 수 있게 해 주는 곳이 바로 뇌의 그 지점이다. 그것은 이미 루스가 나한테 가르쳐 주었던 내용이었다. 또한 우리가 공감과 타인과의 유대감을 배우는 곳도 그 부분이다. 루스는 내가 삶에서 원하는 건 뭐든지 얻을 수 있는 기술을 가르쳐 주었고, 나는 내가 꿈꾸는 미래를 실현하는 데 온전히 집중력을 기울였다. 내가 대학에 들어가고 의대에 진학하도록 도와줄 그 어떤 세부 사항에 대해서는 생각할 겨를이 없었다. 사실 나는 그 전체 과정을 전혀 염두에 두고 있지 않았다. 하지만 의도 설정하기는 그것만의 마법이 있다. 그래서 그 여름날 마술가게 이후로 항상 온 우주가 정확히 내가 바라는 지점으로 나를 데려가기 위해 공모하는 듯했다.

물론 고등학교에서 살아남는 일에 관해서라면 그 '우주'를 아무데서도 찾지 못했다. 돌이켜보면, 어쩌면 먼저 학창 시절을 성공적으로 보내는 일에 좀 더 나의 의도를 명확히 설정하고, 그런 다음에 한

번에 하나씩 초점을 맞추었어야만 했는데 그러지 못했다. 그 대신, 훗날 내가 중요한 사람이 되어 있을 때, 삶이 어떤 모습일까에만 집중하고 말았다.

고등학교 시절은 번개처럼 지나갔다. 어떤 부문은 아주 잘했지만 그냥 어물쩍 넘겨 버린 부문도 있었다. 나는 그때까지도 대학에 가거나 의대에 진학하기 위해 반드시 해야 할 일이 무엇인지에 대해서 명확한 그림을 가지고 있지 않았다. 어떻게 도움이나 지도를 요청해야 하는지도 감이 오지 않았다. 그런데 나중에야, 내가 도움을 청하면 많은 사람들이 나서서 도와줄 것이라는 사실을 깨달았다. 하지만 그 당시에 나는 여전히 혼자라고 생각했고 부탁할 방법이나 심지어 무엇을 요청해야 하는지도 알지 못했다. 어릴 때 조언이나 지도를 받으며 의지할 수 있는 멘토나 사람들이 없다는 점은 삶의 성공에 엄청난 영향을 끼친다. 성공이 무엇인지 모른다면 그걸 해낼 수가 없다.

나는 고교 시절 운동을 하고 싶어서 신입생 때 축구와 농구와 야구 선수로 지원하여 최종 명단에 이름을 올리고 싶었다. 하지만 학교 스포츠를 하려면 돈과 부모의 지원 둘 다 필요하다는 사실을 곧 알게 되었다. 그 둘 중에서 꾸준히 받쳐 줄 수 있는 게 나한테는 없었다. 연습장까지 태워 줄 사람이나 차량이 없는 경우, 혹은 항상 집에서 엄마를 돌봐야 하거나 금요일 밤이면 술집에 가서 아빠를 찾아다녀야 하기 때문에 경기장에 나타날 수 없으면 팀에 들어가기가 어려웠다. 나는 팀의 일원으로 다 같이 똑같은 유니폼을 입고 공동의 목표를 공유하면서 경험하는 소속감이 좋았다. 그렇게 절실하게 원했지만 고교 시절 학교 대표로 유니폼에 마크를 받는 일은 생기지 않았다. 그래서 졸업하기 한 해 전에 나의 열 가지 소원 목록에 이것을 추가했다. *대학 가서 학교 대표 선수 마크 받아서 재킷에 붙이기!*

나의 소원 목록을 안전한 곳에 숨겨 두었다는 사실을 알고 있으니 삶에서 부딪히는 절망과 불공평해 보이는 것을 기꺼이 감당하는 데 도움이 되었다. 그리고 매일 아침 몸의 긴장을 풀고 마음을 평온하게 길들이는 훈련은 집과 학교에 관련해 생기는 불안을 덜어 주었다. 나는 내 마음속에 존재하는 미래를 위해 살아가고 있었다. 그곳은 곰팡이와 담배 연기 냄새가 나는 작고 우중충한 아파트보다 훨씬 더 즐겁게 살아갈 만한 공간이었다. 만약 루스의 마술을 연습하거나 잠을 자는 게 아니라면, 되도록 집에 있지 않으려고 애를 썼다.

'보안관 실습 스카우트'에 지원한 것도 집에 있는 시간을 최소한으로 하려는 이런 욕구 때문이었다. 보안관 실습 스카우트가 되려면 나이 15세 이상, 고교 평점 최소 2.0, 도덕적으로 선한 성격을 갖추어야 했다. 12주간 매주 버스를 타고 로스앤젤레스에 있는 보안관 아카데미에 가서 법률 집행에 대해 배웠다. 8시간 동안 지역 사회 치안 유지 활동, 형사 소송, 자기방어, 총기 안전을 공부했고 체력 단련 연습을 했다. 준단원들도 전부 보안관과 똑같이 카키색 셔츠와 짙은 녹색 바지를 입었다. 그 일이 스포츠 팀에 들어가는 것과 똑같지는 않았지만, 그래도 같은 유니폼을 입고 나 자신보다 더 큰 조직의 일원이 되는 것이었다. 더구나 토요일마다 갈 데가 있다는 사실이 좋았다. 일단 그 실습 프로그램을 수료하면 정식 단원이 되어 우리 지역 보안관청에 들어가 다양한 역할에 참여하면서 보안관 대리와 함께 나란히 일했다. 어느 날은 순찰을 하면서 동네를 다니며 호출에 응하기도 할 것이다. 어떤 날은 시가행진, 고교 축구 경기, 독립기념일 불꽃 축제 등 다양한 행사에 나가 군중 통제 임무를 수행할 수도 있다. 혹은 체포된 피의자를 처리하고 기록하는 담당자들과 함께 구치소에서 일할 수도 있다.

어느 토요일 밤, 내 임무는 랭커스터 보안관서 피의자 기록 부서에서 일하는 것이었다. 나는 구치소장을 돕고 있었기 때문에 구치소 열쇠를 받았다. 나는 그 열쇠를 바지 고리에 자랑스럽게 걸었다. 그리고 일부 범죄 주동자의 대규모 기습 체포를 기다렸다. 나는 범죄자들로 꽉 찬 구치소와 구치소 바깥에서 그들의 운명이 달린 열쇠를 거머쥐고 있는 내 모습을 상상했다. 그 특수한 열쇠 덕에 힘이 불끈 솟아났지만 그날 밤의 긴 시간 동안 그렇게 멋진 내 모습을 본 사람은 아무도 없었다.

밤새 끝이 보이지 않는 서류와 보고서 더미를 정리했고, 자동판매기에서 콜라를 몇 잔이고 사서 마셨으며, 법률 집행 과정에서 이 부서에 있으면 몹시 따분하겠다고 생각하면서 내내 앉아 있기만 했다. 그러던 중 자원봉사 교대 시간이 끝나갈 즈음에 순찰차 한 대가 지구대 밖에 섰다. 어느 순찰 대원이 머리가 부스스하고 수갑을 찬 남자와 함께 걸어 들어오는 게 보였다. 그 남자의 얼굴은 보이지 않았다. 하지만 분명히 술에 취했고 발음이 분명하지 않았다. 내 심장이 마구 내달리기 시작하는 걸 느꼈다. 바로 이거였다. 나는 곧 이 범죄자를 감옥에 집어넣을 것이다. 순찰 대원은 그 범죄자와 함께 나를 스쳐 지나갔다. 그는 어깨를 숙이고 등을 구부린 상태여서 여전히 얼굴을 볼 수가 없었지만, 몸을 이리저리 흔들고 비틀거리며 걸어갔다. 나는 열쇠를 꺼냈다. 그들이 그 남자의 지문을 채취하고 기록이 끝나면, 구치소 안에 감금해야 할 시간임을 잘 알고 있었기 때문이다. 그 범죄자는 책상에 앉아 있었다. 바로 그때, 그는 고개를 들어 나를 똑바로 쳐다보았다.

바로 우리 아빠였다. 당황스럽고 화가 난 듯한 얼굴빛이 역력했고 엄청나게 술을 마신 상태 같았다. 나는 속이 뒤집히는 느낌이었다. 얼른 고개를 돌려 문서 보관 캐비닛 쪽으로 돌아갔다. 너무 창피해서 죽을 지경이었다. 나는 준단원 지원서에 나의 높은 도덕적 선함에 대해 거창한 한 편의 에세이를 써서 제출했다. 그런데 이제 그들은 나를 어떻게 생각할까? 나는 가족에 관한 질문에 매우 애매모호하게 대답을 했었다. 그리고 동료 실습 단원들이 내가 얼마나 가난한지, 혹은 우리 아빠가 몇 번이나 감옥을 들락거린 전력이 있는 성마른 알코올 중독자인지 아무도 모를 거라고 스스로를 다독이며 납득시켰다. 내가 이 학생 보안관 스카우트에 들어온 이유 중의 하나는, 내가 우리 가족과 얼마나 다른지를 입증하는 것이었다.

나는 문서 캐비닛 서랍을 열어 그 안에 죽 늘어선 문서 파일을 뚫어지게 쳐다보았다. 이 특수한 열쇠로 이곳에서 벗어나 안전한 곳에 나를 가둘 수 있다면 얼마나 좋을까. 어째서 내가 어딜 가든, 항상 나라는 존재와 나의 출신에서 벗어날 수 없는 것 같을까?

어깨 위로 누군가의 손길이 느껴졌다. 올려다보니 나를 담당하는 관리 보안관 대리가 옆에 서 있었다.

"이런 일이 생겨 유감이구나." 그가 말했다.

그때 알았다. 보안관 대리는 우리 아빠가 어떤 사람인지 처음부터 잘 알고 있었던 것이다. 온 얼굴에 열이 퍼지며 확 붉어졌다. 그래서 나는 고개를 푹 숙이고 말았다. 울지 않으려고 했지만 정말이지 어떻게 해야 할지 몰랐다. 내가 진짜로 우리 아빠를 가두어야 하는 거야?

"네 아버지를 데려온 담당자에게 말해 두었다. 아버지를 기소하지는 않을 작정이야. 술을 깨게 해서 집까지 태워 주마."

나는 고개를 끄덕이며 웅얼거렸다.

"감사합니다."

나는 그 자리에서 당장 사라지고 싶었지만 감독관은 여전히 내 어깨에 손을 얹은 채 거기에 서 있었다.

"짐." 그는 조용히 나를 불렀다.

그를 올려다보며 눈빛을 응시했다. 나에 대한 판단이나 더 심하게는 연민이 담긴 눈빛일 거라고 예상했다. 하지만 그 어느 것도 보이지 않았다. 대신 그 순간, 나는 루스가 예전에 해 준 말을 기억해 냈다. 단지 무언가 부서졌다고 해서 모든 게 다 망가진 건 아니라는 말이었다. 나는 늘, 우리 아빠 때문에, 나의 가난 때문에, 내가 갖지 못한 모든 것 때문에 사람들이 나를 판단할 거라고 생각했다. 하지만 내 어깨 위에 놓인 보안관 대리의 손길을 느끼면서, 친절함이 가득 배인 두 눈을 보면서, 내가 나 자신을 이런 식으로 판단했음을 깨달았다. 나는 가난했다. 우리 아버지는 알코올 중독자였다. 하지만 나는 망가지지 않았다. 무언가 부서졌다고 해서 모든 게 망가질 필요는 없었다.

"예, 감독관님?"

"지금 나가고 싶은가, 아니면 교대 근무를 마무리하고 싶은가?"

"끝까지 마무리하고 싶습니다."

이렇게 말하는 순간 그 말은 진실이었다. 아버지는 아버지의 길이 있고 나는 나의 길이 있었다.

보안관 대리는 다시 나를 바라보았다.

"짐, 너도 알다시피 우리 아버지도 역시 알코올 중독자였단다. 그래서 지금 네 기분이 어떤지 잘 알아."

내 어깨를 지그시 누르는 손길이 느껴졌다. 그러고 나서 보안관 대리는 고개를 돌려 문 밖으로 걸어갔다.

알코올 중독자 가정에서 성장한 어른을 보면 흔히 두 가지 결과가 드러난다. 첫째, 본인 스스로 중독자로 성장하는 경우가 있다. 이들은 유전적 요인과 결합하여 그들의 트라우마를 표명하는 부류다. 둘째, 기대 이상의 성과를 거두는 경우가 있다. 굳은 결심으로 가족의 태생과 달라지기 위해서 작정하고 그 태생에서 도망치려고 하는 부류다. 나는 후자에 속했다. 이 점은 내가 보안관 스카우트에 들어온 이유 중 하나이기도 했다. 나는 높은 도덕의식을 지닌, 선별된 집단의 일원이 되는 영광을 누리고 싶었다. 그러기 위해서 내가 세상을 납득시키려고 노력해야 하는지, 아니면 나 자신을 설득하려고 애써야 하는지 사실 확신할 수는 없었다. 다만 우리 아버지가 체포된 경우에서 보듯, 이렇게 아주 다른 나의 두 가지 세상이 때때로 충돌하지 않도록 막을 수가 없었다. 스카우트 대원으로 내가 맡은 또 하나의 임무는 크리스마스 시즌 동안 가난한 사람들을 위해 나누어 줄 음식 바구니를 싸고 분배하는 일이었다. 호박 통조림, 흰 밀가루 빵, 고구마를 꽉꽉 채워 넣었고, 커다란 칠면조 고기도 당연히 바구니 안에 넣었다. 크리스마스를 며칠 앞두고 스카우트 대원들이 돌아다니면서 그 음식 바구니를 배달했다.

나는 바구니를 배달하는 팀은 아니었지만 대원들이 사람들의 집을 두드리고 선물 상자로 깜짝 놀라게 해 줄 때, 어떤 일이 벌어졌는지 후일담을 듣는 건 좋았다. 가끔은 큰 소리로 우는 사람도 있었다. 보안관 중의 한 사람이 이렇게 말하는 것도 들었다.

"그 사람들 칠면조 고기는 생전 처음 보는 걸 거야."

이런 좋은 선물 바구니 일을 돕고 있으니 내 기분도 좋았다. 그런 기분은 수일 동안, 아니 수 주 동안 계속 이어질 그런 의기양양한 기쁨이었다. 루스가 나한테 가르쳐 주었던, 내 마음 길들이기를 연습할 때 느끼게 되는 바로 그 기분이었다. 루스의 마술은 일상생활의 한 부분이었다. 그것에 대해 아무에게도 말하지 않았지만 매일 아침, 매일 밤 몸의 긴장을 풀고, 마음을 평온하게 하고, 내가 삶에서 원하는 것과 되고 싶은 나의 모습을 그려 보곤 했다. 다만 그 중간에 내 마음을 여는 단계는 그냥 넘어갔다. 그 비법은 나한테 어려웠다. 어쨌든 내가 처한 상황은 내 잘못이라는 인식이 내면에 깊이 박혀 있었기 때문에 나 자신에게 사랑을 전하는 일이 힘들었다. 또한 나 자신과 다른 사람들에게 무조건적인 사랑과 연민을 전하는 일이 어쩐지 나를 불편하게 했다. 나한테 모욕감을 주었거나 나를 무시했거나 나를 나쁘게 대했던 사람들에게 사랑을 전하는 일은 특히나 까다롭고 힘겨웠다.

순찰 대원이 커다란 대나무 바구니를 한 아름 들고서 우리 현관문 앞까지 걸어오는 모습을 보자, 나는 커튼 뒤로 숨어서 엄마한테 대신 문을 열라고 했다. 소름이 끼쳤다. 우리 집이 그해 음식 바구니 배달 명단에 있었다는 사실을 그때 알았다. 나는 그 바구니를 필요로 하는 사람은 되고 싶지 않았다. 내가 지난주에 함께 포장하고 싸는 일을 도와주었던 바로 그 바구니 중의 하나를 우리 엄마가 풀고 있는 모습을 지켜보았다. 그 바구니는 우리가 가난하다는 사실을 알려 주는 증거였다. 나는 남들에게 의지하며 살아가고 싶지는 않았다. 하지만 그 바구니가 아니었다면 우리 집 크리스마스 저녁 식탁에 칠면조 고기가 오를 일은 없었을 것이다. 우리 가족 중에서 내가 그 선물 바구니 포장하는 일을 도왔다는 사실을 아는 사람은 없었다. 그건 다행이었고 기분이 좋았다. 내가 그 바구니를 포장했기 때문이 아니라, 우리 엄마 아빠가 그 선물을 보고 그렇게 행복해하는 모습을 보니 그 바구니가 다른 많은 사람들에게도 그렇게 큰 의미가 있다는 걸 알게 되었기 때문이다. 살면서 친절이나 관대한 행동을 해 주는 쪽과 받는 쪽에서 모두 이런 행복을 느끼는 경우는 드물다. 나는 그 특별한 크리스마스에 주는 기쁨과 받는 기쁨을 새롭게 알게 되었다. 그것은 강렬한 충돌이었다. 그때는 그 두 가지를 안다는 게 어른이 된 내 삶에 어떻게 영향을 끼칠지 알지 못했다.

나는 열네 살 때부터 열일곱 살까지 고교 시절 내내 스카우트 대원 프로그램에 참여했다. 그 프로그램은 목적의식과 소속감을 안겨 주었다. 루스의 마술을 매일 연습하는 것과 맞물려 그 목적의식과 소속감은 내 안에서 매우 미묘하고 신비한 힘을 만들어 냈다. 나는 두려움과 불안과 걱정은 이제 더 이상 마음에 품고 있기에 적합한 감정이 아니라는 사실을 깨달았다. 조금씩 점점 더, 나의 생각과 정서에 감정적인 반응을 하지 않고 관찰할 수 있었다. 정확히 내가 어떤 사람이 되어 가고 있는지 알지 못했지만, 더 이상 예전의 그 아이가 아니라는 사실은 잘 알고 있었다.

우리 가족은 매일 나를 고통스럽게 하는 상처가 아니라, 그저 우리 가족이 되어 갔다. 또한 내가 우리 아버지나 어머니가 아니며, 우리 형이나 누나도 아니라는 생각을 명확하게 하게 되었다. 나는 나였다. 그들이 하는 행동이 나의 행동은 아니었다. 우리 형과 누나는 둘 다 그들만의 몸부림을 치면서 따라야 할 운명이 따로 있었다. 나보다 아홉 살 많은 이복 누나는 고등학교를 중퇴하고 어린 나이에 결혼했다. 게다가 가족과 떨어져 멀리 이사를 갔지만 현실은 겨우 입에 풀칠하고 사는 정도였다. 그러다 만성 면역 질환과 비만으로 생긴 건강상의 복합적인 문제로 2011년에 세상을 떠났다. 매우 명석했던 우리 형은 동성애를 용인하지 않았던 시대와 지역에서 동성애자로서 살아가기 위해 무진 애를 썼다. 종종 다르다는 이유로 형은 괴롭힘을 당했다. 사실 사람들은 이 다름을 뭐라고 불러야 할지도 모르면서 그렇게 사람을 괴롭혔다. 내가 고등학교에 다니는 동안 형은 랭커스터를 떠났다. 그래서 졸업하기 전 2년 동안, 나는 더욱더 혼자라고 느낄 수밖에 없었다. 하지만 나에게도 랭커스터는 계속 머무를 곳이 아니라 언젠가 떠날 곳이었다. 나의 미래는 어둡고 칙칙하지 않았고 오히려 내 마음의 눈을 통해 밤에도 총천연색으로 생생하게 펼쳐졌다. 나는 루스가 가르쳐 준 것에 절대적인 믿음을 갖고 있었고 내 미래가 나를 만나러 달려오고 있다고 굳게 믿었다.

졸업을 앞두고 대학에 대해 깊이 생각하기 시작해야 한다고 깨달았지만 어디서부터 시작해야 할지 막막했다. 내가 대학에 가겠다고 말한 이후로 부모님은 계속 격려를 해 주긴 하지만 막연하게 일이 그렇게 될 거라고 추측할 뿐이었다. 진학 지도 상담관은 내가 선택할 수 있는 대학 진학에 대한 이야기는 입도 뻥긋하지 않았다. 상담하는 시간은 짧았고 그 짧은 시간에도 내가 원하면 기술학교에 관한 정보를 줄 수 있다고 말할 뿐이었다. 사실 진학 지도 상담관과 상담 일정이 잡혔다는 통보를 받고 나서야 그런 제도가 있다는 것을 알았다. 그 전에는 그런 사람이 있는 줄도 몰랐다. 몇몇 과목에서는 매우 잘했지만 전체적으로 내 성적은 평균을 넘어서지 않았다. 실은 좋은 성적을 받아야 할 필요성을 제대로 이해하지 못했었다. 나한테 학교는 그저 다녀야 할 곳이었다. 한편으로는 당연히 나도 잘하고 싶었지만, 공부하는 방법이나 학교 공부를 잘하기 위해 어떻게 준비해야 하는지에 대한 본보기가 없었다. 가족 중에서 내 숙제를 도와주겠다고 말하는 사람도 없었고, 아니 심지어 내게 숙제를 해야 한다고 말해 주는 사람도 없었다. 우리 엄마는 공부를 잘해야 한다고 나를 격려하긴 했지만 정확히 그 말이 어떤 뜻인지 알지 못했다. 주변에 대학에 진학한 사람들의 얼굴도 본 적이 없다. 사실 대학 등록금 낼 돈도 한 푼 없었다. 게다가 대학에 지원하는 방법조차 깜깜했다. 그럼에도 나는 절대적으로 순진하게 내년에 대학에 갈 거라고 확신했다.

진학 지도 상담관과 만난 직후, 대학에 지원하는 방법에 대해 누구한테 물어볼 수 있을까 생각해 보았다. 그날 나는 열역학 3가지 법칙에 대한 강의를 기다리면서 과학 교실에 앉아 있었다. 그때 내 옆의 예쁜 여학생이 한 뭉치의 서류를 작성하고 있는 모습이 눈에 들어왔다.

"너 지금 뭐하고 있어?" 내가 물었다. "그게 다 뭐야?" 혹시 내가 잊어버린 과학 시험 같은 게 있나 하고 물어보았던 것이다.

그 여학생은 서류 더미에서 고개를 들더니 이렇게 답했다.

"대학 지원 서류를 작성하고 있는 중이야."

나는 그 말이 정확히 무슨 뜻인지 안다는 듯이 고개를 끄덕였다.

"어디로 갈 건데?"

옆으로 머리를 살짝 기울여 보았지만 지원 서류에 쓰여 있는 학교 이름은 볼 수가 없었다.

"UC 어빈."

"정말로?"

어빈이 정확하게 어딘지 알지 못했지만 로스앤젤레스 남쪽 어딘가라는 사실은 알고 있었다.

그 여학생은 살짝 웃었다.

"음, 가고 싶은 곳이지. 이 서류 모두 작성해서 마감 날짜인 다음 주 금요일까지 보내야 해. 그런데 그때까지 맞추지 못할 것 같아."

그 친구는 지원 서류 위로 손을 흔들어 보였다.

내 마음이 가장 높은 속도를 내기 위해 증속 기어로 옮기면서, 나는 아무 말도 하지 않았다. 마감 날짜? 나는 지원서 마감 날짜가 있는 줄도 까마득히 몰랐다. 이 일이 어떻게 진행되는지 알지도 못했다. 그러다 잠시 한 줄기 의심스러운 생각이 슬며시 고개를 들었다. 내가 때맞춰 대학에 지원할 수 있기는 할까?

"너는 어디로 갈 거니?" 그 여학생이 물었다.

어떻게 대답할까 고민하면서 잠시 생각했다.

"나도 UC 어빈에 가려고."

내 입에서 왜 그 이름이 나왔는지 지금도 모르겠지만 그 순간에 그곳이 내가 처음으로 선택한 학교가 되었다. 나는 진짜로 UC 어빈에 대해 아는 게 하나도 없었다. 하지만 다른 학교에 대해서도 모르기는 매한가지였다. 의사가 되려면 대학에 가야 한다는 사실만 알았지, 지원 마감 날짜가 있고 채워 넣어야 할 서류가 한 뭉치나 된다는 사실을 말해 준 사람은 아무도 없었다.

그 여학생은 나를 쳐다보더니 물었다.

"그러면 넌 벌써 지원서 다 작성한 거야?"

나는 잠시 그녀를 빤히 쳐다보다가 거짓말을 하고 말았다.

"그게, 아니…… 아직 지원서를 못 받았어. 다음 달에 마감이라고 하니까. 지원서 오길 기다리고 있는 중이야."

그러자 그때, 마술사처럼 그 여학생은 지원 서류 한 뭉치를 꺼내더니 이렇게 말했다.

"야, 너 되게 운 좋다. 나한테 지원서가 하나 더 있어. 이거 쓸래?"

"당연하지. 고마워."

나는 그 여학생에게서 지원서를 받았다. 그날 밤 집에 가서 끙끙거리며 지원서를 작성하기 시작했다. 그제야 성적 증명서, 추천서, 부모님 소득 신고서가 필요하다는 사실을 알았다. 그 후 사흘간 그 모든 서류를 준비하느라 바쁘게 돌아다녔다. 먼저 학자금 지원 신청서를 작성하면서 그 지원금이 충분히 학비를 대 줄 수 있기를 바랐다. 내 평점과 시험 성적을 살펴보고 입학 승인을 받을 수 있는 평점과 시험 성적을 알아본 것도 바로 이때였다. 나는 절대로 못 들어갈 것 같았다. 내가 무슨 생각을 해 왔던 거지? 그제야 비로소 루스가 가르쳐 준 마술을 다 동원해도 도움이 되지 않는다는 사실을 깨달았다. 나한테는 지원서 수수료 낼 돈도 없었다. 그러다 어찌어찌해서 겨우 지원서를 우편으로 부쳤다. 집으로 와서 침대에 걸터앉아 루스에 대해 곰곰이 생각했다. 루스가 나한테 가르쳐 준 모든 것에 대해서도 생각해 보았다. 그게 정말로 효과가 있을까? 그날 밤과 그 이후로 매일 침대에 앉아서 입학 허가서를 받는 모습을 머릿속으로 그렸다.

UC 어빈은 내가 지원한 유일한 학교였는데, 그 후로 몇 달 동안 아무 소식을 듣지 못했다. 그러는 동안 우리 집은 이사를 두 번이나 했다. 마침내 UC 어빈에서 두꺼운 서류가 도착했을 때, 봉투 바깥에는 새 주소로 회신한다는 통보가 여러 건 붙어 있었다. 그걸 들고 방에 들어와서 침대 위에 앉았다. 천천히 숨을 들이쉬고 내쉬고, 또 들이쉬고 내쉬었다. 루스의 말이 맞았다는 감이 왔다.

몇 년 동안 매일, 나 자신을 나의 '연습'에 일치시켜 왔다. 그리고 대학에 지원했다. 그 커다란 흰 봉투를 빤히 쳐다보면서 미래의 어느 날 하얀 가운을 입고 있는 내 모습을 보았다. 이것은 그 대학이 나를 의사로 만들려고 펼치는 작전의 다음 단계였다. 그래서 서류 봉투를 찢으면서 그 안에 뭐라고 적혀 있을지 한 치의 의심도 하지 않았다.

UC 어빈에 귀하의 입학이 허락되었음을 축하합니다.

나의 미래가 도착했다. 그랬다. 그 입학 허가서는 누추한 이 아파트에서 저 아파트를 전전하면서 우편을 통해 여러 번 새 주소로 회송되었다. 하지만 나의 미래는 나를 붙잡았고 마침내 나를 찾아냈다.

"고맙습니다. 루스. 그리고 안녕, 랭커스터."

나는 중얼중얼거렸다.

나는 입학 허가를 받았다. 놀랍게도 졸업할 무렵, 나는 학업 성취도를 상당히 끌어올렸고 적으나마 장학금도 받았으며 학비와 집세와 생활비를 충당할 정도로 충분한 재정 지원도 받았다. 그리하여 나는 대학에 진학했다.

이제 자유였다.

나는 지금도 여전히 삶에서 원하는 바를 마음으로 그린다. 그 소원을 내 마음속 창문을 통해 보면 처음에는 대부분 아주 선명하지 않다. 그런 다음, 나는 절대적인 믿음을 갖고서 때가 되면 그 이미지가 수정처럼 맑고 선명해질 것이라고 믿는다. 이런 현시의 과정이 언제나 선형적이지 않다는 점과 항상 내가 바라거나 적합하다고 생각하는 시기에 맞춰 이루어지지 않는다는 점을 지난 세월을 통해 배웠다. 하지만 내가 무엇을 그리건 대체로 현실로 드러났으며, 혹시 실현되지 않았다면 그러지 못했던 합당한 이유가 분명히 있었다.

지난 수십 년 동안 내가 배운 교훈은 크게 세 가지를 꼽을 수 있다. 먼저 결과에 대한 믿음을 갖는 것과 그 결과에 집착하는 것과는 전혀 다르다. 다음, 무엇보다 힘들게 배운 교훈은 정확하게 내가 실현하고 싶어 하는 것이 무엇인지 신중하게 생각해야 한다는 점이다. 마지막으로 사람이 뜻을 이루고자 하는 의도 안에는 엄청난 힘이 내재해 있다는 사실이다.

나는 가치 있는 인간과 그렇지 않은 인간을 결정하고, 그에 따라 소원과 재능을 허락하는 강력한 절대자의 존재를 결코 믿지 않았다. 참으로 친절하고 훌륭한 사람이 갑작스럽게 고통스러운 죽음을 맞이하는 등 제멋대로 흘러가는 듯한 이 세상의 불공평함과 무정함을 너무나 여러 번 목격했기 때문이다. 또한 근본적으로 몰인정한 사람들도 만나 보았으며 심지어 악한 사람이 잘사는 모습도 지켜보았다. 그럼에도 나는 정말 믿는다. 우리에게는 자기 내부에 품은 에너지를 변형시킬 능력이 있고 그것을 통해 심대한 영향을 끼칠 수 있다. 우리 한 사람, 한 사람은 뇌와 인지와 반응뿐 아니라 운명까지 바꿀 수 있다. 이 사실은 내가 루스의 마술을 통해 배웠던 것이다. 우리가 바라는 게 뭐든 그것을 만들어 내기 위해 우리의 머릿속 에너지와 마음속 에너지를 사용할 수 있다. 물론 열심히 연습하고 훈련해야 한다. 끊임없는 노력과 의지가 필요하다. 내가 어느 날 갑자기 마법의 약을 마시고 신경외과 의사가 된 것은 아니었다. 이미 십 대 시절에 내 마음과 머리를 사용하는 방법, 나를 둘러싼 사건에 반응하는 방법, 그리고 훗날 내 주변 사람들을 감동시키기 위해 내 마음을 사용하는 방법까지 실은 이 모든 것을 내가 직접 선택했다는 사실을 배워 알고 있었다. 어떤 물리학 법칙을 적용해 보아도 우리가 머리와 마음을 모두 사용할 때 만들어지는 힘과 위력을 적절하게 기술할 수 없다. 하지만 내가 대학 입학 지원서를 어느 여학생에게 받았던 그날, 과학 수업 시간에 암기해야 했던 열역학 제1법칙은 항상 기억할 것이다.

에너지는 새롭게 만들어지거나 소멸되지 않는다. 하지만 에너지는 형태를 바꿀 수 있으며 이곳에서 저곳으로 흘러갈 수 있다. 그것은 바로 우리가 서로에게 줄 수 있는 선물이다.

우주의 에너지는 우리 안에 있다. 그 에너지는 우리 각자를 구성하는 소성단 안에 있다. 그 모든 창조 에너지. 그 모든 확장의 힘. 그렇게 아름답고 단순하고 동시 발생적인 힘. 에너지는 이곳에서 저곳으로 흘러갈 수 있다. 그러니 곧 에너지는 이 사람에게서 저 사람에게도 흘러갈 수 있다. 루스는 내게 첫 번째 교훈을 가르쳐 주었고 삶은 내게 그다음 교훈을 가르쳐 주었다. 나는 마술가게에서 배웠던 교훈의 실체를 증명하느라 많은 세월을 보냈지만, 궁극적으로 그것은 간단하고도 불가사의한 사실 하나로 요약 설명된다. 우리는 뇌가 지닌 불가사의 하나하나를 연구할 수 있지만, 정작 뇌의 가장 위대한 불가사의는 바로 변형하고 변화할 수 있는 뇌의 능력이다.

내 뇌를 정밀 촬영하여 살펴볼 수 있다면 얼마나 좋을까 하고 생각하던 때가 있었다. 먼저 루스를 만났던 열두 살 때, 고등학교를 졸업하던 열여덟 살 때, 그리고 나의 뇌는 평생에 걸쳐 파악해야 한다는 힘겨운 진리를 깨달은 후에 그런 생각을 했었다. 나는 변화된 뇌를 갖고서 대학에 갔다. 그리고 루스가 가르쳐 주었던 것과 같은 집중 명상은 집중력과 기억력을 늘리고, 복합 아이디어를 연구하는 능력을 향상시킨다는 사실이 여러 연구를 통해 입증되었다. 만약 루스를 만나지 못했더라면 대학에 가고 의대에 갈 수 있었을까? 아마 그러지 못했을 것이다. 만약 그 후 12년간 계속될 엄격하고 힘든 학업

생활에 대비해 부지불식간에 나의 뇌를 평소에 훈련해 두지 않았더라면, 학업과 현실 생활 양쪽에서 모두 성공했을까? 결단코 그러지 못했을 것이다.

우리의 뇌가 변하면 우리도 변한다. 그 점은 과학이 입증한 진리다. 하지만 그보다 훨씬 더 위대한 진리는, 우리의 마음이 변하면 모든 게 변한다는 사실이다. 그리고 그 변화는 비단 우리가 세상을 바라보는 방식뿐 아니라 세상이 우리를 바라보는 방식 안에서도 일어난다. 더불어 세상이 우리에게 반응하는 방식 안에서도 일어난다.

7장

받아들일 수 없는 것

대뇌 바로 아래, 그리고 소뇌 앞에 뇌간이 있다. 만약 대뇌를 콘서트 투어 중인 글로벌 록스타로 상상한다면, 소뇌는 대뇌의 움직임을 결정하는 연출가며 뇌간은 그 투어가 매끄럽게 진행되고 그 록스타를 록스타답게 만드는 데 필요한 만반의 준비를 하면서 모든 정보를 수렴하여 조정하는 로드 매니저쯤 될 것이다. 뇌간은 대뇌보다 훨씬 크기가 작지만 몸의 활기를 유지하는 모든 기능을 담당한다. 그래서 뇌간은 뇌와 신체 간에 오고가는 데 필요한 수백만 개의 메시지를 담당하는 고속도로와도 같다.

두뇌는 수태되고 약 3주가 지나면 형성되기 시작된다. 이때 신경관은 융합되고 중추 신경계의 첫 번째 시냅스가 태아의 움직임을 고려하게 된다. 그다음, 뇌간이 발달하여 심박동 수, 숨쉬기, 혈압 등 필수 생체 기능을 조정한다. 이는 자궁 바깥에서의 삶에 대한 가능성을 만들어 내는 것이기도 하다. 뇌의 고차원적 부위인 변연계와 대뇌피질은 태어날 때부터 발생하여 초기 단계였다가, 이후 시간이 지나면서 경험과 환경을 통해 완벽하게 형성된다. 경험을 통해 두뇌의 고차원적 부위가 형성되고 발달하는 과정은 끝이 없다. 다시 말해 뇌에는 은퇴라는 말이 적용되지 않는다. 그래서 경험 하나하나가 모두 중요하다.

노엘은 두통, 메스꺼움, 구토를 호소하며 응급실로 들어왔다. 남편과 함께 네 살 된 딸과 여섯 살 된 아들을 두고 있었다. 노엘 부부는 둘 다 삼십 대 초반이었고 당시 노엘은 임신 8개월 차였다. 두통과 메스꺼움은 임신 상태에서 흔히 일어나는 증상이기도 하지만, 임신 후기에 고혈압과 더불어 그런 증상이 나타나면 산모와 태아에게 모두 위험한 임신중독증의 지표가 될 수 있다. 그날 아침, 우연히 호출을 받아 회진하던 중에 그 가족이 응급실에 들어왔다. 산부인과 의사를 호출했지만 아직까지 병원에 도착하지 않은 상태였다. 그때 노엘은 갑자기 응급실에서 쓰러지더니 아무런 반응을 보이지 않았다.

내가 갔을 때 이미 노엘은 인튜베이션을 하고 뇌 CT 촬영을 진행 중이었다. CT 촬영 중에 노엘의 생체 신호는 마구 뛰기 시작했고 혈압은 엄청나게 불안정했다. 촬영 화면을 보니 뇌간이 있던 자리에 혈액이 거의 완전히 차 있는 것을 확인할 수 있었다. 노엘은 심각한 뇌간 출혈을 입었던 것이다. 이는 회복하기 힘든 조직 내부 출혈이었다. 우리는 CT 촬영실 바로 그곳에서 소생시키기 위한 노력을 시작했지만, 나는 거의 희망을 걸지 않았다. 뇌간이 적절하게 기능하고 있을 때 나타나는 불수의 운동인 뇌간 반사 신호가 전혀 없었기 때문이다. 노엘의 동공은 고정된 채 팽창되어 있었고, 반응을 전혀 하지 않았다.

노엘의 몸은 아직 살아 있지만 뇌는 이미 죽은 상태였다.

나는 혈압을 유지할 수 있는 약물 처방을 내리고 수술실을 호출하여 수술 준비를 시켰다.

"즉시 산부인과 의사 찾아오세요." 나는 간호사에게 소리쳤다. "지금 당장 태아를 꺼내야 해요! 그렇지 않으면 죽을 거예요!"

수술실로 향하는 침대 옆에서 뛰면서 제발 산부인과 의사가 누구든 나타나 주기를 기도했다. 수술 팀에서는 응급 제왕절개 수술 준비를 빠르게 해 놓은 상태였다. 우리는 노엘을 수술실로 밀고 들어갔다. 소아과 의사는 와 있었지만 산부인과 의사는 없었다. 노엘의 혈압은 급격히 떨어지기 시작했고 심장 박동은 더욱 불규칙했다. 그런데 그때 갑자기 모든 사람들이 나를 쳐다보고 있었다. 시간이 없었다. 내가 인턴 시절, 산부인과에 순환 근무를 했던 때가 벌써 20년 전의 일이었다. 하지만 그 수술실 안에 외과 의사는 나뿐이었다. 내가 뭔가를 하지 않으면 이 아기는 죽게 될 것이다. 나는 응급 제왕절개 수술을 시행하고 태아를 꺼내야만 했다.

다른 준비를 할 시간은커녕 더 이상 주저할 시간도 없었다. 노엘은 뇌사 상태였다. 그러므로 좀 더 길게 혈압을 유지할 수 없을 것이라는 사실도 잘 알았다.

우리는 노엘을 수술대 위에 올렸다. 마취과 의사가 즉시 마취를 시행하고, 나는 빠르게 준비를 마치고 와서 노엘에게 수술용 드레이프를 붙였다. 산부인과 의사가 들어오길 기도하면서 다시 한 번 주변을 둘러보았다. 그때 심전도 기계에서 깜빡 신호와 함께 갑자기 노엘의 심장 박동이 빠르게 뛰기 시작했다. 마취과 의사가 나를 쳐다보더니 말했다.

"환자의 혈압이 떨어지고 있습니다. 이미 마취약을 최대한도로 주입한 상태입니다. 선생님께서 무슨 조치를 취하셔야 합니다."

이마에 땀이 흐르고 내 호흡은 빨라지고 있었다. 나는 두려웠다. 그런 다음, 나는 눈을 감고 천천히 숨을 쉬기 시작했다. 들이쉬고 내쉬고, 들이쉬고 내쉬고. 나는 마술가게로 다시 돌아갔다. 메스를 들고 복부와 자궁을 갈랐다. 노엘의 몸속에서 두 손으로 태아를 꺼냈다. 노엘의 몸을 가르면서 사용했던 메스가 살짝 스치면서 아기 이마에 아주 희미하고 작은 생채기가 생겼다. 하지만 그와는 별개로 아기는 살아 있고 건강했다. 아기를 소아과 의사에게 넘기고 탯줄을 끊고 잘 고정했다. 그리고 노엘의 복부도 다시 닫았다.

아기가 태어난 지 단 몇 초 만에 노엘의 심장 박동은 멈추었다.

의대에서는 남편과 어린 두 자녀에게 아내와 엄마가 세상을 떠났다는 소식을 전해 주는 방법을 교육하지 않는다. 인간적으로 접근해서도 안 되고 가족들의 고통을 느껴서도 안 된다. 슬픔, 분노, 부인, 절망의 파도가 밀려오고 또 밀려온다. 그렇기 때문에 수많은 의사들이 그저 이렇게 말하게 된다.

"제가 할 수 있는 최선을 다했습니다. 유감입니다."

그러고 나서 그들은 아픈 마음을 다독여 줄 병원 사제나 다른 직원을 남긴 채 곧장 그 자리를 떠나고 말 것이다. 남편에게 아내가 세상을 떠났다는 말을 전할 때 객관적이고 사실에만 입각한 태도란 있을 수 없다. 이 끔찍한 날이, 이제는 엄마가 그들을 위해 땅콩버터 샌드위치를 다시 만들어 줄 수 없고 책을 읽어 줄 수도 없고 잠들고 난 뒤에 입맞춤하고 껴안아 줄 수도 없다는 뜻임을 가늠할 수조차 없는 어린 자녀의 고통을 덜어 줄 미안함과 유감스러움이란 이 세상에 존재하지 않는다.

나는 노엘의 남편 곁으로 가서 상황을 전했다. 그는 눈을 감고 나에게 손을 뻗는가 싶더니 고통과 절망이 담긴 끔찍한 울음을 쏟아내며 통곡했다. 그가 울부짖을 때 그를 붙잡아 주는 것 외에는 해 줄 수 있는 게 하나도 없었다. 아버지가 우는 모습을 보더니 두 아이도 따라 울기 시작했다. 나는 최선을 다해 이 가족이 슬퍼할 수 있는 공간을 만들려고 했다. 그리고 노엘의 남편에게 아기에 대해 말을 전하려 했지만 그에게는 아내가 세상을 떠났다는 힘겨운 사실 외에는 아무것도 들리지 않았다.

그들과 앉아 있으면서 내 수술복 앞에 작은 핏방울이 튀어 있는 걸 알아챘다. 노엘의 피일까? 아기 이마에서 난 피일까? 그게 중요한가? 죽음을 슬퍼하고 있을 때 탄생을 축하하기란 힘든 일이다. 하지만 사람 사는 세상일이 다 그렇지 않던가. 우리는 태어나고 죽는다. 그리고 탄생과 죽음 사이에 일어나는 모든 일은 너무나 난데없이 발생하므로 어떤 논리로도 설명할 수 없다. 우리가 가진 유일한 선택은 우리에게 주어진 이 귀한 순간마다 어떻게 반응하고 대응할지, 그 방식에 있을 뿐이다. 그 순간, 고통 말고는 아무것도 없었다. 그러므로 나는 가족에게 위로를 전하고 고통을 나누느냐, 아니면 그냥 가 버리느냐 둘 중의 하나를 선택할 수 있을 뿐이었다.

나는 그들 곁에 함께 있었지만 얼마나 오래 있었는지는 알지 못했다. 그저 내가 아는 건, 내가 할 수 있는 한 최선을 다해 그들을 위해 거기에 있어 주는 것이었다.

노엘의 뇌는 죽었고 우리 각자가 너무나 당연하게 여기는 그 모든 기능은 멈추었다. 그리고 여기에 그녀의 아기가 있고 그 아기의 뇌는 태어나 처음으로 세상의 현실을 겪고 있었다. 또다시 세상의 난데없는 비논리성과 어찌해 볼 도리가 없는 무정함이었다. 우리가 하는 경험과 우리를 둘러싼 환경은 모두 우리라는 존재를 형성한다. 그래서 나는 부디 이 가족이 오늘의 비극을 이겨 내기를, 이 아기가 자신이 태어난 사연과 엄마의 죽음이라는 세상의 난데없는 무정함에 보이지 않는 상처를 입지 않기를 간절히 바랐다.

그때가 외과 의사로서 내가 접한 첫 죽음도 아니었고, 그렇다고 마지막 죽음도 아니었다. 또한 수술복에 피를 묻힌 채, 환자 가족을 두고 가 버린 첫 번째 경우도 아니었다.

내게 일어난 첫 번째 죽음은 대학 시절에, 게다가 우리 가족에게 일어났다.

내가 UC 어빈에 합격했다는 소식에 부모님은 아주 좋아하면서도 믿기 힘든 두 가지 반응을 보였다. 내가 그동안 계속 대학에 갈 거라고 이야기해 왔지만, 부모님은 나의 소망과 실제로 입학 허가를 받아 집을 떠난다는 현실을 잘 연결하지 못하는 것 같았다. 내가 떠나는 날이 다가오자 아버지가 사라졌다. 스트레스를 받거나 중요한 사건이 터지려고 할 때마다 아버지는 그 상황을 어쩌질 못해 집을 나가서 마약과 술로 두려움과 불안을 줄이려고 했다. 대학에 가기 위해 집을 떠나기 전날 밤, 나는 흥분된 마음과 초초한 심정으로 작은 우리 아파트를 둘러보았다. 내 소지품은 커다란 원통형 더플백 하나에 다 들어갔다. 잠들 무렵, 짐을 모두 싸 놓고 다음 날 나갈 준비를 마쳤다. 아침에 다시 짐을 싸거나 두고 가는 일이 없도록 어빈까지 가는 동안 입을 옷을 미리 다 차려 입고 잠들 정도였다. 감상에 빠지거나 향수에 젖는 일은 없었다. 나는 떠날 준비를 다 마쳤다. 당시 아버지는 거의 일주일째 감감무소식이었다. 내가 어빈까지 버스를 타고 떠날 날짜를 알고 있을 텐데, 출발하기 전에 아버지 얼굴을 볼 수 있을지 확실하지 않았다.

나는 상관없다고 혼잣말을 했다. 하지만 신경이 쓰였다. 아버지의 온갖 결함에도 불구하고 나는 아버지를 사랑했다. 술에 취하지 않고 맨 정신으로 집에 있을 때면, 아버지는 재미나고 똑똑하고 친절한 분이었다. 무엇보다 그는 우리 아버지였다.

새벽 3시쯤 고함과 문 두드리는 소리, 이내 더 크게 고함치는 소리가 들렸다. 아버지가 현관문 앞에 서 있었다. 소리를 들으니 엄청나게 취한 듯했다. 그래서 문을 열어 주지 않았다.

어머니는 잠옷 차림으로 방에서 비틀거리며 걸어 나왔는데 얼굴에는 두려움이 가득했다. 그리고 미동도 하지 않은 채 문을 열어 줄 생각은 전혀 없이 현관문만 빤히 바라보고 있었다. 두 손으로 귀를 막고 있는 어머니가 몸을 부르르 떨고 있는 모습을 보았다. 이러면 이웃에서 경찰을 부를 텐데.

문밖의 고함 소리가 점점 커졌다. 곧 있으면 누군가가 경찰에 신고할 것임을 뻔히 알고 있었다. 나는 몇 시간 후면 버스를 타야 한다. 그리고 그 밤에 경찰이 아버지를 체포하면서 생기는 이런저런 일을 처리하면서 시간을 보내느라 버스를 놓치고 싶은 마음은 더더욱 없었다. 현관문 쪽으로 한 걸음 옮겼다. 그때 아버지가 싸구려 합판으로 된 문을 발로 차는 바람에 현관문은 거의 반으로 쪼개지고 말았다. 아버지의 팔이 안으로 쑥 들어와 손잡이를 돌리는 모습이 보였다.

아버지는 현관 안으로 들어와서는 조금 전보다 훨씬 더 시끄럽게 고함을 질렀다.

"빌어먹을. 네가 또다시 내 집에서 나를 밖에다 세워 놓고 문을 열어 주지 않다니!"

아버지는 나를 똑바로 쳐다보면서 소리쳤다. 아버지의 얼굴은 일그러져 있었고 두 눈은 어둡고 흥분한 상태였다. 어머니는 방구석으로 몸을 숨기기 시작했는데 그만 아버지한테 들켜 버렸다.

"빌어먹을, 당신은 왜 문을 열지 않았던 거야?"

아버지가 어머니 쪽으로 움직이기 시작했다. 그러자 어머니는 뒤로 물러서기 시작했고 곧 벽에 닿았다. 아버지가 이렇게 화내는 모습은 처음 보았다. 보통 술에 취하면 곧 쓰러져 잠이 드는 분이었다. 이렇게 폭력성을 드러내는 경우는 없었다.

"더 이상 가까이 가지 마세요."

나는 내가 그렇게 말하는 소리를 들었다. 그런데 아버지가 그 소리를 들었는지는 알 수가 없었다. 그리고 엄마 쪽으로 한 걸음 더 접근했다. 엄마는 그렇지 않아도 크고 부한 잠옷 안에서 떨고 있는 작은 새처럼 보였다. 나는 예전에 아버지 앞을 막아서 본 적이 없었다. 결국 우리 가족 모두가 아버지의 행동과 음주를 용인해 온 공모자였던 셈이다. 하지만 이제 더 이상은 그대로 넘어갈 수 없었다. 이번에는 그럴 수 없었다.

나는 아버지와 어머니 사이에 끼어 들어가 아버지의 관심을 끌기 위해 더 큰 소리로 고함을 질렀다.

"아버지, 한 발자국만 더 가까이 가면 내가 아버지를 칠지도 몰라요. 그럴 거라고요. 진짜로요."

아버지는 내 말을 들은 체도 안 하고 어머니 쪽으로 한 걸음 더 가까이 갔다. 나는 앞으로 발걸음을 옮기면서 팔을 들어올렸다. 마치 내가 슬로모션으로 움직이고 있거나 물속에서 힘들게 움직이려고 하는 것 같았다. 주먹을 쥐고 아버지 코를 겨냥했다. 코뼈가 깨지는 소리가 들렸고 그런 느낌이 들었다. 그러자 아버지는 나무처럼 툭, 하고 쓰러졌다.

어머니는 비명을 질렀다. 넘어진 아버지 얼굴에서 피가 솟구치고 여기저기 튀는 모습을 지켜보았다. 흔히 피하면 떠오르는, 톡 찌르는 듯한 금속성 냄새와 알코올 냄새가 뒤섞인 냄새가 났다.

그렇게 많은 피가 날 줄 나도 몰랐다.

목구멍에서 쓰디쓴 담즙이 올라왔다. 메스꺼움을 견디기 힘들었다. 나는 휘청거리며 욕실로 걸어가려고 했지만 결국 가기도 전에 토하고 말았다. 화장실 문 앞에서 무릎을 꿇고, 내가 여태까지 살면서 말해 본 것 중에 가장 기도에 가까운 말을 웅얼거렸다. *저 좀 도와주세요.* 나는 소매로 입을 닦고서 거실로 돌아왔다. 아버지는 여전히 바닥에 얼굴을 숙이고 움직일 기미가 없었다. 내가 아버지를 죽인 걸까? 아버지 몸을 뒤집어 보았다. 핏물과 콧물 흔적이 기다랗게 얼굴에 나 있었다. 그렇게나 많은 피를 본 건 그때가 처음이었다. 코는 비스듬히 기울어서 얼굴 왼쪽으로 이상하게 뒤틀려 있었다. 나는 계속 생각했다. *이런 난리가 있나. 진짜 이런 엉망진창을 어쩌지.*

아버지가 약하게 신음하는 소리가 들렸다. 의식을 되찾았을 때, 아버지 얼굴을 내 무릎 위에 올렸다. 피가 마구 엉겨 고인 아버지 뺨에 내 눈물이 떨어진 자국을 보았을 때, 그제야 내가 큰 소리로 울고 있다는 사실을 깨달았다. 그 주먹이 아버지 정신을 깨웠던 것 같다. 아버지는 천천히 고개를 들더니 예전엔 미처 본 적 없는 태도로 나를 이리저리 살폈다. 그리고 이렇게 말했다.

"괜찮다, 아들. 괜찮아."

어머니는 울음을 멈추지 않았지만 나는 눈물을 닦았다. 그 순간, 아버지와 나 사이에 모든 것이 달라질 거라는 느낌이 왔다.

이제 이른 아침 6시가 되었고 내가 타고 갈 버스는 아침 7시 30분에 떠날 예정이었다. 거의 술이 깬 아버지는 코에 솜뭉치를 넣은 채 의자에 앉아 커피를 마시고 있었고, 어머니는 옆에서 아버지를 돌보고 있었다. 아빠는 다시 나를 쳐다보는가 싶더니 고개를 떨구었다. 엄마는 나보고 버스를 놓치면 안 된다고 말했다. 그런데 그 이상한 순간에 나는 엄마 아빠에게 작별 입맞춤을 하고 포옹을 했다. 그리고 쪼개진 현관문을 열고 대학에 가기 위해 집을 나섰다. 버스 정류장까지 나를 태워 줄 친구의 자동차 쪽으로 걸어가면서 보니 내 바지 앞에 피 몇 방울이 튀어 있었다. 집에 돌아가서 갈아입고 오기에는 시간이 너무 빠듯했다. 나도 처음 있는 일이라 다른 아이들은 대학에 가는 날에 부모님과 어떤 모습으로 작별하는지 모르겠지만, 분명 이런 장면은 아닐 것이다.

대학 입학 승인을 받긴 했으나 제대로 준비하지 않은 상태에서 강의를 듣고 공부를 하고, 동시에 아침부터 저녁까지 아르바이트를 하면서 아슬아슬하게 하루하루를 보내야 했다. 그 와중에 학교 조정 경기 팀에 들어갔다. 학교 대표 선수 마크를 붙인 재킷을 입어 보겠다는 소원을 이루기로 마음먹었던 것이다. 해를 거듭하면서 나는 다른 누구보다 더 열심히 공부하는 듯 보였다. 그럼에도 겨우 낙제를 면하고 통과하는 정도였다. 대학에 들어가고 처음 몇 년간은 어빈에서 랭커스터까지 자주 버스를 타고 다녔고 어떤 때는 도로에서 차를 얻어 타기도 했다. 열심히 일하고 공부했지만 어머니를 돌보고 아버지를 챙기거나, 이런저런 위기 상황에서 부모님이 벗어나도록 도와주러 가야 하는 날이 계속 늘어만 갔다. 그러다 의대에 지원할 때가 되었을 때 살펴보니 내 평점은 겨우 2.5에 불과했다. 의대 지원은커녕 졸업조차 어려울 것 같았다. 예과 학생으로서 이런 점수라면 형편없이 깨진 상태였다. 당시 의대 합격 허가를 받을 수 있는 평점 평균은 아무리 못해도 3.8은 되어야 했다.

그럼에도 마음속으로는 여전히 내가 의사가 될 거라고 생각했다. 하얀 가운을 입은 나의 모습은 상상 속에만 존재하는 게 아니었다. 그 이미지는 마치 거울 속의 내 모습을 바라보고 있는 것처럼 현실과 같이 느껴졌다. 거의 7년 동안 그 이미지를 뇌에 그려 왔다. 그러니 그것을 현실로 만들지 못한다는 건 있을 수 없는 일이었다. 이것이 내 마음속의 현실이긴 했지만, 동기들 중 몇몇은 대놓고 내 성적 가지고는 절대 의대에 들어가지 못할 거라고 말하면서 짓궂게 놀리며 좋아들 했다. 유감스럽게도 너무나 많은 사람들이 자신이 할 수 있는 일, 혹은 할 수 없는 일을 남들이 판단하고 결정하게 내버려 둔다. 이는 불행한 일이다. 루스는 나한테 나 자신을 믿는 능력, 그리고 세상의 모든 사람들이 내가 성공하거나 위대한 일을 성취하기를 바라는 건 아니라는 점을 인정하는 능력을 선사해 주었다. 이는 루스가 나한테 준 또 하나의 선물이었다. 그리고 그런 현실을 괜찮다고 여기고 거기에 반응하지 않는 방법까지 가르쳐 주었다.

3학년이 끝날 무렵, 의대 지원 과정이 시작되었다. 우리 학교 학생들의 지원 절차 가운데에 예과 위원회와 면접을 하고 나서 추천서를 받아야 한다는 사실을 알아냈다. 나는 면접 일정을 잡기 위해 예의

바른 태도로 예과 위원회 비서실을 찾아갔다.

벌써 25년이나 지났지만 그 비서가 내 파일을 꺼내서 잠시 읽어 보더니 무시하는 태도로 나를 슬쩍 올려다보곤 다시 서류를 픽픽 넘길 때의 그 모습이 아직도 눈에 선하다. 결국 그녀는 서류 파일을 덮고 이렇게 말했다.

"학생의 면접 일정은 잡아 줄 수 없겠군요. 학생은 절대로 의대에 들어오지 못할 겁니다. 그냥 모두에게 시간 낭비일 뿐이에요."

나는 어처구니가 없어 말문이 꽉 막혔다. 이 위원회에서 추천서를 꼭 받아야 했다. 의대에 지원하기 위해 거쳐야 할 길고도 긴 과정 중에서 그게 첫 번째 단계였다. 그런 다음에 지원서를 작성하고, 에세이를 쓰고, 그러고 나서 바라건대 의대 면접 초청장을 받게 될 것이다.

나는 심호흡을 했다.

"무슨 말씀이신지 잘 알겠습니다. 하지만 면접 일정을 잡아 주셨으면 합니다."

"그렇게 할 수 없어요. 학생은 자격이 되지 않아요."

그 비서는 서류 파일 위에 손가락을 올려놓고 톡톡 두드렸다.

그 서류 파일 안에 뭐가 들었건, 나라는 사람이 그보다 훨씬 더 많은 이야기를 품은 사람이라는 사실을 나는 잘 알았다. 그 서류는 내가 아니었다. 그 서류는 내가 전력을 다해 온갖 일을 다 소화하면서 주당 25시간씩 일했다는 사실을 보여 주지 못했다. 복잡한 가족 문제를 해결하느라 몇 번이고 학교를 떠나 집으로 가야 했던 내 모습을 보여 주지 못했다. 매일 새벽 5시에 일어나 조정 경기장에 나가서

노를 저었던 내 모습을 보여 주지 못했다. 그 서류는 평점 단 하나만을 보여 줄 뿐이었다. 그러니까 만약에 평점이 추천서를 받을 수 있는 유일무이한 기준이라면, 그렇다면 그 비서의 말이 맞았다. 나는 결코 의대에 들어가지 못할 것이다. 하지만 그 서류는 내가 아니었다.

이런 자각을 할 수 있게 해 준 루스의 가르침 덕분에, 나는 계속된 연습을 거쳐 스스로 그 사실을 발견할 수 있었다. 이에 덧붙여 루스는 받아들일 수 없는 것은 절대로 받아들여선 안 된다고 알려 주었다. 나 자신을 위해 스스로 싸워야만 했다. 지금까지 나는 너무도 많은 장애물을 극복해 왔다. 그러므로 이 위원회가 나를 막을 수는 없었다. 그들에게 내가 할 말을 해야만 했다.

"그건 받아들일 수 없습니다."

"뭐라고요?"

"제가 위원회와 면접 일정을 잡을 때까지는 여기서 나가지 않겠습니다."

나는 차분하고 조용하게 이렇게 말하면서 그 비서의 눈을 똑바로 응시했다.

"난 정말로……. 그렇게 할 수가 없어요."

비서는 같은 말을 반복했다.

하지만 그녀의 말에 약간 주저하는 듯한 뉘앙스가 들렸다. 나는 여기에 희망을 걸었다.

"저기, 제가 자격이 되지 않는다는 점을 잘 압니다. 비서님께서 보통 이런 일은 안 된다고 하신다는 것도 잘 알고 있습니다. 하지만 하실 수 있잖아요. 저는 단지 기회가 필요할 뿐입니다."

비서는 다시 고개를 내저었다.

"비서님의 시간이나 위원회의 시간을 낭비하게 하려고 이러는 게 아닙니다. 제가 까다롭게 굴려는 것도 아닙니다. 전 그저 면접 날짜를 받을 때까지 정말로 여기서 나가지 않을 작정입니다. 얼마나 오래 기다리든 상관없습니다. 제가 가망이 없는 사람이라는 사실을 받아들일 수 없는 겁니다. 결코 받아들이지 않을 겁니다."

내 목소리에 분노 같은 건 없었다. 분명히 그 비서는 내 말 속에 깃든 절대적인 신념과 진실을 들었을 것이다. 비서는 거의 1분간 내 눈을 뚫어지게 쳐다보았다.

"좋아요." 마침내 비서는 내 말에 동의했다. "다음 주 화요일, 3시로 하죠."

"감사합니다. 정말로 감사드립니다."

내가 뒤돌아 사무실을 나오려 할 때, 비서가 마지막으로 내 면접에 대해 투덜거리는 소리를 들었다.

"이것 참 재미있는 일이 되겠네."

면접 당일, 생명공학부 학장이 위원회 상임 위원 한 사람을 대신해 나와 있었다. 확실히 그 교수는 나한테 호기심을 갖고 있었다. 면접 일정을 잡아 달라고 했던 나의 대담함이 벌써 위원회 사이에 다 알려졌던 것이다.

비서는 뜸직하게 나한테 인사를 하더니 회의실로 들어가는 문을 열어 주었다. 회의실 끝에 긴 직사각형의 테이블이 놓여 있었고, 생명공학부 학장을 비롯한 교수 세 명이 한쪽 끝에 팔짱을 낀 채 무표정한 얼굴로 앉아 있었다. 일말의 미소도 보이지 않았다. 그들 앞에는 각각 내 서류와 성적표 사본이 놓여 있었다. 그들 맞은편에 내가 앉을 접이식 의자가 하나 보였다. 3 대 1…… 공평하지 못했다. 나는 겨우 스무 살이었는데.

나는 주변을 살피며 걸어 들어가면서 이건 면접이 아니라는 사실을 깨달았다. 그건 일종의 심문이었다.

그리고 나는 이단자였다.

"도티 군." 어느 위원이 먼저 말을 꺼냈다. 화학과 교수였다. 지난 학기에 그 교수 과목을 통과하지 못할 뻔했었다. "자네는 몇 과목이 성적 미달이고 학점을 보니 의대에 입학 자격은커녕 졸업도 못 할 것 같은데 말이죠. 그 성적으로 보자면 자네는 의대 학생으로 적합하다거나 의사가 되기 위한 훈련이나 지적 능력을 보유했다는 그 어떤 확신도 주지 않아요."

"나는 이 면접이 여기 계신 모든 분들에게 정말로 시간 낭비라고 생각해요. 도티 군, 좀 다른 방식으로 우리를 설득할 수 있을까요?" 다른 위원이 말했다. 한 번도 만나 본 적 없지만 까다롭기로 소문난 여 교수였다. "학생이 비서를 통해 억지로 이번 면접 일정을 잡았다는 사실, 잘 알고 있어요. 하지만 성공할 가능성이 하나도 없는 의사라는 직업에 도전하는데, 우리가 학생을 추천할 거라고 기대하고 있다면 그건 매우 오만한 태도입니다. 의대는 경쟁이 극심한 곳이고 그 점을 잘 알 거라고 생각해요. 하지만 학생의 평점은 그 경쟁에 적합하지 않아 보이네요."

나는 생명공학부 학장을 쳐다보았다. 하지만 그는 아무 말도 하지 않은 채, 호기심 어린 눈빛으로 나를 응시했다. 거기서 나를 쳐다봐 주는 유일한 사람이었다.

"저도 몇 마디 드리고 싶습니다." 나도 입을 열었다.

"우리는 다른 면접도 잡혀 있어요. 그러니 학생이 본인의 상황을 이야기하는 건 자유지만 짧게 하도록 해요."

그때 내가 앉아 있던 접이식 의자는 크기가 작아서, 예전에 마술가게에서 루스와 마주 보며 몇 시간이고 앉아 있던 의자가 생각났다. 루스는 어떤 상황이 나를 규정하지 못하도록 가르쳤다. 다른 사람이 나의 가치를 규정하지 못하도록 가르쳐 주었다. 그랬다. 의심할 여지없이 내 학점은 엉망이었지만 학점보다 더 중요한 게 있었다. 나는 심호흡을 하고 자리에서 일어섰다.

"누가 여러분에게 사람들의 꿈을 짓밟을 권리를 주었습니까?"

나는 잠시 쉬었다가 말을 이어 갔다.

"저는 4학년 때 어떤 의사 한 분을 만났습니다. 그분은 언젠가 나도 의사가 될 수 있을 거라는 꿈의 씨앗을 제 안에 심어 주었습니다. 그럴 가능성은 없어 보였습니다. 우리 가족 중에 대학에 가 본 사람은 하나도 없었으니까요. 의사는 고사하고 어떤 분야의 전문가도 되어 본 적이 없었으니까요. 8학년 때, 한 여성분을 만났습니다. 그분은 저에게 너 자신을 믿으면, 네 머릿속에서 과거의 모습에 기대어 현재의 네 모습을 규정하는 목소리를 멈춘다면, 뭐든 할 수 있다고 가르쳐 주었습니다. 저는 가난하게 자랐습니다. 외롭게 자랐습니다. 우리 부모님은 할 수 있는 한 최선을 다했지만 그분들도 힘겹게 살아야 했습니다."

위원들을 쳐다보았다. 아직도 두 명의 교수는 팔짱을 끼고 있었지만 학장은 앞으로 몸을 조금 기울인 상태였다. 그러면서 나보고 이야기를 계속하라는 듯 고개를 살짝 끄덕여 보였다.

"저는 지금까지 사는 동안 내내 이 꿈을 간직해 왔습니다. 그 꿈이 저를 여기까지 오게 했습니다. 지금까지 저를 지탱해 주었습니다. 제 삶에서 일관되게 지켜 온 유일한 것이었습니다. 네, 맞습니다. 저는 항상 최고의 성적을 받진 못했습니다만, 제 모든 것을 제대로 통제하지 못한 건 아닙니다. 저는 남들만큼, 아니 대부분의 사람들보다 더 열심히 일하고 공부했습니다. 비록 제 학점이 그 사실을 증명하지 못하지만, 저는 여러분에게 굳게 약속하겠습니다. 지금까지 이 위원회 앞에 섰던 학생들 중에서 기어이 의대에 들어가고자 저만큼 굳게 결심한 사람은 아무도 없다고 말입니다."

내 미래를 손아귀에 쥐고 있는 이 세 명의 위원들을 쳐다보았다. 두 사람은 경청하고 있는 것 같진 않았지만, 그 긴 시간 동안 처음으로 내 몸을 타고 흐르는 두려움과 불안을 느꼈다. 너무나 익숙한 느낌이었다. 내 삶의 첫 12년이 바로 그런 느낌이었다. 내 심장은 마구 뛰기 시작했다. 나는 또다시 길을 잃어버린, 가망 없는 아이가 된 것 같았고 짙은 안개 속의 흐릿한 수증기처럼 한 가닥 의심이 나를 타고 흐르기 시작했다. 여기서 내가 의사가 될 수 있다고 생각할 사람이 누가 있을까? 이들은 이 세계를 가장 잘 아는 사람들이었다. 그러다가 갑자기 머릿속에서 마음을 열라는 루스의 목소리가 들렸다. 나는 눈을 감았다. 그리고 루스의 미소를 보았다. *넌 할 수 있단다, 짐.* 루스가 말했다. *너는 뭐든 할 수 있어. 네 안에 마술을 품고 있잖니. 그걸 꺼내 보여 봐.*

나는 마치 영원처럼 느껴졌던 그 상황에 계속해서 온 마음을 쏟았다. 그들에게 가난하게 자랐고 힘겹게 겨우 대학에 들어왔다는 이야기를 했다. 우리 아버지와 어머니 이야기도 했다. 부모님을 돌보기 위해 얼마나 자주 학교를 떠나 있어야 했는지도 이야기했다. 그래도 겨우 학점을 유지하고 매 학기 등록하기 위해서 얼마나 열심히 수업에 임했는지도 이야기했다. 어쩌면 의대에 가고 싶은 바람으로 내가 그들 앞에 서 있는 것조차 놀라운 일이었다. 그래서 나는 지금 이 면접이 얼마나 특별한 일인지 그들이 알아봐 주었으면 하는 마음으로 내가 할 수 있는 모든 것을 다 했다.

"아시다시피, 높은 평점과 좋은 의사와의 상관성을 보여 주는 증거는 티끌만큼도 없습니다. 높은 평점을 상관하지 말라는 이야기가 아닙니다. 이 세상에 모든 사람은 살면서 한 번은, 그리고 또 한 번쯤은 다른 누구도 가능하다고 믿지 않는 어떤 일을 할 수 있는 기회가 필요합니다. 여러분 한 분 한 분도 오늘 여기에 계신 건, 누군가가 여러분을 믿어 주었기 때문입니다. 누군가가 소중하게 생각해 주었기 때문입니다. 저는 여러분께, 저를 *믿어 달라*고 부탁드리고 있습니다. 제가 부탁드리고 싶은 건 바로 그것뿐입니다. 저에게 제가 계속 꿈꾸어 왔던 사람이 될 기회를 달라고 부탁하고 있는 것입니다."

내가 말을 다 마쳤을 때 잠시 침묵이 감돌았다. 그들은 내가 했던 모든 말을 고려해 보겠다고 말했다.

그런 다음, 학장이 일어나 악수를 청했다.

"짐, 자네는 오늘 우리가 너무나 자주 간과해 온 관점을 하나 제시해 주었다고 생각하네. 우리 앞에 앉아 있는 존재가 서류가 아니라 사람이라는 사실을 우리는 잊고 있었다네. 많은 학생들이 우리가 요구하는 모든 조건을 충족하지만 여러 가지 면에서 그 조건은 자의적이고 독단적이지. 우리 앞에 오기까지 용기가 필요했을 테지. 자네가 오늘 이야기해 준 것을 우리와 함께 나누겠다고 생각했다면, 그래. 열정과 용기가 필요했을 테지. 포기하지 말게, 알겠나?"

"네, 알겠습니다. 학장님. 절대 포기하지 않습니다. 시간 내주셔서 고맙습니다." 회의실을 나가면서 나는 이렇게 대답했다.

내가 나갈 때, 비서는 나를 올려다보며 물었다.

"어땠어요?"

나는 어깨를 으쓱해 보였다. 진인사대천명. 시간이 지나야만 알 수 있을 것이다.

비서는 따뜻하게 미소 지었다. "저 안에서 들리는 이야기를 우연히 조금 들었어요. 모든 게 학생을 위해 잘 풀릴 거라는 생각이 들어요." 그리고는 광고 전단을 하나 건네주었다. "어쩌면 이 광고를 보고 싶어 할 수도 있겠다 싶어서요. 마감 날짜는 지났지만 어쩐지 학생한테는 마감 날짜도 받아들일 수 없는 게 아닐까, 라는 생각이 드네요."

그 광고지는 툴레인 대학교 하계 프로그램 '메드렙(MEdREP)'에 관한 것이었다. 의학 분야에서 커리어를 쌓고자 하는 소수자 집단과 경제적으로 어려운 학생들을 위한 프로그램이었다. 랩 경험을 쌓게 해 주고 의대 지원자들이 반드시 응시해야 하는 MCAT 준비도 도와주는 하계 집중 프로그램이었다.

"고마워요." 이렇게 대답하고선 광고지를 유심히 쳐다보았다. 툴레인 의대. 툴레인에 대해서 아는 바가 하나도 없었지만 그 순간 그 곳이 내 미래의 핵심 열쇠가 될 것 같은 느낌이 왔다.

예과 위원회는 나에게 가능한 한 최고 높은 추천서를 주는 것으로 마무리되었다. 루스의 마술이 다시금 통했다.

그리고 툴레인 하계 프로그램에 전화를 걸었더니 전화 받는 사람은 이미 마감일이 지났다고 알려 주었다. 나는 그 프로그램 디렉터인 엡스 박사와 통화하고 싶다고 전했다. 그리고 엡스 박사에게 반드시 내가 그 프로그램에 들어가야 한다고 말했다. 여기까지 전화하게 된 사연을 이야기했더니 마침내 이런 대답이 돌아왔다.

"짐, 지원서를 보내 봐요. 될 것 같아요."

그리고 2주 후에 메드렙 프로그램 허가서를 손에 쥐었다. 하지만 유감스럽게도 뉴올리언스의 툴레인까지 갈 비행기표를 살 돈이 없었다. 그런데 우연인지 툴레인에서 허가서를 받은 직후에 아버지로부터 전화 한 통을 받았다. 아버지는 로스앤젤레스에 구금되어 있다가 곧 풀려날 예정인데 나보고 꼭 데리러 와달라고 했다. 게다가 어머니가 더 이상 집 안에 들이지 않을 것이기 때문에 먹을 걸 살 돈과 호텔비가 필요하다고 했다. 내가 도와주지 않으면 아버지는 길거리에서 노숙하게 될 처지였다. 그런데 내 수중에 있는 돈도 겨우 식비와 2주 후에 내야 할 임대료뿐이었다. 아버지 말로는 곧 수표를 받을 일이 있다고 했다. 또 *시작이군*, 이런 생각밖에 들지 않았다. 하지만 나는 아버지를 도와줄 것이다. 그는 내 아버지였다. 우리 가족 상황을 잘 아는 친구 키스가 아버지를 모시러 간다고 하니 로스앤젤레스까지 태워 주겠다고 했다. 아버지는 구치소에서 지내던 몇 주 동안 술을 마시지 않아서 그런지 정말 말짱해 보였다. 우리는 아버지를 빈민가로 모시고 가서 2주간 묵을 방을 빌려주고, 200달러를 손에 쥐여 주었다. 나는 아버지한테 툴레인의 하계 프로그램에 대해 이야기해 주었다. 아버지는 미소를 보이더니 내가 자랑스럽다고 말했다. 고맙다고도 했다. 그때까지 나는 어떻게 툴레인에 갈 돈을 마련해야 할지 막막했다. 그런데 그로부터 2주 후에 봉투 하나가 도착했다. 겉에 쓰인 글씨는 아버지 글씨가 분명했다. 봉투 안에는 아버지가 나한테 1,000달러를 준다고 서명한 수표가 들어 있었다. 내가 뉴올리언스에 갈 수 있도록 아버지는 마지막 전 재산을 다 털어 주었던 것이다. 울음이 터져 나왔다. 하계 프로그램은 변화의 계기를 마련해 주었다. 덕분에 랩 경험도 하고 의대의 여러 교수들도 만났다. MCAT 시험 준비도 할 수 있었고 면접 기회도 얻을 수 있었다. 치열하게 보내야 할 여름 일정이었지만 완전히 집중했고 그만큼 행복으로 충만해졌다. 나는 의사가 될 작정이었다. 그런 확신이 있었다.

그 가을에 툴레인 의대에 지원하고 초초하게 결과를 기다렸다. 하계 프로그램 중에 비교적 잘 해냈고 거기다가 MCAT도 잘 치렀다. 하지만 평점 때문에 다른 대다수 지원자들에 비해 경쟁력이 약할 수 있다는 점도 잘 알고 있었다. 게다가 나는 두 가지 일을 하고 있어서 다른 일에도 공부하는 만큼 시간을 들여야 했기에 공부에 피해가 가긴 했다. 그런 탓에 집중력을 유지하기가 힘들었다. 그 와중에 어머니에게 전화를 받기도 했다. 아버지가 만취한 상태에서 갑자기 그레이하운드 버스를 타고 켄터키 주에 있는 친척을 찾아가겠다며 집을 떠났다고 했다. 그런데 아버지가 아무것도 가져가지 않았고, 떠난 지 2주가 되었는데도 소식 하나 없으며, 더구나 켄터키에는 나타나지도 않았다고 해서 걱정된다고 했다. 아버지가 때때로 사라지긴 했지만 이렇게 오랫동안 다시 나타나지 않거나 구치소에서 연락이 오지 않은 경우는 없었다. 아버지 일이 걱정 목록에 올랐다. 며칠 후, 어머니가 다시 전화를 했다. 아버지가 테네시 주, 존슨 시티의 보훈 병원에 있다고 했다.

저녁 시간이었지만 즉시 그 병원에 전화해서 당직 의사와 통화했다. 아버지는 고용량의 항생제와 인공호흡기를 단 채 중환자실에 입원해 있었다. 의사는 간헐적으로 반응을 보이는 상태라고 말했다. 폐렴이 심해서 폐 안으로 산소 공급이 어렵다고 했다. 아버지가 반응을 보이곤 있지만 위독한 상황이라고 경고했다. 의사는 아버지의 배경과 의료 기록에 대해 더 많은 정보를 물어보았지만, 정작 나는 아버지에 대해 아는 게 거의 없다는 사실을 깨달았다. 아버지한테 만성적인 건강 문제가 있는지도 모르고 있었다. 처방을 받았다면 어떤 약을 먹고 있는지도 몰랐다. 수술을 받은 적은 있는지, 알레르기가 있는지조차도. 내가 아는 거라곤 아버지가 술을 마신다는 사실뿐이었다. 아버지에 대해 내가 알고 있는 건 모두 음주와 관련된 내용이었다. 그 외엔 없었다.

전화를 끊고 나서 아버지와 내가 편하게 앉아 서로 이야기를 나누거나 함께 뭔가를 했던 때를 떠올리려고 애썼다. 술 마시는 아버지와 관련이 없는 뭔가를 기억해 내고 싶었다. 하지만 희미하고 흐릿한 기억뿐이었다. 계속 붙잡을 수 있는 그런 또렷한 기억은 없었다. 자, 아버지가 친척을 만나려고 버스를 타고 떠났는데 결국 다른 곳에서 이렇게 발견되었다. 그렇다면 그 버스 안에서 아버지에게 무슨 일이 일어났던 것일까? 아버지는 무엇을 찾고 있었던 것일까? 왜 아버지는 하필 이 시간에 그렇게나 먼 곳에 가 있는 것일까? 전부 다 소용없는 의문이었다. 결국 아버지가 지금 홀로 먼 곳의 병원에 있게 된 건 모두 술 때문이었다.

나는 침대 옆에 주저앉아 울었다. 거기에 가야 하는데 돈이 없었다. 돈이 없기는 어머니도 매한가지였다. 게다가 난 시험을 앞두고 있었다. 그다음 며칠 동안 걱정으로 밤낮을 보냈다. 그 와중에 병원에 여러 번 전화를 했다. 아버지는 이제 더 이상 의식이 없었고 장기는 기능을 멈추었다. 의사는 예후가 좋지 않다고 말하면서 곧 돌아가실 것 같다고 전했다. 룸메이트가 비행기 표 값을 빌려주겠다고 했다. 나는 준비를 해서 다음 날 정오에 떠날 채비를 했다. 일단 거기에 도착하면 뭘 해야 할지도 까마득했다. 그저 아버지를 혼자 두고 싶지 않은 마음뿐이었다.

나는 졸렸지만 쉬이 잠들지 못했다. 태어나서 처음으로 비행기를 타 보는 것이었다. 내가 가려고 하는 곳에 대해서도 전혀 아는 바가 없었다. 무서웠다. 피곤했다. 그러다 결국 정말 잠이 들었고 깊은 잠을 잤다. 문득 잠이 깼다. 무엇 때문에 깼는지 알 수 없었다. 그냥 어쩌다 잠이 깨어 눈을 활짝 뜨고 말았다. 주변을 둘러보았다. 침대 끝에 아버지가 있었다. 아버지가 나를 쳐다보았다. 아버지는 좋아 보였다. 실은 오랫동안 봐 온 아버지 얼굴 중에 제일 나았다. 아버지는 평온해 보였다. 미소는 아니었지만 다정한 표정을 지으며 이 상황을 모두 받아들이는 듯한 얼굴을 보였다. 아버지가 먼저 말문을 열었다.

"아들, 오랜만이지. 작별 인사하러 왔단다. 나도 좋은 아버지가 되고 싶었는데 그러지 못해 미안하구나. 함께 있어 주지 못해 미안하고. 너랑 나랑은 길이 달라. 난 내 길을 따라가야만 했어. 내가 얼마나 너를 자랑스러워하고, 얼마나 사랑하는지 알아주었으면 좋겠구나. 이제 가야 할 시간이야. 기억하려무나. 아버지는 널 사랑한다. 안녕, 우리 아들."

나도 화답했다.

"아빠, 저도 사랑해요."

그리고 아버지는 떠나셨다.

나는 벌떡 일어났다. 이게 꿈인지 현실인지 알 수가 없었다. 어떻게 생각해야 할지 막막하기만 했다. 그저 아버지를 만나면 꼭 안아드리면서 괜찮다고 말씀드릴 생각을 하고 있었다. 무엇보다 사랑한다고. 나는 다시 잠이 들었다. 그러다 전화벨 소리에 화들짝 깼다. 비몽사몽간에 천천히 전화기를 집어 들었다. 아버지 담당 의사였다. 아버지가 한 시간 전에 돌아가셨다고 알려 주며, 유감스럽다는 말을 덧붙였다. 아버지는 돌아가시기 직전에 눈을 뜨고 미소를 지으셨다고 전해 주었다. 그리고 아무런 고통 없이 돌아가셨다는 말을 전하고 싶어 했다. 나는 감사하다는 말을 하고서 전화를 끊었다. 곧바로 엄마에게 전화를 걸어 둘이서 전화기를 붙들고 한참을 울었다. 엄마는 아버지가 당신이 할 수 있는 한 최선을 다했으며, 마음속으로는 좋은 사람이었고 특히 나를 무척 사랑했다고 말하면서 울먹였다.

우리 아버지는 나를 정말 사랑하셨다.

나는 아버지가 나를 사랑했다는 사실을 잘 알았다.

그리고 나도 아버지를 사랑했다.

UC 어빈 예과 위원회 앞에서 면접을 본 지 1년도 채 안 되어, 그리고 아버지가 돌아가신 지 2주 후에 툴레인 의과대학 합격 허가를 받았다. 합격 통지서를 받아 들고 침대 옆에 앉아 천천히 봉투를 뜯어보며 아버지를 생각했다. 그곳, 돌아가시던 그날 밤, 나를 찾아와서 작별 인사하던 그곳을 이리저리 살펴보았다. 아버지가 나를 자랑스러워하신다는 걸 나도 너무 잘 알았다.

예과 위원회 면접 중에 지적받았듯이 졸업 학점이 모자랐지만, 1977년 동기들과 함께 졸업식에 참석했다. 의대 합격은 학부 졸업장을 받는 조건부로 이루어졌다. 3학년 때, 자살 시도를 한 어머니를 돌보러 집에 가야 했기 때문에 그 학기 모든 강의를 중간에 취소해야 했다. 그 때문에 생물학 선택 과목 세 개가 모자랐다. 의대는 가을 학기에 시작되므로 그 전에 그 과목을 다 채울 방법이 없었다. 참 많은 난관을 극복해 왔는데 이제 너무도 큰 위기 상황에 봉착했다. 어떻게 해야 할지 막막했다. 그래도 내가 할 수 있는 최선은 사실대로 말하는 것이라고 생각했다. 툴레인 대학에 전화를 걸어 의대 입학처장과 통화하고 싶다고 했다. 전화기를 들고 기다리는 시간이 마치 영원 같았다. 이윽고 연결되었다. 정확히 내가 누구인지 알고 있는 듯했다. 나는 상황을 설명했다. 잠시 침묵이 흘렀다. 또다시 영원 같은 시간이 이어졌다. 마침내 이런 대답이 돌아왔다.

"짐, 우리는 자네가 툴레인에 오기를 바라고 있다네. 만약 어빈에서 이쪽 의대 학점을 인정하고 자네가 이수하지 못한 선택과목을 여기서 이수할 수 있도록 허락해 준다면, 일이 성사될 것 같네."

나는 수백만 번 감사하다는 인사를 하고 전화를 끊었다. 그다음 일이 진행된 걸 보면 정말 놀라움의 연속이었다. 이수하지 못한 과목 담당 교수들을 찾아가, 의대에 합격했지만 집에 위급한 상황 때문에 지난 학기 수업을 취소할 수밖에 없었고, 저쪽 의대에서 졸업 학점을 채울 수 있도록 조치해 줄 것이라고 설명했다. 모두들 두말하지 않고 허락해 주면서 의대 입학을 축하해 주었다. 나중에 가서야 알았는데 그들 전부 내가 학부 평점도 높고 MCAT 점수도 잘 받은 걸로 착각했으며, 선택과목을 이수하지 못해 의대 과정 중에 대체 과목을 들어야 한다는 사실을 깜빡 잊어버렸다고 했다.

때때로 원칙과 기준은 참으로 중요하지만 대개 그것은 임의적이고 숫자를 통해 걸러 내고 기회를 제한하는 기능을 할 뿐이다. 전 과목 A학점을 받거나 학부 졸업장을 받는 것은 의사가 되는 데 임의의 장벽일 뿐이다. 나는 이미 잘 알고 있었다. 나에게는 훌륭한 의사가 될 수 있는 타고난 지성과 결단력이 있다는 것을.

이제 그 사실을 증명할 때였다.

8장

그건 뇌수술이 아니잖아

내가 신경외과 의사가 되려는 계획을 세운 적은 결단코 없었다. 내 계획은 장차 성형외과 의사가 되는 것이었다. 당시 나는 두개 및 안면 장애가 있는 아이들에게 깊은 인상을 받았고 그 외과술의 기술적인 복합성에 매료된 상태였다. 안면 기형을 가진 아이들 사진을 보다가 그 사진이 무언가 내 안의 신경 하나를 툭 건드렸다. 세상을 피해 숨을 수도 없고 그 기형 때문에 끊임없이 고개를 돌려 자신을 외면하는 다른 사람의 모습을 지켜봐야 하는 아이들에게 특별한 연민이 생겼다. 하지만 동시에 미용 성형 외과술에도 마음이 갔다. 그래서 대학교수가 되어 정해진 시간 동안 그런 아이들을 돌봐 주고, 나머지 시간에는 베벌리힐스의 개인 병원에서 부유한 고객들을 상대로 값비싼 성형외과 수술을 하면서 돈도 많이 벌고 멋진 여성들도 많이 만나는 상상을 해 보았다.

의대 첫해에 장학금을 받았고 1학년을 마친 후에는 군대에서 장학금을 받았다. 나는 나라에 봉사해야 한다는 강한 의무감을 느꼈고 나름대로 은혜를 갚고 싶었다. 내가 척 예거가 되어 랭커스터 하늘 위로 음속 비행을 하는 꿈을 너무도 생생하게 기억했다. 그리고 보안관 스카우트 프로그램 유니폼을 입으면서 스스로 자랑스러웠던 기억도 선명했다.

그런데 대학에 와서 척 예거가 음속 비행을 한 최초의 인물이 아니라는 사실을 알게 되었다. 진짜 영광의 인물은 슬릭 굿린이라는 이름의 남자였다. 굿린에게 생긴 문제는, 그 비행을 하는 데 1947년 당시로선 꽤 큰 액수인 15만 달러의 수수료를 요구했다는 점이었다. 하지만 예거는 돈 때문에 비행을 하고 싶어 하진 않았다. 그는 과감히 모험에 응하고 새로운 발견을 향한 도전 정신으로 음속 비행 기록을 세우고 싶어 했다. 무엇보다 인간이 극한까지 몰렸을 때, 과연 무엇을 성취할 수 있는지 확인하고 싶어 했다. 갈비뼈가 두 개나 부러지는 극심한 고통을 안은 채, 비행기 해치를 닫기 위해서 빗자루 손잡이를 임시방편으로 세워야 하는 상황에서도 그는 결코 단념하지 않았다.

나는 누구였던가? 오스카 와일드가 말한 대로 "모든 것의 가격과 무(無)의 가치를 알고 있는" 사람이었을까? 삶의 숱한 나날을 내 안의 슬릭 굿린과 척 예거를 조화시키려고 노력하면서 보냈다. 나처럼 고통을 안고 있지만 살아가기 위해 무진 애를 쓰는 다른 사람들에게 연민을 느꼈고 그들을 돕고 싶었다. 하지만 나도 꿈꿀 만한 성공을 현실에서 이룰 수 있길 원했다. 지금껏 루스의 마술을 연습하면서 여기까지 올 수 있었다. 그리고 지금 나는, 내가 진정 원하는 지점으로 가는 길 위의 일부분에 불과하다고 생각하면서 더 완전한 미래를 꿈꾸며 날마다 연습을 게을리하지 않았다. 나는 명성과 부를 원했다. 남들이 우러러보는 사람이 되고 싶었다. 세계 최고의 외과 의사가 되고 싶었다.

군에서는 의대 졸업까지 등록금과 모든 경비를 대 주겠다고 했고, 대신 나는 군의관으로 복무하기로 했다. 그리하여 군대에서 총 9년을 복무하였으며 그 결과 제임스 도티 소령으로 제대했다.

의대 생활은 대학 생활과 전혀 달랐다. 학업에는 아무 어려움이 없었다. 흥미롭게도 내가 해부학이나 조직학이나 생리학 등 인체의 복잡한 내용을 공부하는 데 타고난 소질이 있음을 발견했다. 인간이 암기할 수 있는 한계를 넘어서서, 그보다 더 많은 정보를 암기해야 하는 능력은 모든 의대 새내기가 헤치고 나가야 할 난관이었다. 마술가게에서 배웠던 것을 수년간 연습했던 경험 덕에 나의 뇌는 크게 발달했다. 그래서 많은 동기들보다 좀 더 수월하게 암기하는 능력을 갖게 되었다. 이전보다 훨씬 더 많은 시간을 공부에 쏟을 수 있었고, 의대 교재를 보는 동안 집중력이 흐트러지는 일에 불평할 필요도 없었다. 우리는 뼈에서 신경까지, 의료 차트를 작성하는 방법까지 모든 것을 기억하는 데 도움이 될 연상기호 암기법을 전수받았다. 이 방법을 쓰면서 어떤 때는 바보 같다는 생각이 들기도 했다. 가령, 뻔히 아는 사실인데 뇌 신경은 감각 신경이다, 운동 신경이다, 혹은 감각 신경이자 운동 신경이다 등을 기억하는 경우가 그랬다. 또한 어떤 경우에는 원래 사실이나 정보보다 연상 기호 자체를 기억하기가 어려웠다. 가령, 두개골 뇌 신경을 가리키는 연상 기호 OOOTTAFVGVAH가 그 좋은 예였다. 두개골 뇌 신경과 OOOTTAFVGVAH라니, 세상에.

나는 몇 가지 표준 연상 기호를 이용하다가 어떤 때는 나만의 기호를 만들어 보충하기도 했다. 그리고 내가 공부한 정보가 마침 그게 필요할 시점에 의식 속으로 쏙 흘러 들어가는 것처럼 보일 때는 나만의 방법이 아니라 표준 연상 기호를 활용하는 척했다. UC 산타바버라 연구자들의 2013년 어느 연구에 따르면, 집중 명상 훈련을 연습한 학부생들이 불과 2주 만에 기억, 집중력, 전반적인 인지 기능이 향상되는 모습을 보였다. 이 결과는 곧바로 GRE 점수와 여타 기억 및 집중력 테스트 점수 상승으로 연결되면서 가시적인 변화를 측정할 수 있었다. 이 연구에 있어서 놀라웠던 점은, 2013년에 연구자들이 실시했던 훈련이 1968년에 루스와 함께했던 나의 훈련과 상당히 유사하다는 것이었다. GRE 시험 준비와 과정에 얼마나 많은 돈이 들어가는지 생각해 본다면, 무엇보다 명상 훈련은 좋은 공부 도우미로서 완전 무료라는 환상적인 장점이 있었다.

군 장학금은 의대 졸업 후에 인턴까지 보장해 주었지만 레지던트까지는 아니었다. 민간인은 보통 인턴과 레지던트가 연결된다. 하지만 나는 군인 신분이었으므로 따로 레지던트에 지원해야만 했다.

1981년 툴레인을 졸업한 후에 하와이에 있는 트리플러 군대 메디컬 센터에서 자유 근무 인턴 자리를 허락받았다. 여기는 의대 시절에 순환 근무로 와 봤던 곳이었다. 자유 근무 인턴이란, 단순히 일반 외과뿐 아니라 다양한 외과 수술 전공에도 집중하게 된다는 의미였다. 그래서 소아과, 산과, 부인과, 내과, 일반 외과뿐 아니라 신경외과까지 순환 근무를 했다.

처음에는 이렇게 다양하고 포괄적인 경험이 교육 경력에 이로울 것이라고 생각했다. 하지만 자유 순환 인턴을 하게 되면 외과와 그에 딸린 부전공에 집중하지 못하기 때문에 일반 외과 레지던트를 지원할 때 불리하게 작용한다는 사실을 미처 깨닫지 못했다. 많은 분야의 폭넓은 지식이 오히려 나중에 있을 기회에 불리한 영향을 끼쳤다.

내 계획은 여전히 아동 성형외과 의사가 되는 것이었다. 그러기 위해서는 먼저 일반 외과 레지던트를 거쳐야 했고, 그다음 성형외과 펠로우십, 그런 다음 두개안면 펠로우십을 차례대로 거쳐야 했다. 나는 그렇게 계획을 세웠다. 그런데 일반 외과 레지던트 자리를 놓고 열두 명이 경쟁하고 있었고 그중에서 자유 순환 인턴을 하고 있는 사람은 나 하나뿐이었다. 내가 레지던트에 선발될 가능성은 그리 크지 않았다. 열한 명의 동료들은 세상이 무너져도 내가 일반 외과 레지던트에 들어갈 방법은 없다고 장담했다. 그러면서 내가 처한 불리한 상황을 확실히 즐거워하는 눈치였다. 나에게는 강한 목적의식이 있었다. 그것 때문에 동료들과 잘 어울리지 못했다. 그리고 원하는 건 무엇이든 실현할 수 있다며 나 자신의 능력에 보내는 크나큰 믿음이 사람들에겐 오만함으로 비춰졌다. 지금은, 그들이 왜 그렇게 내가 실패하기를 바라는 것처럼 보였는지 이해가 된다.

보통 11월이면 레지던트 지원을 한다. 그래서 나도 다른 사람들처럼 일반 외과 레지던트에 지원했다. 하지만 4월에 나는 신경외과 순환 근무를 하고 있었다. 당시 신경외과 팀은 순환 근무 중에 만났던 이들 중에 가장 좋은 사람들이었다. 신경외과는 매우 멋진 분과였다. 뇌를 놓고 하는 것이니 당연히 까다롭고 높은 정확도를 요구했다. 그래서인지 가슴과 복부를 주로 다루는 일반 외과에서 찾을 수 없었던 전율 같은 게 느껴졌다. 이전에 아무도 가 본 적 없는 곳, 우리를 인간으로 만들어 주는 가장 깊고 후미진 구석으로 들어간다는 게 뭔가 의미가 있었다. 그것은 어쩌면 나에게 다가온 소명 같았다. 여전히 기형을 가진 아이들을 돕고 싶었지만, 뇌의 불가사의를 캐보는 일은 나의 소명으로 다가온 새로운 탐험처럼 느껴졌다. 어렸을 때, 대학에 가고 의대에 가고 싶어 했던 마음과 똑같이 신경외과 의사가 되고 싶어졌다. 하지만 그렇게 하려면 일반 외과가 아니라 신경외과 레지던트를 해야 했다. 신경외과를 하면서도 원하기만 하면, 성형외과와 두개안면 펠로우십을 할 수 있다는 것도 잘 알았다. 그러면 완벽했다.

트리플러 센터 신경외과 치프는 격려를 아끼지 않았다.

"짐, 너는 기술적으로 재능이 있어. 그런 사람이 신경외과를 해야지. 네가 신경외과를 할 *필요가 있어.*"

"그리 말씀해 주시니 정말 좋은걸요."

나는 자부심에 마음이 풍선처럼 부풀었다. 나는 신경외과 의사가 될 작정이었다.

"문제는 말이야." 그가 덧붙였다. "군에서는 1년에 신경외과의 한 사람만을 키운다는 거야. 지금 3년이 밀린 상태니 넌 기다려야만 하고. 네가 인턴을 마치면 군에서는 너를 몇 년간 일반 외과 군의관으로 야전에 보낼 거야. 그러면 네 차례가 오고 그때야 레지던트를 시작할 수 있겠지."

"3년이나요?"

"3년밖에 안 돼."

"죄송하지만 그건 받아들일 수 없어요."

그는 나를 보고 큰 웃음을 터뜨렸다.

"네 차례를 기다려야 돼, 짐."

"그건 정말이지 말도 안 되고 받아들일 수 없어요."

나는 좀 더 열성적으로 말했지만 동시에 주제 넘는 짓을 하고 있는 게 분명했다.

"일이 다 그런 거야. 말도 안 되는 게 아니라고. 여긴 군대니까."

"하지만 저는 받아들일 수 없어요."

그는 고개를 절레절레 흔들면서 나보고 나가라고 했다.

곧 있으면 휴가였다. 군대에서 30일이나 떨어져 보낼 수 있는 귀한 휴가였다. 그래서 트리플러를 떠나 월터 리드 육군 병원에서 한 달을 보냈다. 여기는 인턴 마무리를 하겠다고 미리 예정했던 곳이었다. 그래서 귀한 휴가 시간을 월터 리드 신경외과에서 순환 근무를 했고 더구나 아주 잘 해냈다. 그리고 '휴가'가 끝나기 전에 그곳 신경외과 과장을 만나 의논했다.

"짐, 난 자네가 마음에 들어. 여기서 순환 근무를 하는 동안에 아주 훌륭하게 잘해 주었어. 그래서 자네가 훌륭한 레지던트가 될 거라고 생각하네."

"감사합니다. 그 말씀은, 제가 가을에 레지던트를 시작할 것이라는 뜻으로 새겨도 되겠습니까?"

"짐, 자네도 알다시피 최소 3년은 기다려야 한다네. 3년이 끝나면 자네를 넣어 줌세. 자네, 나한테 고마워해야 해. 그 자리를 원하는 사람이 이미 네 명이나 있으니 말이야. 어찌 되었건 자네는 정식으로 지원한 것도 아니고."

나는 그의 눈을 똑바로 쳐다보며 이렇게 말했다.

"3년을 기다리는 일은 받아들일 수 없습니다. 내년에 저를 받지 않으신다면 평생에 가장 큰 실수가 될 겁니다. 저는 3년을 기다리지 않겠습니다. 죄송합니다. 제가 무례하거나 건방지다고 생각하진 말아 주십시오. 다만 저는 그 사실을 받아들일 수 없을 뿐입니다."

너무 늦긴 했으나 나도 신경외과 레지던트에 지원했다. 나는 나만의 마술이 지닌 힘을 믿었다.

나는 트리플러로 복귀하여 일반 외과 치프에게 나를 생각해 주어서 감사하지만, 월터 리드에서 신경외과 레지던트를 할 것이므로 일반 외과 지원을 철회하겠다고 말했다.

"불가능해. 너 못 들어갈 거야." 그의 공식 답변이었다. "지원 철회를 허락하지 않을 거야. 이번에 이 프로그램 사상 최고의 지원자들이 왔어. 너도 그중 한 명이고. 네가 나가게 두지 않을 거야."

"좋습니다. 하지만 저는 그저 일반 외과 레지던트를 하지 않을 거라고 말씀드리는 것뿐입니다. 그리고 저는 월터 리드로 갈 겁니다."

나는 월터 리드에서 신경외과 레지던트를 하고 있는 모습을 그리면서 인턴십을 마무리했다. 매일 아침, 매일 밤 내 마음의 눈으로 거기에 있는 나 자신을 보았다. 결과에 대해 그리 걱정하지 않았다. 내가 원하는 것을 마음으로 그리는 방법을 이미 배웠고, 나 자신을 최종 결과와 분리하는 것도 배웠다. 어떤 식으로든 일은 일어날 것이다. 그게 내가 아는 전부였다. 나는 나만의 대응을 했고 어떻게 드러날지 모르지만 자세한 사항이 곧 드러날 것이라고 믿었다.

그 자세한 사항이 밝혀졌는데, 그건 뭔가 좀 불미스러운 일이었다. 상황은 이랬다. 내년도 레지던트로 선발된 친구가 월터 리드의 어느 간호사와 사귀었다. 그러다 둘이 헤어졌는데 그 친구가 여자를 스토킹하기 시작했다. 이것 말고도 연루된 다른 문제가 있는 게 분명했다. 그래서 신경외과 치프가 그 친구의 레지던트 제안을 취소했다. 그 친구는 나머지 군 생활을 주한 미군의 일반 외과 장교로 근무하라는 재발령 통보를 받았다. 그런데 그 자리에 예비 자원이 없었다. 장차 신경외과 레지던트로 자리를 예약했던 다른 지원자들은 이미 다른 곳에서 임무를 수행하겠다고 결정된 상태였다. 그렇게 도미노처럼 일이 진행되면서 갑자기 내가 그 자리를 메울 유일한 후보가 되어 버렸다.

그 결과가 내가 계속 머릿속으로 소원을 그려 본 결과인지 아닌지는 잘 모르겠다. 여러 상황이 만들어 준 행운의 결과인지 아니면 또 다른 무엇인지도 잘 모르겠다. 다만 내가 아는 전부는, 다시 한 번 모든 일이 이루어졌다는 사실이었다.

나는 한날한시에 트리플러 일반 외과 프로그램과 월터 리드의 신경외과 프로그램에서 모두 합격 통지서를 받았다. 일반 외과 과장은 우리 네 명을 승인했고 합격통지서가 도착한 날에 우리를 자기 방으로 불렀다.

"나는 자네들 네 사람이 알아주었으면 하네. 자네들 한 사람, 한 사람이 여기 트리플러에 났던 자리 네 곳의 첫 번째 임자였다는 걸 말이야. 그리고 이번은 지금까지 내가 봐 온 최고의 인턴 성적을 보여 주었다네."

나는 함께 합격한 다른 세 사람을 쳐다보았다. 그들은 외과 치프이자 일반 외과 치프인 그에게 아부하느라 정신이 없었다. 인턴 기간에 그들은 머리도 정기적으로 단정하게 깎고 신발도 깨끗하게 닦았다고 했다. 그런 건 내 알 바 아니었다. 나는, 머리가 너무 길어서 치렁치렁 내려오는 한이 있어도, 신발에 먼지가 수북이 쌓였더라도 내가 할 수 있는 한 최고의 인턴이 되고자 했다. 또한 천성적으로 아부하는 성격이 못 되었다.

일반 외과 과장은 우리에게 말했다.

"너희들을 장교 클럽에 데리고 갈 테니 가서 함께 축하하지."

나는 칭찬과 격려가 넘치는 그 축하 자리에 불쑥 끼어들었다.

"선생님, 저는 그 자리를 받아들일 수 없다는 사실을 알아주셨으면 합니다."

그는 나를 쳐다보며 물었다.

"도대체 왜 받아들일 수 없다는 거지?"

일단 합격하고 나면 관례상 어느 누구도 거부하지 못하는 자리였다.

"저는 월터 리드 신경외과에도 합격 통보를 받았습니다."

그의 얼굴이 붉게 상기되었다. 기가 막힌 듯했다.

"자네한테 경고했었어."

나도 지지 않았다.

"저도 지원을 철회하겠다고 말씀드렸습니다."

나는 일어서서 경례하고 밖으로 나갔다.

월터 리드의 신경외과 과장은 내가 한 달간 그곳에서 순환 근무를 할 때 마음에 들었다고 말한 바 있었다. 하지만 결과적으로 나는 그에게 문젯거리밖에 되지 못했다. 나는 머리가 빨리 돌아가고 말을 무기로 삼는 사람이었다. 사실 월터 리드에서 자주 이런 모습을 보였다. 사사건건 맞서서 진실을 말해야 한다는 압박감에 시달렸다. 이렇게 직설적인 태도는 레지던트로서 잘하고 싶은 내 입장과 경력에 크게 도움이 되지 않았다.

나는 점점 오만한 사람으로 변해 갔다. 내가 원하는 모든 걸 얻어가는 과정과 신경외과 분야에 대한 전문 지식으로 말미암아 예전에는 상상도 못 했던 방식으로 내가 중요하고 특별한 사람이라는 생각을 품기 시작했다. 열두 살 때 처음 배워 지금까지 10년 넘게 연습했던 마술 때문에 나 자신을 천하무적 불사신으로 여겼다. 그리고 자주 문제를 일으켰다. 그 시절, 나는 신중함이나 분별력을 익히지 못했다. 신경외과 과장에게 자주 반기를 들었고 다른 사람들 앞에서도 종종 맞서는 모습을 연출했다. 겨우 1년 차 레지던트 주제에 의사라는 자리를 매우 대단하게 생각했다. 나는 병원 내 서열과 레지던트들의 정치적 역학 관계보다 환자를 돌보는 데 신경을 더 많이 썼다. 하지만 그런 나의 태도 때문에 선배들과 점점 멀어졌고, 내가 싫어하는 규칙이나 비논리적이라고 생각하는 원칙을 따르지 않으려고 했기 때문에 신경외과 과장조차 끝내 나를 몹시 싫어하게 되었다. 여러 교수진과 선배 레지던트들이 나를 비롯한 제자이자 후배들을 괴롭히고 무시하는 방식이 마음에 들지 않았다. 게다가 그런 모습이 랭커스터에서 보냈던 어린 시절을 떠올리게 해 너무나도 싫었다. 나는 스스로를 방어하고 남들을 옹호하는 방법을 잘 알았으므로 기회가 날 때마다 늘 그렇게 했다.

레지던트 1년 차, 크리스마스 직전에 평가를 받기 위한 자리에 모였다. 신경외과 과장은 책상에 앉아 있었고 나머지 모든 참석자는 방 안에 있었다.

"우리는 자네의 평가서를 면밀히 검토하고자 하네." 신경외과 과장이 말을 시작했다. "심각한 걱정거리가 있는데 말일세. 우리는 줄곧 자네가 환자를 돌보는 방식에 의문을 품고 있었다네."

나는 즉시 일어서서 대답했다.

"거기서 그만 멈추어 주십시오. 만약 저의 의학적 치료에 의문이 드신다면 제가 직접 그 서류를 보고 싶습니다. 저는 의사라는 업을 진지하게 생각하며 증거도 없는 그런 비난은 받아들이지 않을 것입니다."

나는 과거 수년 동안 아픈 엄마를 제대로 돌보지 않는 무신경한 의사들을 너무 많이 지켜보았다. 엄마를 완전히 무시하는 모습도 자주 보았다. 우리 가족도 무시당했다. 내가 환자를 얼마나 신경 써서 돌보는지는 내가 잘 알았다. 나는 환자들의 이야기에 귀를 기울였다. 그들의 치료와 관련 있는 것이라면 뭐든 재차 확인했다. 몇 시간이고 병실에 들어가 환자들의 침상 곁에 앉아 있곤 했다. 그런 나한테 저런 말을 하는 사람이 틀렸다. 나는 그렇게 생각했다.

방 안에는 침묵만이 흘렀다. 신경외과 과장은 어색한 표정으로 책상 위에 놓인 서류를 넘기기 시작했다.

"흠, 그게 실은 그런 게 아니라네. 그건 순전히 자네의 태도에 관한 문제야. 자네는 언제나 대립하는 모습을 보여 주고 있으니 자네가 이곳에 정말로 있고 싶은 사람이 아니라는 생각이 들어서 말이야. 그래서 자네에게 근신 처분을 내리기로 결정했다네. 앞으로 6개월간 자네를 평가할 예정이야. 만약 이 평가를 받아들이지 않는다면 지금 당장 자네 레지던트 수련을 중단시킬 생각이네."

나는 방 안에 모인 사람들의 얼굴을 쳐다보았다. 아무도 나와 눈을 마주치려고 하지 않았다.

"만약 저를 쫓아내고 싶으시다면 쫓아내십시오. 지금 당장. 하지만 평가를 위한 그런 조치는 받아들일 수 없습니다. 전 그렇게 하지 않을 겁니다. 지금까지 제 평생에 어떤 일에서도 그런 근신 조치를 받아 본 적이 없습니다. 그리고 지금 말씀하신 대로 그렇게 하지도 않을 겁니다."

사람들 모두가 어안이 벙벙한 눈치였다. 그들은 나를 해고할 수 없다. 그건 나도 그들도 잘 알고 있었다. 환자들과 교수진들이 하는 나의 평가서는 훌륭할 것이기 때문에 그렇게 하기는 어려울 것이다. 나에게 부정적인 평가를 내린 사람은 유일하게 신경외과 과장뿐이었다. 게다가 일이 그렇게 되어 버리면 상당히 곤란한 상황이 될 게 뻔했다.

"밖에서 기다리게. 결정한 후에 다시 부르겠네."

나는 사무실 밖에서 한 시간 반을 대기했다. 눈을 감고 호흡에 집중했다. 나 자신을 가라앉히면서 루스가 가르쳐 주었던 것을 믿으려고 애를 썼다.

다시 신경외과 과장 앞에 섰다. 그는 목소리를 가다듬더니 이렇게 전했다.

"자네에게 근신 처분은 내리지 않기로 결정했네. 대신 우리는 자네를 지켜볼 작정이야. 면밀하게."

나는 큰 소리로 웃지 않으려고 참았다. 이미 그들은 나를 면밀하게 지켜보고 있었다. 그리고 선배들을 대하는 태도는 좋지 않지만 환자들을 대하는 방식과 의사로서 나의 재능은 나무랄 데 없었다. 나는 우쭐해졌다. 그리고 여전히 나는 천하무적이며 루스가 알려 준 마술은 결코 나를 실망시키지 않을 거라고 굳게 믿었다. 지금 생각하니 나는 루스에게서 원리를 배웠던 건 맞지만, 그 가르침의 핵심은 놓치고 있었다는 사실을 절감한다.

"네, 좋습니다. 뭔가 좋은 계획이 있으신 것 같습니다."

나는 수년 동안 신경외과 과장에게 반감을 품고 대적했다. 나는 뛰어난 신경외과 레지던트였다. 그도 그 사실을 알았고 나도 알고 있었다. 나는 정식으로 근신 조치를 당한 건 아니었지만 내가 수료할 때 그는 악수를 하면서 내 귀에 대고 이렇게 말했다.

"그냥 자네가 알았으면 하네. 자네가 이곳에 있는 동안, 내 마음속에서 자네는 내내 근신 중이었다는 사실을 말이야."

당시 나로 말하자면 겸손함이라곤 찾아볼 수가 없었고, 하얀 가운을 입고 의사로서 성공한 것에 우쭐대기 바빴다.

레지던트 수련은 힘겹고도 진지한 일이었다. 하지만 우리는 휴가를 받으면 나중의 결과는 전혀 생각하지 않은 채 그야말로 파티를 즐겼다. 말 그대로 열심히 일하고 열심히 놀았다. 내가 불멸의 불사신이라고 생각했다. 그렇게 오랫동안 꿈꾸어 왔던 모습 그대로 나는 하얀 가운을 입고 있었다. 나는 닥터 도티가 되었던 것이다.

아무것도 나를 막을 수 없었다.

1980년대 중반의 레지던트 과정은 지금보다 훨씬 더 힘겨웠다. 신병 훈련소처럼 하루 24시간 한 번 교대 근무를 하면서 매일 극기 훈련을 받는 것 같았다. 늘 잠이 부족했고 끊임없는 주시의 눈길과 압박에 시달렸다. 그래서 때때로 분풀이를 하는 것이 당연해졌다. 그

분풀이는 말하자면 레지던트 과정의 정신적, 육체적 압박에서 벗어나 잠시 쉬는 것이었다. 나는 동료들과 나 자신에게서 그런 조짐을 알아챘다. 마시면 마실수록 주량이 더 늘어난다는 사실을 누구보다 잘 알았다. 하지만 나는 때때로 과음과 남용 사이에서 아슬아슬한 줄타기를 하고 있었다. 드물게 찾아오는 비번 때가 되면 그렇게 진탕 마시고 노는 일쯤 통제할 수 있다고 스스로에게 말하곤 했다. 때때로 내 안에서 술을 통해 레지던트 생활이 주는 압박과 요구로부터 도망치고 싶어 하는 유전적인 끌림이 있음을 느낄 수 있었다. 하지만 나는 우리 아버지가 아니었다. 절대 우리 아버지 같은 사람은 되지 않을 것이었다.

나는 점점 명상하기와 비전 그리기를 멀리했다. 긴 교대 근무를 하고 나면 매일 아침저녁으로 연습할 시간이 없었다. 처음에는 며칠 건너뛰다가 그다음엔 일주일에 한 번만 연습했다. 그러다가 결국 전혀 연습할 시간이 나지 않는다고 생각해 버렸다. 소원 목록에 소원을 추가하는 일도 멈추었다. 내가 정확히 무엇을 원하는지 잘 알았고 내 마술 쇼에서 펼쳐질 대단원의 막이 참으로 가까워졌다는 감이 오기도 했다. 나는 이제 곧 신경외과 의사가 된다. 신경외과의는 사람의 몸에서 가장 중요한 부분의 수술을 맡는 엘리트 전문가 중 하나였다. 뇌는 모든 걸 지배했다. 아니 나는 그렇게 믿었고, 그래서 그 뇌를 지배했다. 이제 루스의 마술에서 배울 건 더 이상 없었다.

어느 날 저녁, 우리 네 명은 특별히 힘들었던 순환 근무를 끝내면서 축하하기로 했다. 우리는 비밀 그룹이었다. 함께 일하고, 함께 먹고, 함께 카페테리아에서 커피를 들이켰다. 흔히 상처나 자연재해를 함께 겪는 사람들처럼 그렇게 서로 뭉쳤다. 우리는 레지던트 과정이라는 같은 전쟁터에서 나란히 서서 싸우는 전우들이었다. 다른 사람을 만날 시간이 따로 없었기 때문에, 우리는 자연스럽게 최고의 친구이자 가족, 그런 비슷한 관계가 되어 버렸다.

사실 압박감은 극심했다. 그래서 그 압박에서 해방되기 위해 우리가 택한 방법도 그만큼 극단적이었다. 병원에서 일하다 보면 안 보았으면 하는 일도 보게 된다. 그런 탓에, 마음속에서 이런 잔상을 흐릿하게 만드는 마법의 공식은 다름 아닌 엄청난 양의 술과 코카인, 시끄러운 음악과 반쯤 벗은 여자들과 어울리는 일이었다. 이 순서는 언제든 바뀔 수 있었다.

그날 밤 우리는 병원 근처 스트립바에서 저녁 8시쯤부터 마시기 시작했다. 정말 내던져 버려도 좋을 만큼 돈이 많은 사람들인 것처럼 댄서들에게 마구 돈을 뿌렸다. 그다음, 스페인 식당으로 가서 파에야와 하몽 세라노를 빵에 얹어 먹었다. 스페인 와인이었나. 그것도 연거푸 마셨다. 그러다가 언제 코카인이 우리 자리에 나왔는지 지금도 생각나지 않는다. 하지만 그 식당 벽에 걸린 골동품 칼을 꺼내 생사를 건 결투를 벌이자 우리는 다 쫓겨났다.

10월의 축축한 밤이었다. 식당을 나와 안개 속으로 고개를 돌린 내 뺨에 느껴지던 그 서늘한 습기가 지금도 기억난다. 살아 있는 듯한 느낌이어서 좋았다. 나한테는 기분 좋은 느낌이었다. 마약에 취한 기분이 괜찮았다.

우리 넷은 차 안에 우겨서 탔다. 차 안에는 빈 맥주 깡통이 여기저기 널려 있었다. 요란하게 음악을 틀고 어두운 밤을 마구 달렸다. 차츰 술과 코카인 기운 때문에 기분은 들뜨고 정신은 혼미한 상태로 빠져 들었다. 그러다가 내 머릿속에서 이렇게 말하는 목소리가 들렸다.

"안전벨트를 매렴. 지금 바로!"

갑자기 정신이 번쩍 들어 주변을 둘러보았다. 앞좌석에 앉은 친구는 시끄럽게 노래를 부르면서 차창 밖으로 맥주 깡통을 던지고 있었다. 운전하고 있던 친구는 음이 맞지 않는 노래를 따라 부르면서 연신 고개를 끄덕이고 있었다. 뒷자리 내 옆에 앉은 친구는 졸고 있었다. 그들 중에 나한테 안전벨트를 매라고 말해 준 사람은 없었다.

그 차는 1964년식 붉은색 포드 페어레인이었다. 친구 어머니가 소유한 클래식 자동차였다. 당시 우리 중에서 타이어가 거의 다 벗겨졌다는 사실을 아무도 눈치채지 못했다. 뒷자리에는 무릎 벨트가 있어서 내 자리 벨트를 찾으려고 손을 뻗었는데, 그 순간 우리는 도로의 심한 커브길에 부딪혔다. 차는 축축하게 젖은 아스팔트를 가로질러 비스듬히 접근 차선 안으로 미끄러지기 시작했다. 순간 원심력이 나를 밀어붙일 때, 안전벨트를 꽉 맸다는 느낌이 왔다. 그런 다음, 마치 꿈속에서 벌어지는 일처럼 우리가 큰 나무를 향해 정면으로 충돌하는 장면을 지켜보았다.

그다음, 모든 게 캄캄하게 변했다.

신음 소리에 의식이 돌아왔다. 나는 차량의 운전석 옆 젖은 아스팔트 위에 누워 있었다. 내가 차량에서 튕겨 나왔는지, 아니면 친구들이 나를 끄집어낸 것인지 지금도 모르겠다. 운전하던 친구는 미동도 하지 않은 채 핸들 위에 몸을 기대고 있었다. 나는 등에 총알을 맞은 것처럼 타는 듯한 통증이 느껴졌고 다리에는 감각이 없었다. 다리를 움직이려고 했으나 마음대로 되지 않았다.

나는 토하기 시작하면서 일어서려고 애써 보았다. 친구들이 이야기하는 소리가 들렸다. *록 크릭 공원이야. 여기서 1마일 떨어져 있지. 우리 중에 한 사람이 가야만 돼. 내 무릎. 너는 저 친구랑 있어야 해.* 나는 그게 무슨 말인지 도저히 짜 맞출 수가 없었다. 이윽고 눈을 감자 젖은 아스팔트가 얼굴을 차갑게 식혀 주었다. 불이 붙은 듯 몸에서 열이 났지만, 어쨌든 내 얼굴을 차갑게 유지한다면 괜찮을 거라고 생각했다.

월터 리드는 여기에서 겨우 1마일 떨어져 있었다. 뒷자리에 함께 있던 친구는 다행히 경미한 찰과상만 입었다. 그래서 그 친구가 도움을 청하러 출발했다. 일단 그는 월터 리드에 도착해서 직원들에게 사고 난 우리를 데리러 구급차를 보내야 한다고 말했다. 그런데 그들은 군사 기지 밖에서 일어난 교통사고는 처리할 권한이 없다고 말하면서 거부했다.

이에 굴하지 않고 그 친구는 승인받을 필요가 없는 정부 소유의 구급차를 요청해 사고 현장까지 몰고 왔다. 그가 뒷자리에 나를 끌어 넣고 응급실로 후송할 때, 나는 아파서 비명을 질렀다. 월터 리드의 응급실에서 동료 레지던트들이 나를 검사하고 있는 모습은 초현실적이었다. 겨우 몇 시간 전에 우리는 다 함께 의사였는데 지금 우리는 환자가 되어 있었다. 내 친구들은 인대 파열, 찰과상, 한 명은 심각한 타박상에 뇌진탕까지 있었지만 대체로 다들 무사했다.

안전벨트를 맨 사람은 나뿐이었는데 심각한 상처를 입은 사람도 나 하나였다. 소장 횡단 절개, 비장 파열, 요추 부위 척추 골절을 입었다. 복부 부상은 즉시 치료가 필요해서 곧장 수술실로 옮겨졌다.

나는 환자가 되어 있었다. 수술실 불빛이 나를 향해 켜져 있는 걸 보면서 그 수술실에 있던 모든 환자들이 예전에 어떤 기분이었는지 알 것만 같았다. 고통과 두려움과 걱정이 파도처럼 밀려왔다. 여러 사람의 목소리가 들려왔다. 동시에 이야기하고 있는 사람들로 꽉 찬 방 안에 들어와 있는 듯한 느낌이 들었다. *내가 깨어나지 못하면 어쩌지? 제발 신이시여. 치명적인 상태가 되지 않도록 해 주소서. 한 번이라도 더 사랑한다는 말을 해야 했는데. 다시 걷지 못하면 어쩌지? 나 없이도 저 친구들이 잘할까? 제발 도와주소서. 저는 죽고 싶지 않습니다.*

그다음 들리는 목소리는 서로 말싸움을 하고 있었다. 눈을 떠 보니 중환자실이었다. 통증은 상상할 수 없을 정도로 극심했다. 복부에는 붕대가 감겨 있었다. 불빛 때문에 눈을 감았다. 그리고 일반 외과 과장과 신경외과 부과장이 말다툼하는 소리에 귀를 기울였다. 나에 대한 이야기였다.

좋은 이야기는 아니었다. 심지어 그 고통스러운 와중에도 내가 받은 의학 교육이 효과를 발하기 시작했다. 수술 이후에 내 혈압이 가파르게 떨어졌다. 너무 낮아서 최소 혈압으로 기록되지도 못했다.

기록된 혈압 중 더 높은 기압인 수축기 혈압, 즉 심장이 뛸 때의 동맥 혈압을 측정한 최고 혈압은 겨우 40에 불과했다. 내 혈압은 최소한 두세 번 그 정도였던 것 같았다. 그에 반해 심박동 수는 160을 넘었다. 이건 분명했다. 나는 출혈로 인한 쇼크 상태였다. 그런데 계속 출혈을 하고 있고 그것도 급속도라는 건 내부 출혈이라는 신호였다. 곧 내 주요 기관에 공급할 충분한 기압이 사라질 것이다. 이게 무슨 뜻인지 너무 잘 알았다. 나는 곧 심장 마비에 들어갈 것이다. 뇌는 죽어 갈 것이다. 그리고 나도 죽을 것이다.

나는 마음속으로 생각했다. 이건 아니야. 내 삶이 이런 식으로 예비된 건 아닐 거야. 이런 식으로 죽어선 안 돼.

그다음 순간, 모든 게 움직이면서 기울어지는 듯한 느낌을 받았다. 갑자기 내가 천장 구석에서 나 자신을 내려다보고 있었다. 어떤 고통도 느껴지지 않았다. 전구의 광선이 지그재그 모양으로 뻗어 나오는 모습을 볼 수 있었다. 정맥 주머니 안의 액체 방울 하나하나까지 볼 수 있었다. 과장의 머리 위, 이마에 맺힌 땀방울도 볼 수 있었다. 고개를 떨구니 침상에 누운 내가 보였다. 나는 작고 연약하고 너무나 창백해 보였다. 모니터와 선, 그리고 그 위로 변덕스럽게 올라가고 내려가는 숫자가 보였다. 마치 내 혈관 속을 흐르는 혈액의 소리를 들을 수 있는 것만 같았고, 혈액이 충분하지 않다는 걸 감지할 수 있는 것만 같았다. 그건 마치 아득히 저편에서 빠른 리듬으로 둥둥 울리는 북소리 같았다. 나는 이 모든 걸 아무런 감정 없이 지켜보았다. 슬프다는 느낌도 들지 않았다. 그저 나와 내 주변에서 일어나고 있는 모든 일을 통절하게 인식할 뿐이었다.

일반 외과 과장은 복부 내 출혈을 놓쳤을 가능성은 없다고 주장하고 있었다. 어쩌면 복부가 지금 내 출혈 증상의 근본 지점이 아닐 수도 있을 것 같았다.

"분명 당신이 뭔가를 놓쳤어요." 신경외과 부과장이 고함을 지르고 있었다. "산소 공급을 받고 있고 심한 골절도 없어요. 그런데 복부에서 계속 출혈을 하고 있잖아요. 당신이 복부 출혈을 놓친 거라고요."

그건 마치 연극을 보고 있는 것 같았다. 동시에 나는 신경외과 부과장의 좌절과 두려움, 그리고 일반 외과 과장의 오만과 확신을 한꺼번에 느낄 수 있었다. 그 방 안에 있는 사람들이 어떤 기분인지 다 느낄 수 있었다.

부과장이 내 다리에 손을 얹는 모습이 보였다.

"이 멍청이, 만약 당신이 이 친구를 다시 수술실로 데려가지 않는다면 내가 할 거라고. 지금 당장!"

마침내 일반 외과 과장이 동의했다. 나는 위에서, 그들이 다시 나를 수술실로 밀고 가는 모습을 지켜보았다. 간호사 한 사람이 나한테 몸을 기울이더니 귓가에 속삭였다.

"짐, 제발 가지 말아요. 우리 곁에 있어 줘요. 우리는 당신이 필요해요. 당신은 괜찮을 거예요."

그러고 다시 암흑이었다.

이 암흑 뒤에 찾아온 경험은 적절하게 설명할 수도 없고, 절대 잊을 수도 없는 그런 무언가였다. 아주 흔하지만 그럼에도 매우 특별한 경험을 한다는 건 참으로 당황스러운 일이다. 내가 한 경험은 나뿐 아니라 수세기에 걸쳐 많은 사람들이 계속 전하는, 그렇게 친숙하면서도 낯선 것이었다.

갑자기 나는 좁은 강 아래로 둥둥 떠가고 있었다. 처음에는 천천히 움직였다. 앞에서 밝고 하얀빛이 보였다. 마치 마술가게에서 응시하곤 했던 그런 불길의 끄트머리 같았다. 나는 속도를 높이기 시작했고 곧 그 불길을 따라 빠르게 돌진했다. 강가를 따라 내가 아는 사람들이 보였다. 그들은 강둑을 따라 무리 지어 모여 있었다. 아버지를 본 것 같았다. 루스도 본 것 같았다. 나는 태어나 처음 보는 낯선 방식으로 사랑받고 인정받는 느낌이 들었다. 그때 내가 보았던 사람들 중에 많은 이들은 아직 살아 있었다. 목욕 가운을 입은 엄마도 보았다. 랭커스터에서 나랑 같이 방을 쓰면서 웃던 형도 보았다. 어린 시절, 첫눈에 반해 빠져 있던 크리스도 보았다. 내 오래된 오렌지색 스팅레이 자전거도 보았다. 어빈으로 가는 버스를 탄 나도 보였다. 그리고 처음으로 하얀 가운을 입어 보는 내 모습도 보였다. 사고 나던 그 밤에 안개 속으로 고개를 돌리던 내 모습도 보였다. 그 하얀 빛이 점점 더 따스해지고 가까워지는 느낌이었다. 그리고 하얀 빛은 점점 커지고 있었다. 어쨌든 나는 이 빛이 사랑이라는 것과 이 우주 속에서 의미가 있는 유일한 것임을 알고 있었다. 나는 그것에 닿아야만 했다. 그리하면 내가 모두와 하나가 될 것이라는 사실을 잘 알았다. 이건 내가 그동안 줄곧 찾아 헤매던 바로 그것이다. 내가 필요로 하는 단 하나의 것이었다. 나는 그 빛과 합쳐지고 싶었다. 그런데 갑자기 그 따스하고 매혹적인 빛과 합쳐진다면 내가 더 이상 이 세상의 일부가 되지 못할 거라는 생각이 들었다. 그래, 나는 죽겠구나. "안 돼!" 나는 소리쳤다. 아니 적어도 내가 소리를 쳤다고 생각했다. 그리곤 별안간 나는 그 빛에서 멀어져 뒤로 가고 있었다. 마치 고무줄을 최대한 늘였다가 탁 놓아 버린 것 같았다. 나는 아주 빠르게 거꾸로 가고 있어서 도저히 그 상황을 이해할 수 없었다. 마치 나한테 인사했던 모든 사람들의 존재가 이제 멀리 떨어져 나가는 듯한 느낌이었다.

눈은 여전히 감겨 있었지만 모니터 신호 소리를 들을 수는 있었다.

나는 이제 눈을 떠야만 했다.

"짐, 내 목소리가 들려요?"

나는 발이 바늘에 찔리는 느낌이 들면서 눈을 떴다. 회복실의 밝은 불빛이 얼굴 쪽으로 바로 흘러내려서 순간 눈을 빠르게 깜빡였다.

"짐!" 그 목소리는 이렇게 말하고 있었다. "우리는 당신이 여기에 필요하다고 말했어요. 당신이 여기 없으면 누가 우리를 웃게 하고 이런저런 얘기는 누가 다 듣나요?"

나는 손을 뻗어 간호사의 팔을 건드렸다.

"내가 살아 있나요?"

"물론 살아 있어요. 수혈을 많이 해야 했지만 괜찮아질 거예요. 현재 안정된 상태니까요."

"친구들도 괜찮아요?"

"네, 괜찮아요. 다들 엉망이 된 환자들이지만. 당신도 괜찮을 거예요. 잠들어 있는 당신을 우리가 죽이지만 않는다면요."

이런 농담을 하며 간호사는 웃었다.

"내가 죽었었나요?" 다시 물었다.

"살았어요."

"아니요. 제 말은, 죽었다가 다시 살아났느냐는 거예요. 그러니까 저기서 인공호흡을 통해 소생시키는 과정이 있었느냐는 뜻이에요."

"그러지 않았어요. 아주 불안정한 상태였고 혈압이 정말, 정말 낮았지만 심장마비가 오진 않았어요. 선생님들이 먼저 놓쳤던 출혈 지점을 비장 부근에서 찾아냈어요. 복부 안에 무려 4리터나 되는 피가 고여 있었어요. 그러니 혈압이 그렇게 낮아진 게 당연하죠. 선생님들이 혈액 열여섯 개를 수혈해야 했어요. 하지만 당신은 죽지 않았어요. 적어도 내가 아는 한 죽은 상태를 거친 건 아니에요."

간호사는 미심쩍은 듯 나를 쳐다보았다.

"아무것도 아니에요. 그냥 이상해서요. 나는 강 위에 떠 있었거든요." 그런 다음, 나는 이야기를 그만두었다. 그 경험이 무엇이든 그걸 다 설명해야 할 필요는 없었다. 내 안의 과학자 기질이 발동하여 그 사건의 생리학을 검토하기 시작했다. 그 경험이 혹시 뇌에 산소 수치가 낮을 때 나타나는 극단적인 형태였을까? 내가 엄청난 신경전달물질을 대규모로 방출했던 걸까? 아니면 전부 다 쇼크와 트라우마와 출혈로 인한 환각이었을까? 그 경험을 하는 동안에 나는 의학적 지식으로 그것을 살펴보는 신경외과 의사가 아니었지만, 그렇다고 본래의 나도 아니었다. 내가 혹시라도 풀어 볼 수 있는 뇌의 불가사의한 모습이었을까?

최대 15억 명의 미국인들이 죽음에 가까운 경험, 다른 말로 임사 체험을 했다고 추정된다. 2001년 과학 저널《랜싯》이 발표한 한 연구에 따르면, 심장 마비나 호흡 정지를 겪은 환자들 중 12퍼센트에서 18퍼센트가 트라우마나 질병으로 인한 저혈압, 두뇌 산소 공급 악화, 혹은 전반적인 뇌 기능 손상을 수반한 의학적 상태를 거친 후에 임사 체험을 했었을 가능성이 있다는 사실을 보여 주었다. 이와 유사한 경험에는 흔히 유체 이탈, 몸이 둥둥 떠 있는 현상, 삶에 대한 회상, 이미 세상을 떠난 사랑하는 사람들과 함께 있거나 그들의 목소리를 듣는 일, 온기와 무조건적인 사랑의 느낌, 대개 어떤 빛에 이끌려 강물을 타고 이동하거나 터널 안에 머무르게 되는 현상을 이야기한다. 그와 같은 양상은 다양한 문화권과 기록된 역사를 통틀어 꾸준히 회자되었다.

플라톤의『공화국』에 보면「에르의 이야기」가 나온다. 어느 병사가 전쟁에서 죽임을 당했지만 몸이 썩지 않은 채 발견되고, 12일 만에 화장을 하려고 쌓아 둔 장작더미에서 깨어난다. 그 병사는 현대인의 임사 체험과 관련된 여러 공통된 요소를 비롯해 자신만의 임사, 아니 진짜 죽음의 경험에 대해 역시 비슷한 이야기를 들려준다. 일각에서는 16세기 네덜란드 화가 히에로니무스 보스의 유명한 그림「축복받은 자의 승천」이 임사 체험을 재현한 작품이라고 주장하기도 했다. 그림에는 터널이 보이고 그 터널은 지상의 삶을 넘어선 세상을 표현한 듯한 형상과 형태를 지닌 밝은 빛으로 이어진다. 그 외에도 1795년 영국의 뷰포트 제독이 물에 빠져 거의 죽을 뻔한 경험을 이야기했고, 1889년 미국의 내과의사 A. S. 윌츠가 장티푸스로 병치레를 하면서 겪은 비슷한 경험을 기술하기도 했다. 이들의 이야기에는 전형적인 임사 체험과 관련된 여러 요소가 담겨 있다. 멀리서 자신의 몸을 보는 것, 둥둥 떠 있는 느낌, 사랑하는 사람들을 보는 것, 하얀빛을 따라 이동하는 것 등이다.

19세기 말, 프랑스 인식론자이자 심리학자인 빅토르 에거는 등반가들이 산에서 떨어지면서 이제 죽었다고 생각할 때, 그들 앞으로 자신의 삶이 지나가는 장면을 "보았던" 현상을 기술하기 위해, 프랑스어로 '임박한 죽음의 경험(expérience de mort imminente)', 즉 임사 체험이라는 용어를 사용했다. 좀 더 최근의 사례를 살펴보면, 1968년 셀리아 그린은 400건의 유체 이탈 경험을 분석하였다. 그 책을 통해 사람들은 우리의 의식이 몸 바깥에 존재할 수 있는지에 의문을 품기도 했다. 그리고 1975년 정신병리학자 레이먼드 무디는 그러한 경험을 담은 책을 발간하면서 '임사 체험(near death experience, NDE)'이라는 용어를 새롭게 만들어 냈다. 이를 계기로 과학자들이 이 현상에 관심을 모으게 되었다. 사실 이전까지 이 현상은 종교, 철학, 형이상학 분야에서만 기술되곤 했다. 여러 이야기들 중에는 천사와 같은 종교적 상징과 예수 그리스도나 무함마드 같은 종교적 인물도 등장한다. 대개 그런 상징은 개인의 신앙이나 종교적 신념과 관련이 있다. 많은 사람들에게 그러한 경험은 삶을 송두리째 바꾸는 일이다. 무신론자들은 임사 체험에서 나타나는 공통된 요소 중 많은 부분이 유신론자들의 경험에 의한 것이라고 말한다. 가장 유명한 경우 중에 공언된 무신론자인 영국의 철학자이자 『언어, 진리, 그리고 논리』의 저자 A. J. 에이어의 사례가 있다. 그는 1988년 식사 중에 숨이 막혀 거의 죽을 뻔했다. 그 사건 후에 그는 다음과 같이 말한 것으로 알려져 있다. "나의 경험은, 사후에 삶이 없다는 내 믿음을 약화시킨 게 아니라 그 믿음에 대한 나의 완강한 태도를 약화시켰다." 무신론자들의 임사 체험 기록 사례 중에서 다수는 자신의 신념에 아무런 영향을 받지 않았지만, 그밖에 영적인 개종을 한 경우도 있었다.

레이먼드 무디와 기타 여러 사람들의 작업으로 과학자들 사이에서 이 현상을 연구하고자 하는 관심이 점점 늘어나는 중이다. 게다가 그와 비슷한 경험이 마취약 케타민과 일부 환각제 등의 약물을 통해 인위적으로 유도될 수 있다. 뇌의 측두엽이나 해마에 전기 자극이 가해지면 그런 현상이 촉발될 수도 있다. 또한 전투기 조종사들처럼 뇌에 혈류가 줄어들어 뇌 산소 수준이 저하된 상태, 그리고 심지어 과호흡 상태에서도 그런 일은 일어날 수 있다. 물론 환각제는 예외로 하고, 이런 식으로 유도된 경험은 임사 체험의 통상적인 요소를 담고 있지만 일반적으로 그것을 경험한 개개인에게 변화를 일으키거나 삶을 바꾸는 반응으로 나타나지는 않는다. 이건 흥미로운 점이다. 그들을 변화시키는 이런 상황의 공통분모가 정말로 죽음이라는 위기(혹은 그와 같은 상황을 분석하는 뇌의 어느 부분)일까?

심리학자 수전 블랙모어는 빛을 향해 터널을 따라 내려가는 경험은, 뇌의 산소 부족에 대응하여 점점 더 많은 뇌세포가 발생하기 시작해 신경 잡음이 늘어나면서 생기는 결과라고 상정했다. 또한 평온함과 평화로운 느낌은 그런 사건의 스트레스로 엄청난 엔도르핀이 방출된 결과라는 의견을 제시하고 있다. 최근의 연구에서 생리학자 지모 보르지긴은 저산소증에 걸린 실험용 쥐를 이용하여, 동기 간섭성 감마 진동의 일시적인 상승을 증명해 냈다. 감마 진동은 뇌 전반에서 매우 응집력 있게 나타났으며 심장 정지가 되고 32초 안에 발생하였다. 다시 말하면 쥐는 산소가 부족하여 곧 심장 정지가 되어 죽었는데, 죽은 쥐의 뇌에서 사후에 고양된 의식을 보여 주었다는 말이다. 이 감마파는 깨어 있는 의식 상태와 명상과 관련 있는 고양된 의식 상태, 그리고 기억이 통합되고 강화되는 렘수면 상태에서 두드러진다. 확실히 임사 체험 중에 일어나는 신경생리학적 사건을 다룬 문서 증거와 기록은 충분하다. 그리고 다른 유형의 뇌 스트레스 요인으로 일어나거나 임사 체험과 관련 없는 다양한 방식을 활용하여 복제되어 발생하는 신경생리학적 사건에 대해서도 그 증거와 기록은 많다.

삶의 많은 부분이 그렇듯이 우리의 신념도 우리 삶의 경험이 표출된 것이다. 그리고 우리의 뇌는 그러한 경험이 통합된 것이다. 하지만 마음의 경험은 어떠한가? 나에게는 이런 경험을 통과하는 공통의 관문이 과학이나 연구, 그리고 임사 체험의 결과로 일어난 사후 삶에 대한 여러 의문점보다 훨씬 더 흥미롭다. 거기에서 왜 하필이면 많은 사람들이 빛과 온기와 사랑을 향해 이동을 하는 걸까? 어쩌면 임사 체험 중에 우리가 경험하는 것은 우리 마음이 가장 그리워하는 것이 아닐까. 무조건적인 사랑을 받는 일. 인정받고 환영받는 것. 집과 가족의 온기를 느끼는 일. 어딘가에 속한다는 것.

그 자동차 사고 이후, 혈압이 급속도로 떨어졌을 때 나한테 무슨 일이 일어났는지 정확하게 알지 못한다. 그런데 결국 나는 그게 그리 중요하지 않다는 사실을 깨달았다. 그걸 해결하거나 설명할 필요가 없었다. 어쩌면 나는 이미 죽었거나, 어쩌면 죽지 않았겠지.

내가 어찌 알 수 있겠는가.

다만 내가 확실히 아는 한 가지는, 나는 이번 생에서 이미 여러 번 죽었다는 사실이다. 절망에 빠져 무기력한 어린 시절의 나는 마술가게에서 이미 죽었다. 아버지를 부끄러워하고 두려워했던 청년, 아버지를 때려서 손에 피를 묻히기도 했던 그 청년은 대학에 가던 그날에 이미 죽었다. 그리고 사고가 난 시점에는 그 사실을 몰랐지만, 마침내 오만하고 이기적인 신경외과 의사가 될 뻔했던 나 역시 죽음을 겪었다. 우리는 이번 생에서 이런 식이라면 천 번이라도 죽을 수 있다. 그리고 그 점이 바로 살아 있는 존재로서 누리는 가장 큰 선물 중 하나다. 그날 밤 내 안에서 죽은 것은, 다름 아닌 루스의 마술이 나를 불사신으로 만들었다는 오만한 믿음과 이 세상에 나 혼자라는 생각이었다.

그때 나는 빛의 따스함과 세상과 하나 되는 일체감을 느꼈다. 나는 사랑에 푹 싸여 있었다. 그 경험이 나의 종교적인 신념을 바꾸지는 않았지만, 내 절대적인 신념에 지금의 우리 모습이 곧 미래의 우리 모습일 필요가 없으며 우리는 세상의 모든 것, 그리고 모든 사람과 연결되어 있다는 사실을 알려 주었다. 나는 병원 침상에서 잠을 깼다. 그리고 오렌지색 스팅레이 자전거를 타고 마술가게에서 여름날을 보냈던 그 시절의 모습에서 참으로 멀리 왔다는 사실을 기억해냈다. 그때 알지 못했던 점은, 아직도 가야 할 길이 멀다는 사실이었다. 그 강을 따라 루스를 보고 그렇게 많은 사람들에게서 사랑과 유대를 느낀 경험은, 아마도 루스가 나한테 가르치려고 애썼던 그 지점에서 내가 너무 멀리 벗어났다는 사실을 알려 주는 경고 신호였을 것이다. 하지만 내가 그 사실을 깨닫기까지는 더 많은 세월이 필요했고, 더 뼈아픈 실수를 겪어야만 했다.

9장

무(無)의 제국

2000년, 캘리포니아 주 뉴포트 비치

어느 날 아침 일어나 보니, 내가 7,500만 달러를 움켜쥔 사람이 되어 있었다. 물론 실제로 이 돈을 손에 쥔 것은 아니었다. 내 두 눈으로 본 적도 없고 직접 세어 본 적도 없지만 그 돈은 세상 어느 은행보다 훨씬 더 강력한 공간, 바로 내 마음에 존재했다.

나는 싱글이었다. 이미 결혼은 한 번 했었지만 이때쯤엔 이혼한 상태였다. 신경외과 의사로서, 그리고 부와 성공을 추구하는 사람으로 오랜 시간 지내다 보니 좋은 남편이 되지 못했고 딸에게 좋은 아빠가 되지도 못했다. 의사의 이혼율은 일반인보다 20퍼센트 더 높다고들 한다. 여기서 신경외과 의사의 이혼율은 그보다 훨씬 더 높다. 나도 이 원칙에 예외가 되진 못했다.

침대를 가로질러 손을 뻗자 내 옆에 누운 따뜻한 몸에 닿았다. 이름이 앨리슨이었나 미건이었나. 정확히 기억할 수 없었지만 피부 감촉은 매끈하고 따스하고 부드러웠다. 그 여자가 옆으로 몸을 둥글게 말아 누우면서 웅얼거리는 소리가 들렸다.

나는 조용히 침대를 빠져나와 아래층으로 내려갔다. 커피가 마시고 싶었다. 그리고 자고 있는 동안 주식 시장 시황이 어떠했는지 확인할 필요가 있었다. 컴퓨터 전원을 켜고 웅웅 소리를 내며 돌아가는 동안 기다렸다. 나는 마흔네 살이었고 내년 안에 은퇴할 계획이었다. 뉴포트 비치에서의 삶은 랭커스터와 비교할 수 없었다. 나는 오렌지 카운티에서 가장 성공한 신경외과 의사 중의 한 사람이 되었다. 7,500제곱미터나 되는 집에서 뉴포트 베이를 바라보는 절벽 위에 살았다. 차고 안에는 어릴 때 꿈꾸던 포르쉐는 물론이고 레인지로버, 페라리, BMW, 벤츠까지 다 있었다.

나는 소원 목록에 올렸던 모든 것을 얻었고 실제로 그보다 훨씬 더 많은 것을 가졌다.

앞서 몇 년 전, 어느 친구가 방사선 치료와 뇌종양 치료 분야에 혁신을 가져올 수 있는 기술에 대한 아이디어를 들려주었다. 그 친구는 그때 막 레지던트를 마치고 스탠퍼드에 자리를 얻어 가기로 되어 있었고, 거기서 단순한 아이디어에 불과했던 개념을 구체적인 현실로 발전시킬 계획을 세웠다. 그래서 그 친구는 회사를 차렸다. 그 사실에 너무 감동받아 나도 최초 투자자로 참여했다. 그리고 친구에게는 스탠퍼드에서 나오는 첫 번째 기계를 뉴포트에 갖다 놓겠다고 말했다. 그때는 이 작은 상호작용이 내 삶의 궤도를 바꾸어 버릴 줄 알지 못했다.

나는 '사이버나이프'라고 이름을 붙인 그 첫 제품을 정말 뉴포트에 갖다 놓았다. 집안이 상당히 부유했던 다른 의사 친구에게도 이 기술이 세상을 바꿀 거라고 설득했다. 그는 내 말을 믿고 첫 번째 기계를 구매했고, 더 나아가 그 기계를 갖다 놓을 건물도 사고, 그 기계와 함께 사용할 MRI와 CT 스캐너도 구입했다. 나의 열광적인 설득과 기술에 대한 믿음만으로 수백만 달러를 쓴 셈이었다. 당시에 그 장비는 아직 FDA의 승인을 받지 않았고 그것을 구입할 때 필요한 코드도 없는 상태였다. 그 친구가 이렇게 투자하고 2년이 지나, 그 장비 제조업체인 '에큐레이'는 경영 미비와 자금 조달 부족으로 사실상 파산했다. 그러고 몇 년이 지났어도 여전히 FDA 승인을 받을 수 없었고 판매조차 되지 않았다. 회사는 더 많은 자금을 모은다는 명목으로 실리콘 밸리는 물론 미국 내 모든 지점을 폐쇄했다. 상황은 암울해 보였다. 그 기술의 잠재성을 믿고 있던 사람들과 거기에 수백만 달러를 쏟아 부은 사람들은 투자 손실을 입을 것이고 세상은 이 특별한 기술을 잃어버릴 게 뻔했다. 내가 뭔가 해야만 했다. 나는 그 회사를 살리기로 결심했다.

나는 비즈니스를 전공한 것도 아니고 이렇다 할 배경도 없었다. 물론 레지던트 시절, 뇌 활동을 모니터하는 전극을 개발해 그것이 전 세계에서 판매되고 있긴 했다. 그러나 이번은 달랐다. 이건 매우 중요한 일이었다. 나는 친구에게 계획이 있다고 말했다. 내가 도움이 될 수 있을 거라고 믿어서 그랬는지, 아니면 다른 대안이 없어서 그랬는지 모르지만 친구는 나에게 어쨌든 잘 해 보라고 격려해 주었다. 회사 직원은 60명에서 6명으로 줄였다. 회사를 구할 방안을 강구하면서 내가 직접 회사에 자금 투자하는 데 동의했다. 그러면서도 실은 어떻게 해야 할지 막막했다. 그런데 운명의 여신이 날 버리지 않아, 어느 날 포시즌 호텔 바에서 술을 마시는 동안에 해답이 나왔다. 당시에 포시즌 호텔은 뉴포트 비치의 패션 아일랜드에 있었다. 그때 나는 바에서 저녁 식사 할 여자를 기다리면서 옆에 앉아 있던 친구와 대화를 나누기 시작했다. '사이버나이프'에 관한 상황을 이야기해 주었고, 그 기술이 수만 명의 생명을 구할 수 있다는 말도 빼놓지 않았다. 나는 회사를 살리는 데 필요한 돈을 모아 줄 사람이 필요했을 뿐이었다. 결국 그는 회사 구조조정을 하는 데 도움을 주었고 1,800만 달러를 모아 주었다. 문제는 주요 투자자가, 내가 회사의 CEO가 되는 데 동의한다는 조건에서만 그렇게 하겠다는 것이었다. 나는 그들에게 그 회사의 성공에 결정적인 요인으로서 기술의 개념과 더불어 나라는 존재를 잔뜩 광고했었다. 그리하여 나는 뉴포트 비치의 매우 성공한 개업 의사 자리를 떠나 신생 기업의 CEO가 되었다. 당시 내가 갖고 있던 유일한 생각은, 내가 그 회사를 살릴 수 있으며 그 회사를 살려야 한다는 절대적인 믿음이었다.

그로부터 18개월 안에 회사는 완전히 구조조정에 성공했고 FDA 승인도 받았으며, 회사의 가치는 사실상 파산 상태에서 1억 달러 규모로 변신했다. 이 시기 동안 나는 벤처 캐피털리스트와 실리콘 밸리에서 창업한 기업가를 비롯해 수많은 사람들을 만났다. 그들은 하나같이 내가 '에큐레이'를 탈바꿈시키고 실패를 성공으로 만드는 일종의 비밀스러운 마법이 있다고 생각했다. 사실 그런 건 아니었다. 나는 이 분야에 문외한이라고 아무리 말해 보아도, 오히려 만나기만 하면 투자를 요청하거나 자기들 회사에 파트너가 되어 달라거나 그게 정 안 되면 컨설팅이라도 해 달라고 제안했다. 그리하여 그런 투자 건과 비즈니스 관계로 점차 많은 주식을 보유하게 되었다. 그것도 엄청나게 많았다. 게다가 2000년 닷컴 기업 붐이 하늘 높은 줄 모르고 치솟을 당시, 닷컴 기업의 공개 주식은 금값보다 더 좋았고 어느 은행에서나 신용거래를 보장해 주었다.

드디어 컴퓨터가 인터넷에 연결되어 내 수치를 확인했다. 나는 여전히 7,500만 달러 가치를 보유한 사람이었다. 어릴 때 100만 달러를 벌겠다는 꿈을 꾸었지만 맨 처음 100만 달러를 벌었던 전율은 7,500만 달러짜리 사람이 된 전율에 비하자면 아무것도 아니었다. 나는 부자였다. 컴퓨터를 끄고 푸른 태평양 바다가 탁 트인 창밖을 바라보았다.

집은 조용했다. 미건인지 앨리슨인지 이름이 기억나지 않는 여자는 아직 일어나지 않았다. 하지만 나는 그녀에게 이런 소식을 말해 주고 싶진 않았다. 그 여자를 떠올리자니 조금 서글펐다. 우리는 서로에 대해 아는 게 없었다. 내가 아는 거라곤 그녀가 제약회사 판매원이라는 것, 그녀가 아는 거라곤 내가 부자인 데다 오렌지 카운티에서 가장 좋은 레스토랑에 전용 테이블이 있다는 사실이었다. 그녀는 어젯밤 친구들과 레스토랑에 왔다가 나한테 접근했다. 우리는 보드카와 샴페인을 마셨다. 내가 이렇게 진탕 마시고 취하는 일을 어떻게 생각하느냐고 물었더니, 그녀는 그저 웃으며 내가 대단하다는 생각이 든다고 대답했다. 물론 그녀에게도 나름 살아온 이야기가 있을 테지만 그 이야기를 기꺼이 해 주려 하지 않았고 내 이야기를 듣는 일에도 그다지 관심을 두지 않는 듯했다. 그렇게 해서 다른 수많은 여자들과 보낸 수많은 밤이 그랬듯, 우리 둘은 서로에게 있지도 않은 친밀함이 있는 척하기로 합의했다. 서로의 몸을 나누었지만 우리의 정신이나 마음 때문에 일을 복잡하게 만들진 않기로 했다. 그런 게 쓸쓸하고 허무했지만, 나는 이미 오래전에 머릿속에서 의심과 절망의 목소리를 무시하는 방법을 배웠다.

나는 내가 갖고 싶다고 꿈꾸었던 것을 모두 가졌다. 사람들은 나를 존경했다. 나한테 경의를 표했다. 뉴질랜드에 개인 소유의 섬 하나를 사고 싶다고 마음먹으면 계약금을 보내면 그만이었다. 샌프란시스코에 펜트하우스가 있었고 이탈리아 피렌체에는 베키오 다리를 굽어보는 빌라 한 채가 있었다. 내가 무엇을 상상하건 그 이상의 부를 소유하게 되었으며 의학이나 비즈니스 분야에서도 다른 어느 누구도 무시하지 못할 성취를 했다. 하지만 쓸쓸함은 내가 감당할 수 없는 사치품이었다.

내 계획은 은퇴하면 제3세계 국가에서 의료 활동을 하며 봉사하는 시간을 갖고, 나머지 시간에는 샌프란시스코, 피렌체, 뉴질랜드로 여행하는 것이었다. 그래도 뭔가 빠진 듯한 느낌을 지울 수 없었지만 그 점에 대해서 그리 걱정하지 않았다. 그게 뭐든, 내가 가는 여정에서 찾을 것이다.

앨리슨인지 미건인지 하는 여자가 아래층으로 내려왔다. 우리는 어색하게 서서 조금 전 그녀가 타고 갈 수 있도록 호출한 택시를 기다렸다. 나는 변호사들과 미팅이 있었고 그런 뒤에 그 주 내내 뉴욕으로 출장을 가기로 되어 있었다. 돌아오면 전화하겠다고 약속했다. 그녀는 자기 전화번호를 메모지에 적어 주었다. 메마른 작별 키스를 하고 그녀는 떠났다. 그리고 나는 그 메모지를 집어서 부엌 서랍 안에 넣어 버렸다. 전화번호 위에 자기 이름을 써 놓았었는데 앨리슨도 미건도 아니었다. 그녀의 이름은 에밀리였다. 그건 그리 중요하지 않았다. 내가 전화하겠다고 말한 게 거짓말이라는 것을 우리 둘 다 잘 알았다.

변호사 두 사람은 정중하게 나를 사무실로 안내했다. 투자자 친구 중의 하나가 이 로펌을 추천해 주었다. 분명 이 로펌에서 브루나이 왕국의 미국 자산을 운용한다는 소문 때문에 그랬을 것이다. 이게 사실인지 나로선 알 수가 없었다. 모든 의뢰인들이 기밀 유지를 해 달라고 했을 것이다. 내 회계사는 확정형 공익신탁을 개설하라고 권고했다. 내가 내야 할 세액을 줄이기 위해 공익용으로 특정 재산을 배정해 놓는 일이었다. 이 로펌에서 그 서류 작업을 맡기로 했던 것이다.

"저희들이 박사님의 포트폴리오를 검토해 보았는데 상당한 재산을 갖고 계시더군요. 공익신탁에는 다양한 형태가 있습니다. 이 점에 대해 박사님의 회계사와 논의해 보신 적 있는지요? 박사님 정도의 자산가에게는 이게 작은 문제가 아니니까요."

첫 번째 변호사의 말 한마디가 귀에 쏙 들어왔다. 나 정도의 자산가. 나는 심호흡을 하면서 머리 뒤에서 나는 목소리를 들었다. 과연 나는 누구에게 나의 *가치*를 입증하려고 진정 애쓰고 있다는 말인가? 나 자신일까, 아니면 세상에 대고?

"논의한 적 있습니다. 회계사가 확정형 신탁을 만들어 보는 게 좋겠다고 권고했어요."

"그렇다면 그와 같은 신탁에 수반되는 법적인 결과는 알고 계시겠지요?"

두 번째 변호사가 물었다.

"취소 불가능하다는 점 말입니까?"

나는 재담을 하듯 응수했다.

로펌 변호사들은 좀처럼 유머 감각이 없다.

"즉각적인 절세 효과를 보시려면 취소 불가능한 확정형 신탁이어야 합니다. 이 말은, 일단 신탁에 자금을 배정하게 되면 그 신탁에 어떤 변경도 할 수 없고 다시 회수할 수도 없다는 뜻입니다. 이 경우, 박사님의 '에큐레이' 주식에 대해 말씀드리고 있는 겁니다."

나는 '에큐레이'의 내 주식을 기증하기로 이미 결심했다. 내가 가진 것 중에 가장 가치 있는 주식은 아니었지만 앞으로 수백만 달러가 될 수 있는 잠재 가치가 다분했다. 그중 상당 부분을 툴레인에, 일부는 스탠퍼드에 할당할 계획을 세우고 있었다. 나는 스탠퍼드에서 교수가 되었고 '사이버나이프'가 개발된 곳도 바로 거기였다. 이 무렵 형은 에이즈로 이미 세상을 떠나고 없었다. 그래서 주식의 일부를 HIV/에이즈 프로그램에 기부할 계획을 세웠다. 그뿐 아니라, 불우한 아이들과 힘든 가정을 돕는 다양한 자선 단체와 프로그램에도 기부할 계획이었다. 또 일부는 세계 곳곳에 있는 진료 병원을 지원하도록 할 생각이었다.

"알겠습니다."

나는 간단히 답했다.

"혹시 박사님께서 이 신탁의 영구성에 대해 좀 불편하시다면 박사님 사망 시까지 항상 취소 가능한 상태로 할 수도 있습니다. 일부에서 그렇게 선택하기도 하지요. 하지만 절세 효과는 달라집니다."

"취소 불가능한 확정 신탁으로 하고 싶습니다."

이 돈을 기부하는 일은 나에게 중요했다. 나는 마음을 바꾸지 않을 작정이었다.

"그러면 좋습니다." 첫 번째 변호사가 말했다. "저희 쪽에서 서류를 작성하겠습니다." 그리고 두 시간 동안 우리는 내 주식과 기부하고 싶은 자선 단체를 검토했다. 이 작업이 끝날 무렵 나는 중요한 사람이 된 것 같았다. 관대하고 너그러운 사람처럼 느껴졌다. 아침에 일어나면서 찾아왔던 쓸쓸하고 텅 빈 듯한 느낌이 싹 사라졌다.

브루나이 왕도 나에 비하면 아무것도 아니었다.

나는 일등석을 타고 뉴욕으로 날아가 팔레스 호텔 스위트룸에 체크인했다. 공교롭게도 당시 팔레스 호텔은 브루나이 왕의 소유였다. 좋은 친구가 그 호텔을 경영하고 있어서 큰 스위트룸을 내주는 우정을 보였다. 이번 뉴욕 출장의 가장 중요한 일은 어느 헤지펀드 매니저와의 미팅이었다. 그는 실리콘 밸리에 자금을 투자한 회사와 관련해서 자기를 도와줄 나와 내 투자자 친구를 만나고 싶어 했다. 우리가 자기 회사에 참여하게 된 결정이 성공을 보장해 줄 것이라고 그는 완전히 확신하고 있었다. 나는, 우리가 도움이 될 거라고 생각하지 않는다고 말하면서 계속 만류했지만 그는 나를 너무 겸손한 사람이라고 생각했다. 내가 그렇게 말하자, 투자자 친구는 나를 미팅 자리로 밀어 넣었던 것이다.

우리의 잠재적인 파트너십과 내가 소유한 주식 일부에 거래가를 잡아 놓아야 할 가능성에 대해서도 회의를 했다. 그 주식은 수천만 달러의 가치가 있었지만 호황이 계속될 수 없다는 몇몇 소문이 주식 시장에 나돌고 있었다. 그 주식에 거래가를 잡아 놓으면, 선결 예정가로 매도할 수 있어서 시장이 붕괴해도 주식을 보호할 수 있을 것이다. 혹시 올라간다면, 역시 선결 예정가로 매입할 수 있어서 이익을 얻을 수도 있을 것이다. 주변의 여러 사람들이 이런 식으로 투자 금액 손실을 막을 대비책을 세우라고 권고했었다.

우리는 당시 팔레스 호텔에 있던 최고급 레스토랑 '르 시르크'에서 만났다. 칵테일 벨리니와 보헤미안 사이드카 여러 잔을 마셨다. 그가 회사의 50퍼센트를 우리에게 주기로 하고 우리는 더 많은 자기 자본 투자를 모으고 전략적 조언을 하는 것으로 이미 합의했기 때문에 그 미팅은 형식적인 절차에 불과했다. 우리는 간단하게 그 이야기를 하고 나서 내가 가진 가장 비싼 주식 '네오포르마'에 거래가를 걸어 놓으려는 내 희망 사항에 대한 논의로 옮겨 갔다. 여러 조건을 논의하고 합의한 끝에 그는 내가 살펴보고 작성해야 할 몇몇 서류를 주었다.

그때까지 조용히 앉아서 술만 벌컥벌컥 마시던 친구가 갑자기 불쑥 이런 말을 내뱉었다.

"그 회사 지분의 60퍼센트를 원합니다."

분명 여러 잔의 칵테일이 들어가면서 우리의 능력이나 중요성에 대해 새로운 뭔가를 알아내게 한 것 같았다. 그래서 친구는 우리가 회사의 다수 지분을 소유할 필요가 있다고 판단했던 것이다.

"지금 무슨 말씀을 하시는 겁니까?" 헤지펀드 매니저가 놀라서 물었다. "불과 20분 전에 50퍼센트 조건에 합의했습니다."

"만약 우리가 가진 전문 지식을 원한다면 60퍼센트로 합시다. 안 그러면 없었던 일로 하고."

술기운은 내 친구를 욕심 많고 비논리적인 사람으로 만들어 버렸다. 친구는 그 상황을 최대한 이용하려고 애썼고 그 와중에 나는 친구가 왜 이렇게 하는지 도저히 이해할 수가 없었다. 사실 나는 30퍼센트만 되었어도 좋았을 것이다. 이 말을 이미 그날 오전에 친구에게 했었다.

"우리는 이미 50퍼센트에 합의를 했잖아요."

"만약 이런 식으로 계속 말씀하신다면 75퍼센트로 올리겠소. 아니면 우리가 당신을 완전히 빼 버릴 거야."

친구는 이제 고함을 지르고 있었고 다른 손님들이 신경질적으로 우리를 쳐다보기 시작했다.

"이 빌어먹을."

헤지펀드 매니저도 지지 않았다.

그 순간 모든 것이 폭발해 버렸다. 두 사람은 자리에서 벌떡 일어났다. 나는 두 사람이 서로에게 주먹을 날릴까 봐 얼른 두 사람 사이로 달려들었다. '르 시르크'에서 이런 식으로 고함을 지르며 싸우다니! 나는 너무 수치스럽고 당황스러웠다.

우리는 그곳을 나왔다. 다음 날, 나는 투자자 친구에게 너무나 화가 난 상태로 집으로 돌아왔다. 그리고 헤지펀드 매니저에게 사과하려고 전화를 걸어도 연결되지 않아 걱정이 이만저만 아니었다. 계속해서 연락을 시도했지만 그럴 때마다 자리에 없으니 비서에게 메시지를 남기라는 말을 들을 뿐이었다. 나를 피하려고 하는 게 분명했다.

나는 뉴포트 비치의 집에서 이리저리 서성거렸다. 그 계약 전반에 예감이 좋지 않았다. 그리고 그로부터 6주 후에야 헤지펀드 매니저가 전화를 걸어 왔다.

하지만 그때는 이미 너무 늦었다.

주식 시장은 무너지고 있었다. 다들 정신이 나갈 정도였다. 주식 가치가 하락하면서 사람들은 수백만 달러를 잃었다. 그때는 미처 깨닫지 못했거나 나중에 가서야 그 상황을 뭐라고 이름 붙일 수 있었을 테지만, 닷컴 거품은 이미 꺼져 버렸다.

나의 순 가치도 곤두박질쳤다. 이미 알고 있는 사실이었지만 확인하는 차원에서 통장을 보고 또 보았다. 7,500만 달러는 허공으로 날아가 버렸다.

한순간에 돈이 다 날아가 버리는 것에서 끝나지 않았다. 주식 가치를 담보로 한 신용거래 때문에 수백만 달러의 빚더미에 앉았다. 사실상 나는 파산이었다.

내게 남은 유일한 유형 자산이자 아직 액면가 그대로의 가치가 살아 있는 유일한 주식은, 내가 파산에서 살려 내고 근본적으로 재건했던 회사 '에큐레이'뿐이었다.

하지만 그 주식은 취소 불가능한 확정 신탁에 들어 있었다.

내 손에 남은 건 아무것도 없었다. 빈털터리였다.

아니, 빈털터리라는 말로도 부족했다.

내 통장 잔고가 0이 되는 순간, 모든 친구들이 거의 번개 같은 속도로 사라져 버렸다. 이제 더 이상 최고급 레스토랑에서 무료로 음료를 마시거나 식사할 일도 없었고 VIP 자리도 없었다. 그 혼란을 수습하는 데 무려 2년이나 걸렸다. 펜트하우스와 자동차와 빌라를 팔고 섬을 사려던 계약도 취소했지만 여전히 빚은 남았다. 한 달 한 달 지나면서 내가 그렇게 열심히 일하며 얻었던 모든 것이 사라지는 모습을 지켜보았다. 열두 살 때부터 머릿속에서 꿈꾸고 그려 왔던 돈과 권력과 성공, 이 전부가 사라졌다. 거품 한 방이 크게 터지면서 싹 사라져 버렸다. 그 모든 걸 내가 현실로 만들었는데 이제 전부 사라지고 없었다.

"걱정하지 마." 내가 내버렸던 몇몇 친구들 중에 한 친구가 위로를 건넸다. "다시 너만의 마술을 할 수 있을 거야."

그게 정말로 마술이었을까? 내가 해 왔던 모든 창업 투자와 그 투자와 더불어 찾아왔던 성공이 이제 보니 순전히 요행 같았다. 나는 돈을 모으고 돈과 함께 딸려 오는 권력을 쌓는 일에 빠져 살았다. 하지만 결국 나는 기술로 먹고사는 사업가가 아니라 신경외과 의사였다. 나는 투자 활동에 기술이 조금 있고 어떤 일을 시작하고 사람들의 신뢰를 얻는 데 정말 일가견이 있었다. 열심히 일하고 집중하는 방법과 크게 보고 남들과 함께 계획을 이어 가는 방법을 잘 알았다. 그것 때문에 엄청나게 성공했다. 하지만 그 모든 것 가운데 나의 가장 큰 강점은 치유자이지 사업가가 아니었다.

재산과 그동안 누리던 생활을 잃어버렸기에 슬펐다. 뉴포트 집에서 짐을 싸 떠나던 그날, 모든 게 허무하고 막막하고 그 어느 때보다 외로웠다. 결혼도 실패했다. 딸아이의 삶에는 감히 끼어들지도 못했다. 전화해서 지금 심정을 함께 나눌 수 있는 사람이 단 하나도 떠오르지 않았다. 일만 좇아다니다가 사람과 인간관계를 깡그리 무시했다. 그래서 내가 누군가를 가장 필요로 할 때 거기엔 아무도 없었다.

짐을 싸면서 수납장 뒤편에 특별한 물건을 모아 둔 어릴 적 오래된 상자를 발견했다. 대학 이후로 한 번도 열어 본 적이 없었다. 낡은 공책을 꺼내 페이지를 넘겨 열두 살 시절, 내 삶에서 바라던 소원 목록을 읽어 보았다. 다른 페이지에도 잔뜩 써 놓은 글이 있었다. 루스가 가르쳐 준 것과 나한테 들려준 재미나는 이야기를 모아 놓은 페이지였다. 그 이야기를 그때는 정말 이해하지 못했었는데. 내 소원 목록의 모든 것은 정말로 실현되었지만 이제 그것은 모두 사라지고 없었다.

그러고 보면 나는 끔찍한 마술사였다.

나는 루스와 함께 했던 6주간의 시간을 네 부분으로 나누었었다. *몸의 긴장 풀기. 마음 길들이기. 마음 열기. 의도를 명확하게 하기.* 세 번째 '마음 열기' 위의 여백에 '도덕적 잣대'라고 적어 놓고 그 뒤에 물음표를 달아 놓은 게 보였다. 그리고 그 옆에 이런 말이 있었다. *네가 원한다고 생각하는 것이 언제나 너한테 최선의 것은 아니다.* 이 말 뒤에는 물음표가 세 개나 붙어 있었다.

덩그런 집 안, 그 수납장 앞에 있는 계단에 앉아서 아주 오랜만에 처음으로 심호흡을 세 번 하고 몸 전체의 긴장을 풀기 시작했다. 호흡에 집중하여 들이쉬고 내쉬었다. 마음이 차분해지는 느낌이었다. 그다음, 마음을 여는 데 집중했다. 예전 어린 시절 나와 어른이 된 지금의 나에게 사랑을 전했다. 이런 손실을 겪은 사람이 나 혼자가 아니라는 사실에 마음을 활짝 열었다. 그리고 먹고 살려고, 살 집을 구하려고, 자식들 키우려고 전전긍긍 애쓰며 살고 있는 모든 사람들에게 마음을 열었다. 그런 뒤, 내 마음의 창문을 그려 보았다. 창문은 불투명하여 반대편에 무엇이 있는지 볼 수 없었다. 그러니까 앞으로 내가 어떤 모습으로 살아갈지 볼 수가 없었다. 아무리 애써 봐도 소용없었다. 루스를 만난 이후 처음으로 내가 다음에 바라는 것, 혹은 내가 바라는 모습에 대한 비전이 보이지 않았다. 저 창 반대편에서 내가 어떤 모습이 되고 싶은지 그저 막막했다.

그 순간, 무엇을 해야 하는지 감이 왔다. 나는 다시 그 마술가게로, 다시 랭커스터로 가야만 했다. 어쩌면 닐은 아직 그곳에 있을 거야. 어쩌면 루스도 아직 살아 계실지 몰라. 나는 팔 아래 공책을 끼운 채 하나 남은 자동차의 열쇠를 집었다. 포르쉐만은 남겨 두었다. 그건 내가 꿈꾸던 첫 번째 차였기에 확실하게 갖고 있기로 했다.

랭커스터까지 불과 몇 시간밖에 걸리지 않았다.

어두워지기 전에 거기에 도착할 수도 있었다.

3부

마음의 비밀

INTO THE
MAGIC
SHOP

10장

포기하기

만약 내 삶이 영화였더라면 랭커스터에 도착해서 그때 그 마술가게에서 나를 기다리는 루스와 재회했을 것이다. 루스는 거의 아흔살에 가까운 할머니였을 테지만 노쇠하다기보다 더 현명한 어른처럼 보였을 것이다. 그래서 당연히 내가 랭커스터로 오고 있다는 걸 감지했을 것이며 내가 실패를 제대로 인식하고 헤쳐 나갈 수 있는 의미 있는 말을 전해 주었을 것이다.

하지만 삶은 영화가 아니다. 랭커스터에 도착해서 마술가게가 있던 곳으로 차를 몰고 갔다. 하지만 가게는 없었다. 거리 상점 전체가 흔적도 없었다. 안내 센터에 전화를 걸어 랭커스터에 소재한 마술가게 목록을 알려 달라고 요청했다. 그러나 마술가게만 모아 놓은 명부는 없었다. 다만 인근 팜데일에서 아이들 생일잔치용 마술을 해주는 마술사 명단은 있다고 하기에 그 번호로 전화를 걸었다.

"여보세요. 저는 예전에 랭커스터에 있던 마술가게를 찾고 있습니다. 가게 주인 이름이 닐이었는데. 성은 모르고요."

전화기 너머에서 잠시 침묵이 흘렀다.

"마술사를 찾고 계신가요?"

남자가 물었다.

"네. 이름이 닐입니다. 가게 이름이 '선인장 토끼 마술'이었고요."

"여기 명단에 닐이라는 이름은 없어요. 전화를 잘못하신 것 같아요."

나는 밀려오는 좌절감을 애써 눌렀다.

"혹시 랭커스터에 있는 마술가게에 가 보신 적 있으세요?"

"랭커스터에는 마술가게가 없어요."

남자는 살짝 귀찮은 듯한 목소리로 답했다.

"괜찮은 마술가게를 찾으려면 로스앤젤레스로 가세요."

"옛날에 거기에 마술가게가 하나 있었다고요. 60년대 말에요. 저는 그저 그곳에 대해 선생님이 뭐라도 알고 계신지, 주인이었던 닐에게 무슨 일이 있었는지 궁금한 것뿐입니다."

"저런, 나는 1973년생입니다."

아, 한숨이 나왔다. 이러면 안 되는데. "어쨌든 감사합니다. 성가시게 해드려 미안하군요."

"그게, 랭커스터에 있던 마술가게가 80년대에 문을 닫았다는 소문을 들었던 건 생각이 나네요. 그 주인이 카드를 제작했다든가, 아마 그랬다고 하던데. 꽤 유명했는데 이름이 생각나지 않네요. 로스앤젤레스에 있는 '매직 캐슬'에 한번 가 보세요. 거기에 가면 옛날 마술사들이 자주 왔다 갔다 하거든요."

나는 다시 한 번 감사를 전하고 전화를 끊었다.

거기서 길을 나섰다. 그랬는데 문득 예전에 자전거를 타고 매일 마술가게를 오가던 바로 그 길을 따라가고 있다는 사실을 깨달았다. 모든 게 달랐다. 랭커스터는 어린 시절 황량하고 쓸쓸한 동네가 아니라 이제 정말이지 도시 같은 느낌이 물씬 났다. 여전히 텅 빈 벌판을 지나쳐 걸었다. 형을 괴롭히던 악당들한테 달려들어 소리치던 그 곳이었다. 지금은 어린아이들이 깔깔거리며 뛰어 놀고 있었다. 바로 옆 교회는 예전 자리에 그대로 아직 있었다. 어떤 건 변하지 않았다. 그해 여름 우리가 살았던 아파트 건물 뒤를 따라 걸었다. 거의 옛날 모습 그대로였다. 다만 내가 기억하는 모습보다 조금 더 낡고 오래되어 보였다. 우리 아파트는 1층이었다. 30년 전, 내 자전거가 놓여 있던 현관 그 자리에 자전거 한 대가 놓여 있었다. 모퉁이를 돌아 형이랑 함께 지냈던 방 쪽으로 걸어갔다. 찢어진 커튼이 반쯤 창문을 가리고 있었지만 창문 선반 위에 몇 가지 피규어 장난감이 보였다. 마당 쪽으로 조금 더 가까이 걸어갔다. 잔디는 간데없고 먼지만 그득했다. 그리고 거기에 캡틴 아메리카와 어벤져스가 있었다. 나도 그 창문 선반에 지 아이 조, 캡틴 액션, 맨 프롬 엉클 등 나만의 액션 피규어를 세워 두었던 기억이 났다. 뒤를 돌아보니 나무 한 그루가 있었다. 때로는 부모님이 싸우는 걸 피해서, 또 때로는 그냥 혼자 있고 싶어서, 어쩔 때는 너무 쓸쓸해 그냥 울고 싶어서 그 나무에 오르곤 했다. 잡초와 쓰레기가 쌓인 벌판 쪽으로 조금 더 멀리 걸어가 주변을 둘러보았다. 아주 잠시 우두커니 서서 벌판을 바라보았다. 다시 어린애가 된 것 같았다. 루스를 만나러 열심히 자전거를 타고 달리던 그때 즐거운 기분이 느껴졌다. 옛날에 늘 가던 대로 벌판을 가로지르는 길을 따라갔다. 그러다 빵빵, 자동차 경적 소리에 갑자기 현실로 돌아왔다.

나는 지금 무얼 찾고 있는 걸까? 아니, 왜 랭커스터에 온 걸까? 막막하기만 했다. 루스는 여기에 살지 않았다. 오하이오 사람이었으니 만약 살아 있다면 거기에 있을 것이다. 그러고 보니 루스의 성도 몰랐다. 뭔가 중요한 것을 놓치고 있다는 생각을 하면서 다시 내 차가 있는 곳으로 돌아왔다. 나는 여기에 무엇 때문에 왔을까? 내가 정말로 찾고 있는 무엇일까?

조수석에 공책이 놓여 있었다. 그것을 집어 들고 루스의 메모를 읽기 시작했다. *마음의 나침반.* 거기에 밑줄이 쳐져 있었다. 그날 아침에 볼 때만 해도 거기에 밑줄이 쳐져 있었는지 기억나지 않았다. 분명히 알아채지 못했던 것이다. 게다가 그 말의 양쪽에는 붉은색 잉크로 별 표시까지 되어 있었다. 공책을 확확 넘기면서 나머지 루스의 메모까지 다 읽었다. 왜 이 구절이었을까? 눈을 감고 루스가 이 말을 해 주었을 때를 기억하려고 노력했다. 바로 싸움이 있던 날이었다. 내가 처음으로 마술가게에 지각하던 그 날이었다. 루스가 나한테 내 마음을 여는 것에 대해 말해 주던 그 날이었다. 마술가게 뒷방 의자에 앉아 있던 때가 기억났다. 그곳의 냄새도 기억나고 그다음에 노래 가사나 시 같은 이런저런 것들도 떠올랐다.

저마다의 삶을 살아가는 우리는

언제나 고통을 일으키는 여러 상황을 겪게 된단다.

그걸 마음의 상처라고 부르지.

네가 그걸 무시한다면 그건 절대로 치유되지 않아.

하지만 때로 우리 마음이 상처 입을 때,

그때가 바로 마음을 열 때이기도 해.

실은 종종 우리에게 성장할 최고의 기회를 주는 건,

다름 아닌 마음의 상처이기도 해.

이런저런 힘겨운 상황들.

그게 바로 마법의 선물이지.

눈을 떴다. 그날 내가 마술가게를 나서던 때도 기억났다. 루스가 주차장까지 나를 따라 왔었다.

"짐, 나침반이 뭔지 아니?" 루스가 물었다.

"그럼요. 어디로 가야 할지 방향을 알려 주는 거잖아요."

"짐, 네 마음도 일종의 나침반이야. 그리고 가장 위대한 선물이기도 하지. 만약 혹시라도 네가 길을 잃는다면 그냥 마음을 활짝 열어 보렴. 그러면 그 마음이 너를 올바른 방향으로 데려다줄 거야."

나는 공책의 맨 위 여백에서 또 하나의 문장을 읽었다. *네가 원한다고 생각하는 것이 항상 너한테 최선은 아니다.* 루스는 이미 나한테 경고를 해 주었다. 내가 바라는 것을 마음속으로 그리기 전에 먼저 내 마음을 열어야 한다고, 또 그 힘을 현명하게 써야 한다고 이미 이야기해 주었던 것이다. 그런데 나는 그러지 않았었다. 내가 모든 걸 망쳐 버렸던 걸까? 나는 돈을 바란다고 생각했다. 하지만 실상 돈을 가지게 되었지만 이 세상에서 충분히 가졌다고 생각하게 할 정도로 충분한 돈이란 존재하지 않았다. 마치 내가 아주 오래전에 시작했던 마술 쇼가 이제 멈추어 버린 것 같았다. 나는 그저 이 마술 저 마술을 계속 끄집어냈을 뿐이고, 그래서 박수갈채가 끊이지 않았고 마술 쇼도 계속되고 수백만 달러가 눈앞에 쌓이고 쌓여 갔다. 그런데 나는 루스를 만나던 첫날 그때처럼 여전히 홀로, 두려움에 휩싸여, 길을 잃고 헤매고 있었다. 정말로 정직하게 말한다면 내 안의 일부에서는 그 돈이 다 사라졌기 때문에 이제 나는 완전히 자유롭다는 느낌이 들기도 했다.

영원히 계속되는 마술은 없다.

다음 날 아침, 전화 울리는 소리에 잠을 깼다. 아침 10시였다. 여느 때처럼 내 침대에 여자는 보이지 않았다. 그리고 주식 시장을 확인하느라 일찍 일어날 필요도 없었다. 나는 전날 밤 내 마음을 여는 모습을 그려 보다가 잠이 들었다. 그리고 마음의 나침반에게 나를 올바른 방향으로 이끌어 달라고 부탁했다. 그러고는 정말 몇 년 만에 단잠을 잤다.

전화를 걸어온 건 내 변호사 중 한 사람이었다. 변호사는 대단한 뉴스가 있다고 했다.

"무슨 뉴스인데요?"

"제가 박사님의 신탁 서류를 검토하던 중에 그것이 공식적으로 처리되어 문서로 제출되지 않았으며, 따라서 완료된 게 아니라는 사실을 알아냈습니다. 어떤 이유인지 이 신탁 건은 마무리되지 않았으며, 왜 이런 경우가 생겼는지 아무리 파일을 찾아봐도 구체적인 이유를 알 수 없습니다. 다들 깜빡 놓쳐 버리고 실수한 것 같습니다. 박사님이 이 신탁을 설정한 의도와 각 자선 단체에 배당할 주식 등이 다 적혀 있습니다. 제 선배 파트너 중 한 분과 함께 확인을 했습니다. 그 선배가 말했어요. 이 사실에 근거하자면, 박사님은 그 신탁에 자금을 넣거나 그 서류 작업을 마무리할 어떤 요건도 없습니다."

나는 침대 끝에 앉았다. 그 옛날, 막판에 우리 집 아파트 월세가 갑자기 생겼던 그 처음처럼 루스의 마술이 통했던 걸까? 나는 전화기를 들고서 여전히 침대 끝에 앉아 있었다.

"여보세요? 박사님? 제 말씀 들리세요?"

"네, 들었습니다. 전화 주셔서 감사합니다."

"그럼, 제가 어떻게 처리하면 좋을까요?"

그가 물었다.

정말 이상했다. 이 소식을 듣고는 복권에 당첨된 사람처럼 마구 날뛰며 좋아해야 하는데, 그러지 않았다. 그 신탁에 넣을 주식 가격이 얼마인지 몰랐지만 다시 백만장자가 될 거라는 사실은 잘 알았다. 더구나 그렇게 되기 위해 내가 해야 할 일은 아무것도 없었다.

"제가 다시 전화 드리죠."

이렇게 말하고 전화를 끊었다.

인간 세상에서 가장 오래도록 변하지 않는 신화 중의 하나가 있으니, 바로 부유함은 행복을 안겨 주고 돈은 모든 문제의 해법이라는 것이다. 나는 내 돈을 모두 잃었고 그게 문제였다. 이제 나는 그 많은 돈을 다시 손에 넣을 가능성이 생겼는데 그것도 문제였다. 이미 나는 이들 자선 단체에 약속했다. 옛날에 우리 아버지는 지키지도 못할 공허한 약속을 했었지만, 나는 자기 말을 지키지 않은 남자는 절대 되지 않겠노라고 나 자신에게 맹세했었다.

물론 사람들은 이해해 줄 것이다. 지금 내 상황에서 남아 있는 재산 한 푼까지 다 쓸어다가 기꺼이 갖다 주기를 기대하는 사람은 없을 것이다. 아무도 나를 비난하지 않을 것이다. 그렇지 않아도 가장 큰 자선 단체 두 곳의 기부 담당관이 말하기를, 문서에 서명하고 나서도 상당한 기부를 취소하는 사례가 항상 있다고 했다. 그러니 누구라도 고개를 끄덕일 만한 현실이었다. 사람들의 입장이나 상황은 변하기 마련이다. 내 상황도 변했다. 나는 더 이상 수백만 달러를 쉽게 기부할 수 있는 그런 입장이 아니었다.

아니, 내가 그런 상황인가?

눈을 감고 내 마음이 열리는 모습을 상상했다. 내가 저질렀던 온갖 실수에도 불구하고 나 자신에게 사랑과 용서를 보냈다. 할 수 있는 범위 안에서 최선을 다해 준 우리 부모님께 사랑과 감사를 전했다. 루스에게도 사랑을 전했다. 어디에 있건 루스는 내가 알고 있는 가장 친절한 사람이었다. 가난으로 힘겨워하는 모든 아이들, 또는 알코올이나 약물 중독이 된 부모가 있는 아이들, 또는 홀로 외로운 아이들과 어쨌든 그게 전부 자기 잘못이라고 생각하는 세상의 모든 아이들에게 사랑을 보냈다. 더 나아가, 자신의 가치에 대해 한 번이라도 의문을 품어 본 모든 사람에게, 돈이 사람을 규정한다고 생각하는 모든 한 사람 한 사람에게 사랑을 전했다. 눈을 감고 마음을 열었다. 내 삶에서 예전에 단 한 번 느껴 본 적 있는 그런 마음이 들었다. 온기와 사랑으로 포근하게 감싸는 듯한 느낌…… 내 안의 깊은 평화와 모든 것이 잘될 거라는 절대적인 확신. 그러나 이번에는 그때처럼 수술대 위에서 피를 흘리면서 하얀빛을 향해 강을 떠내려가고 있는 건 아니었다.

나는 눈을 뜨고 전화기를 들어 다시 변호사에게 전화했다.

"신탁 서류에 서명하고 예정한 대로 모든 걸 기부하겠습니다."

"박사님, 지금 농담하시는 거죠?"

"아니오. 농담 아닙니다. 그렇게 해 주세요."

내가 전화를 끊으려 할 때, 저쪽에서 변호사가 내뱉는 말이 들렸다. "이런 빌어먹을." 그러다가 그냥 침묵이 흘렀다. 이제 나에게 수백만 달러는 없지만, 그래도 여전히 나는 신경외과 의사였다. 굶어 죽지는 않을 것이다. 보통의 기준을 갖다 댄다 해도 여전히 부유한 사람이겠지만 이제 재산가가 되지는 못할 것이다. 이제 완전히 새로 시작해서 정말로 돈과 무관한 가치를 지닌 사람이 되어야 할 때가 왔다. 이것이 바로 루스가 어린 나에게 가르쳐 주고 싶었던 교훈이었다. 하지만 때로 어떤 가르침은 그것만으로 알 수가 없으며, 직접 겪고 나서야 진짜로 배우게 된다.

2007년 당시에 '에큐레이'가 주식 공모를 하면 그 가치가 13억 달러에 이르고 내가 설정한 자선 신탁 가치는 3,000만 달러 정도까지 될 거라는 사실을 몰랐다. 설령 알았다 하더라도 결정을 바꾸지는 않았을 것이다. 그 순간 나는 자유로웠다. 자유롭게 내 마음의 나침반을 따라갔고 그것은 값을 따질 수 없을 만큼 소중했다. 등에 꽉 달라붙어서, 돈이 나를 행복하게 해 주고 통제력을 줄 거라는 잘못된 믿음으로 몰고 가던 원숭이가 갑자기 나를 떠났다. 그때 알았다. 돈이 행복을 가져다주는 길은 단 하나뿐임을. 그건 바로 그 돈을 다 내주는 것, 기부하는 방법뿐이다. 나는 비로소 자유였다.

뇌는 그 특유의 불가사의를 내장하고 있고 마음은 비밀을 품고 있다. 나는 그 비밀을 밝히려고 결심했었다. 마술가게에서 시작된 나의 탐색은 내면으로 향하는 여정으로 날 데리고 갔지만, 아직 나의 여정은 끝나지 않았다. 내면과 더불어 밖으로도 길을 나서야 했다는 걸 그제야 알았다. 머리는 항상 구분하고 가르면서 우리를 별개의 존재로 떼어 놓으려 한다. 어차피 돌아다니는 데는 한계가 있으니 그 정도 선에서 타협하여 우리 자신을 비교하라고, 우리 자신을 차별화하라고, 우리 것이라고 하면 무조건 손에 넣으라고 가르칠 것이다. 하지만 마음은 우리를 연결하고 함께 나누고 싶어 한다. 그리고 마음은 우리 사이에 차이는 없으며, 결국 우리는 다 같은 존재라고 알려 주고 싶어 한다. 마음은 자기만의 정보 채널이 있다. 그래서 만약 우리가 마음으로부터 뭔가를 배운다면, 마음을 내주어야만 우리가 가진 것을 온전히 유지할 수 있음을 알게 될 것이다. 우리가 행복하고 싶다면 다른 사람들을 행복하게 하면 된다. 우리가 사랑을 원한다면 우리가 사랑을 주어야 한다. 우리가 기쁨을 원한다면 다른 사람들을 기쁘게 해야 한다. 우리가 용서를 바란다면 우리가 용서해야 한다. 우리가 평화를 바란다면 우리 주변의 세상 안에서 평화를 만들어 내야 한다.

만약 우리 자신의 상처가 치유되기를 바란다면 다른 사람들을 치유해야 한다.

내가 다시 의사 본연의 모습에 집중해야 할 때가 찾아 왔다.

루스가 마음의 나침반이라고 불렀던 것은, 미주 신경을 통한 뇌와 심장 사이에 존재하는 사실상 일종의 의사소통이다. 흔히 뇌가 심장에 많은 신호를 보낼 것 같지만 연구에서 밝혀진 바로는 심장이 뇌에 훨씬 더 많은 신호를 보낸다. 체내 인지 체계와 감정 체계는 둘 다 지능형이지만, 심장에서 뇌로 가는 신경 연결이 그 반대 경우보다 훨씬 더 많다. 우리의 사고와 감정은 둘 다 강한 힘을 갖고 있지만 강렬한 감정은 사고를 침묵시킬 수 있다. 그러니까 우리가 생각을 열심히 한다고 해서 강렬한 감정에서 쉽사리 빠져나올 수는 없다. 우리는 뇌를 합리형으로, 심장을 관계형으로 구분하고 둘을 따로 분리하지만 궁극적으로 뇌와 심장은 하나의 통합된 지능 체계 중의 일부다. 심장을 둘러싼 신경 회로망은 사고와 추론에 있어 필수적인 부분이다. 개개인의 행복과 집단의 안녕은 뇌와 심장의 통합과 공동작업에 달려 있다. 루스가 나한테 시켰던 훈련은 내 몸 안의 두 개의 뇌, 다시 말해 '머리-뇌'와 '심장-뇌'를 통합하는 데 유용했을 것이다. 그런데 나는 수십 년 동안 내 심장의 지능 체계를 깡그리 무시했다. 나를 가난에서 벗어나게 하고, 성공으로 이끌어 주고, 나에게 가치를 부여하려면 뇌를 이용해야 한다고 생각했지만 결국 나에게 참다운 부를 안겨 준 것은 바로 나의 심장이었다.

뇌는 많이 알고 있다. 하지만 뇌가 심장과 결합할 때, 훨씬 더 많이 안다는 것이 자명한 진리다.

루스가 나한테 가르쳐 주었던 것을 지금은 '마음 챙김'과 '마음으로 그려 보기'라고 부른다. 마음 챙김과 마음으로 그려 보기는 평온해지고, 산만함을 없애고, 내면으로 여행을 떠날 때 필요한 훌륭한 기법이다. 그것은 집중력을 향상하고 보다 빨리 결정할 수 있도록 도와주지만 지혜와 통찰 없이는, 다시 말해 마음을 열지 않고는 그런 기법도 결국 자기 흡수, 나르시시즘, 고립 상태로 빠질 수밖에 없다. 우리의 여정은 내면의 여행만을 뜻하는 게 아니라 유대와 연결을 위한 외부로의 여정으로도 함께 이어져야 한다. 내면으로 들어가 우리 마음이 열리면 마음과 연결되고, 그렇게 되면 마음은 우리가 외부로 나가서 다른 사람들과 연결하도록 재촉할 것이다. 우리의 여정은 끊임없는 자기반성이 아니라 초월의 여정이다. 증권 거래인들이 중개 기술을 사용하는 데는 이유가 있다. 이런 기술을 통해 그들은 더욱 집중하게 되고, 그뿐 아니라 때로 안타까운 경우가 있긴 해도 더욱 냉담한 태도를 유지할 수 있다. 이것이 바로 루스가 나한테 마음으로 그려 보기를 가르쳐 주기 전에 경고한 점이다. 그렇다. 우리는, 우리가 바라는 건 뭐든 만들어 낼 수 있다. 하지만 우리가 그렇게 만들어 낼 만한 가치가 있는 게 무엇인지 알려 줄 수 있는 존재는 다름 아닌 심장의 지능 체계뿐이다.

이 세상, 특히 서구에서는 고독과 불안과 우울이라는 유행병이 있다. 서로 간에 영혼과 유대의 불모지가 있다. 여러 연구에 따르면, 미국인의 25퍼센트는 자기 문제를 이야기하고 나눌 수 있을 만큼 가깝게 느끼는 사람이 아무도 없다고 한다. 이는 오늘날 여러분이 보거나 만나는 사람 넷 중의 하나는 이야기를 나눌 사람이 없다는 뜻이며, 이런 유대감의 결핍은 그들의 건강에도 영향을 끼치고 있다. 우리는 사회적 유대로 연결되어 있다. 우리는 서로서로 협력하고 연결하도록 진화하고 발전해 왔다. 그래서 이런 연결이 끊어지면 병이 들고 아파진다. 사회적으로 더 많이 연결될수록 더 오래 살게 되고 병이 들어도 더 빨리 회복된다는 사실이 연구를 통해 밝혀졌다. 사실 고립과 고독은 질병의 조기 발생과 사망을 부르는 측면에서 흡연보다 더 큰 위험 요소를 안고 있다. 진정한 사회적 유대는 사람들의 정신 건강에도 심대한 영향을 준다. 심지어 누구나 신체 건강 면에서 중요하다고 생각하는 운동과 이상적인 체중보다 더 가치가 있다. 운동을 하면 몸과 마음의 기분이 좋아진다. 사회적 유대는 뇌 안의 보상계를 촉발하는데, 이는 사람들이 마약을 하거나 술을 마시거나 초콜릿을 먹을 때 촉발되는 양상과 똑같다. 다시 말해, 우리는 혼자일 때 병들고 아프지만 함께 있으면 건강해진다.

나는 마지막 남은 재산을 포기함으로써 새로운 교훈을 얻었다. 지나고 보니 루스와 함께하는 시간 동안 너무 어려서 모든 걸 이해할 수 없었다. 루스가 나한테 가르쳐 준 마술의 클라이맥스는, 진실로 우리 삶을 더 나은 방향으로 바꾸고 탈바꿈하는 유일한 방법은 다른 사람들의 삶을 바꾸고 탈바꿈하게 하는 것뿐이라는 궁극의 통찰이었다.

루스는 나에게 기법을 가르쳐 주고 제대로 된 연습을 시켜 주었다. 하지만 그보다 기꺼이 시간을 내서 가르쳐 주고 자신의 시간과 관심을 오롯이 내줌으로써 이 세상에 존재하는 가장 위대하고 진정한 마술을 가르쳐 주었다. 그것은 바로 연민의 힘이었다. 연민은 우리 각자 마음의 상처뿐 아니라 주변 사람들의 마음까지 치유할 수 있는 힘을 지녔다.

그것은 가장 큰 선물이자 가장 위대한 마술이다.

11장

마음이 새기는 글자

2003년 미시시피

모든 건 멀리서 보면 아름다운 법이다. 의사로 돌아온 후에 뉴포트 비치에서의 내 삶을 되돌아보면서 모든 실수와 잘못된 전환, 그리고 가장 중요한 게 무엇인지에 대한 잘못된 신념 안에서도 그 나름의 아름다움을 확인할 수 있었다. 1968년, 루스에게 가장 먼저 말한 첫 번째 소망은 의사가 되는 것이었다. 내가 가진 돈 전부와 친구들 대부분이 사라지는 모습을 지켜본 끝에, 의사라는 정체성이 내가 가진 가장 강력한 마술이라는 사실을 알았다.

사실 닷컴 붕괴가 일어난 후에 어떻게 상황을 처리해야 할지, 혹은 신경외과 임상 교수로 스탠퍼드에서 계속 그 역할을 하고 싶어 하는지 내 마음을 정확히 알 수 없었다. 당시 기업 활동에 대한 나의 관심은 최저 상태였다. 과거에 신경외과 진료를 하는 데 어려움을 호소하거나 탁월한 신경외과 센터를 새롭게 추진하는 데 관심이 있던 여러 병원의 컨설턴트로 일한 경력이 있었다. 나는 그런 곳에서 가능한 한 최선의 신경외과 치료를 제공하기를 바랐다. 특히 인구의 대부분이 가난하게 살고 있는 지역에서 그렇게 하고 싶었다.

그러던 어느 날, 뜻밖에 미시시피 남부의 어느 공공 병원에서 자문을 요청해 왔다. 그곳은 내가 사랑하는 도시이자 의대를 다녔던 도시인 뉴올리언스에서 한 시간 거리였고, 게다가 그쪽에서 여비를 제공했기 때문에 흔쾌히 수락했다. 그 병원은 지역 내 극빈자 치료를 담당하는 주된 기관이었다. 흔히 그렇듯이 그런 진료를 제공하고 싶어 하는 의사는 그리 많지 않았다. 당연히 보상이 너무 낮기 때문이다. 게다가 이 경우에는, 대형 병원 체인이 운영하던 민간 병원이 많은 전문가들에게 인센티브를 걸고 그쪽 기관에서 진료하도록 끌어가는 중이어서 상황은 더 좋지 않게 흘러갔다. 문제는, 충분한 뇌신경외과는 물론이고 설상가상으로 신경과, 정형외과, 뇌졸중 분야에서도 의료진이 부족하다는 점이었다. 나는 상황 평가를 끝낸 후, 병원 경영진에게 의사들한테 자리를 제안하면서 의사를 타진하는 방식에 문제가 있다고 설명했다. 다시 말해, 돈의 문제보다 여기서 일하게 되면 훌륭한 지역 센터 발전에 일원이 될 수 있는 기회를 얻는다고 설명할 필요가 있었다. 단순히 의사들의 현실적 자아가 아니라, 그들이 처음 의사가 되었을 때의 초심이 간직된 자아에 호소해야 했다. 사람과 세상을 바꾸는 능력이라는 아름다운 초심을 일깨워야만 했다.

이런 지역 의료센터를 새로 만들려면 상당한 액수의 돈이 필요할 것이다. 프레젠테이션이 끝난 후, 이사회는 신경과학 지역 위탁 센터를 만들겠다는 비전에 자금을 대기로 만장일치로 결정했다. 단, 내가 그 센터 소장이 되는 데 동의하는 조건이었다. 그 일은 신경과학을 정말로 필요로 하는 곳에서 중요한 영향을 끼칠 수도 있는, 노력을 쏟아 낼 하나의 기회였다. 동료들과 친구들에게 이 일에 대해 묻고 의견을 받았다. 캘리포니아 북부의 눈부신 날씨와 유수의 대학 의료센터가 제공하는 활발한 지적 교류의 장을 제 발로 버리고 왜 그곳으로 가려고 하는지 아무도 이해하지 못했다. 그러나 미시시피를 여러 번 찾으면서 훌륭한 사람들을 만나고 정말로 내가 필요하다는 사실을 확인한 끝에 그곳으로 갈 결심을 했다. 다행히 매우 짧은 기간 동안, 미시시피 센터 추진에 열광적으로 호응한 특별한 동료들을 채용할 수도 있었다.

많은 미국 시민들은, 미국이 의료 보건에 관련된 거의 모든 양질의 고급 대책이나 진료 효과의 측면에서 선진국들 가운데 가장 비싼 진료비를 물리면서도 가장 낮은 환자 만족도를 보이는 의료 하위 4개국 중의 하나라는 사실을 인정하지 않는다. 또 인정하지 않는 한 가지 사실은, 여타 모든 선진국은 모든 시민에게 더 나은 결과와 훨씬 더 낮은 의료 비용으로 보편적 의료를 제공한다는 점이다.

아동기에 겪는 가난이 개인의 건강과 궁극적으로는 그 미래에 심대한 영향을 끼친다는 사실은 이미 증명되었다. 물론 나는 이 사실을 나의 직접적인 경험을 통해 잘 알고 있지만 미시시피로 이주했을 때 이 현실을 또다시 절실하게 느끼게 되었다. 응급실 당직을 서고 있을 때, 발작을 일으켜서 응급실에 실려 온 아이가 기억난다. 실려 오자마자 이내 아무런 반응을 보이지 않아서 자가 호흡을 위해 기관 내 튜브를 삽입해야 했다. 응급 뇌 정밀 검사를 해 보니 우측 측두엽 안에 큰 덩어리가 뇌와 뇌간의 정상적인 구조를 꽉 누르고 있었다. 아이의 부모에게 말했더니 그 전부터 아이가 귓병을 앓고 있었다고 했다. 그들은 의료보험이 없었기 때문에 무료 병원에서 임상 간호사의 진료를 받은 게 전부였다. 하지만 그나마 거기서 받은 항생제가 들지 않아 계속 재발했고, 그 때문에 아이는 계속해서 귀 통증이 악화되고 결국에는 극심한 두통까지 호소하기에 이르렀다. 그들에게는 의사에게 진료를 받을 만한 돈이 없었다. 응급실에 오기 전 날, 아이는 혼란에 빠져 방향 감각을 상실하게 되었는데 부모는 그게 다 열 때문이라고 생각했다. 그러다 결국 아이가 발작을 일으키자 응급실로 데리고 왔던 것이다. 차가 없었기 때문에 이웃에 전화해서 병원까지 태워 달라고 부탁하는 등 우여곡절 끝에 응급실에 올 수 있었다.

나는 검사실로 가서 이 어여쁜 아이가 산소 호흡기를 달고 숨 쉬는 모습을 보았다. 놀란 부모는 침대 가에 서 있었다. 그들에게 나를 소개하고 재빨리 아이를 검사했다. 이미 오른쪽 동공은 많이 확대되어 있었고 왼쪽 동공도 약간 그런 상태였다. 아이는 아무런 반응을 보이지 않았다. 검사 결과도 뇌사 직전이라고 나왔다. 부모에게 아이의 생명을 구하기 위해 즉각적인 조치를 해야 하니 검사실에서 나가 달라고 말했다. 정밀 검사상으로는, 달팽이관을 내장한 두개골 부위인 우측 유양돌기에서 뻗어 나와 측두엽까지 파고 들어간 큰 덩어리가 보였다. 아이의 병력으로 볼 때, 쉽게 고칠 수도 있었을 귓병이 유양돌기뼈의 염증으로 진전되었고 그것이 뇌까지 확대되어 뇌농양이 되어 버렸다. 그와 같은 뇌농양은 요즘 시대에 잘 볼 수가 없다. 나는 재빨리 수술 준비를 하고 아이를 드레이핑하고 측두 부분 위로 머리를 깎았다. 그리고 피부를 마취하고 두개골을 절개한 다음, 농양 부위를 덮고 있는 곳에 천두를 뚫었다. 그런 다음, 바늘을 삽입했다. 흡입을 하자 곧 흡입기 안에 고름이 꽉 찼다. 고름이 너무 많이 나와서 흡입기를 세 번이나 바꾸어야만 했다.

그런 다음, 아이를 수술실로 옮겼지만 너무 늦고 말았다. 아이는 뇌사였다. 나는 수술실을 나와 대기실로 들어갔다. 부모가 서 있었다. 그들의 표정에서 이미 절망에 익숙해져 버린 모습을 읽을 수 있었다. 아이의 생명을 구하기 위해 내가 알고 있는 모든 방법을 다 썼지만 그러지 못했고, 아이가 뇌사에 빠졌으며 이는 기계에 의존해야만 생명을 유지할 수 있는 상황임을 알려 주었다. 눈물과 비탄을 보인 끝에, 그들은 아이를 살리기 위해 노력해 주어서 고맙다고 했다. 생전에 제대로 된 치료도 못해 보고 충분한 뭔가를 해 볼 여지도 없는 힘들고 가난한 사람들 앞에 서면 언제나 마음이 찢어졌다.

그깟 귓병 때문에, 아니 의료 보험이 없다고 해서 아이가 죽는 일은 절대로 없어야 한다. 그로부터 거의 2년이 흘러 허리케인 카트리나가 덮쳤다. 그곳을 떠날 만한 여력이 되는 많은 사람에게는 그냥 떠나 버리면 그만이었고 그게 손쉬운 결정이었다. 하지만 그보다 더 많은 사람들은 허리케인이 덮쳐 황폐화된 바로 그곳에서 옴짝달싹 못하고 고스란히 피해를 당했다. 그곳의 복구는 수십 년은 아닐지라도 적어도 몇 년은 걸릴 것이다. 허리케인이 물러난 후, 나는 그곳을 떠나야 할지 아니면 그대로 있어야 할지 결정하느라 고통스러운 시간을 보냈다. 나는 그 지역을 도와주기 위해 왔고 정말로 내 도움을 필요로 하는 환자들을 기꺼이 돌보았다. 어찌 보면 우리는 지역 사회에서 앞으로도 계속 유지될 중요한 자산을 구축하고 있었다.

이 무렵, 나는 '에큐레이' 주식을 기부하기 직전에 만났던 어느 멋진 여성과 재혼한 상태였다. 어린 아들도 있었다. 그래서 아내는 허리케인 카트리나로 황폐화된 이곳에서 매일 고통스러운 소식을 들으며 오랜 시간을 보내야 하는 나와 함께 사는 일이 매우 어렵다고 판단했다. 결국 우리는, 아내와 아이는 완전히 캘리포니아로 돌아가는 대신 나는 미시시피에 남아 6주나 8주에 한 번씩 캘리포니아로 왔다 갔다 하면서 지내기로 결정했다.

많은 동료들과 친구들은 아내와 함께 이곳을 완전히 떠나지 않은 것 자체를 이해하지 못했다. 현실적으로도 그렇게 하는 게 편안했을 테지만, 그렇게 하면 미시시피에 있는 모든 사람들의 얼굴을 마주할 수 없을 것 같았다. 이제 그들 중에 많은 사람들은 절친한 친구가 되었고, 무엇보다 그들은 병원을 지역 위탁 센터로 성장시키겠다면서 내가 제시했던 비전을 굳게 믿어 준 사람들이었다. 실제로 그곳은 내가 몇 년 전에 상상했던 대로 훌륭한 센터가 되었다. 마침내 나는, 실제로 나 자신보다 더 큰 뭔가를 쌓아 가게 되었다. 재산을 모두 잃고 나서 무엇보다 다른 사람들을 돕는 일에 매진했다. 더구나 가난한 사람들에게 꼭 필요한 의료 서비스를 제공하는 이 센터가 어떤 면에서 부와 권력만을 좇으며 달려왔던 내 지난 세월에 대한 속죄처럼 느껴졌다.

캘리포니아로 돌아갈까 심사숙고하던 중에, 내가 몹시도 스탠퍼드로 돌아가고 싶어 한다는 사실을 깨달았다. 더불어 너무나 강렬하게 보였던 루스의 가르침에 대해서도 줄곧 생각했다. 그러다 마침내 그 가르침의 핵심이 마음의 문을 여는 것이라는 사실도 깨달았다. 그건 바로 뚜렷한 의도와 목적을 갖고서 친절하고도 연민 어린 마음으로 행동하는 것이었다. 내가 마음을 빼앗긴 분야 중 하나는 뇌와 심장이 어떻게 역할하며 상호작용하는지 이해하는 것이었다. 연민, 친절, 배려는 뇌 안에서 그들만의 전형적인 테마를 구성하고 있는 것일까?

신경외과 교수로 스탠퍼드에 다시 돌아왔을 때, 이 분야에서 어떤 연구가 진행 중인지 논의하기 위해서 심리학과 신경과학 동료들과 모임을 시작했다. 알아보니 연민, 이타심, 친절이 뇌의 보상계에 어떻게 영향을 끼치고, 주변 생리학에 긍정적으로 영향을 주는지에 대한 획기적인 연구를 진행하고 있는 연구자는 소수에 불과했다. 그런 연구를 통해서 연민과 친절은 사람의 건강에 유익하다는 사실이 밝혀졌다. 이 연구는 나에게 가장 우선순위가 되었다. 그래서 루스가 가르쳐 주었던 기술에 다시 몰두하여, 내가 예전에 익혔던 교훈을 더 잘 반영할 수 있도록 발전시켰다. 어릴 적 그 공책은 허리케인 카트리나가 덮쳐서 집에 홍수가 나는 바람에 다 망가져 버렸다. 하지만 나는 머릿속에서 루스와 나누었던 대화를 끊임없이 되새겼다. 그때 이후 수십 년이 지났지만 루스가 가르쳐 주었던 것에 대해 새로운 이해를 얻었으면 하는 바람으로 계속 그렇게 노력했다. 말하자면 루스가 가르쳐 주었던 모든 것의 장점과 혜택을 오늘날 과학적으로 증명하고 있는 연구에 몰두했다. 마음의 문을 연다는 게 정말로 무엇인지 연구하고 싶었고, 왜 루스가 이 점을 가장 중요하다고 강조했는지 알아내고 싶었다. 그 옛날에 소망 목록을 만들 때처럼 이제 열 가지 목적을 담은 또 하나의 목록을 만들었다. 바로 마음을 여는 열 가지 비결을 담은 목록이다.

나는 그 목록을 들고서 자리에 앉았다. 읽고 또 읽었다. 그러다가 불현듯 그것이 CDEFGHIJKL이라는 연상 기호로 보였다. 의대 시절에 공부할 때 기억을 잘하기 위해 활용했던 방식이었다. 이름하여 '마음의 글자'가 되었다. 그 옛날 마술가게 뒷방에서 배웠던 명상 훈련 단계를 그대로 이어받아 계속 연습하면서, 매일 아침 새롭게 이 마음의 글자를 암송하는 새로운 연습을 시작했다. 몸의 긴장을 풀고 마음을 차분히 가라앉힌 다음에, 이 마음의 글자를 암송하면서 열 가지 목록 중의 하나를 그 날 하루 나의 목적으로 정했다. 그리고 그것을 머릿속에서 계속 반복하여 읊었다. 그 훈련은, 나를 단순히 의사가 아니라 한 사람의 인간으로 집중시켜 주었다. 강렬한 목적의식으로 하루를 시작할 수 있도록 해 주었다.

| 마음의 글자 |

C: Compassion **연민**은 고통을 덜어 주려는 바람을 갖고서 다른 사람의 고통을 인식하는 것이다. 그러나 다른 사람에게 연민을 느끼려면 반드시 당신 자신에게도 연민을 느끼는 사람이 되어야 한다. 많은 이들이 남들에게 베푸는 친절을 정작 자신에게는 허용하지 않으면서 지나치게 비판적인 태도를 보이고 스스로를 심하게 다그친다. 자기 자신에게 진실로 다정하게 대할 때야 비로소 남들에게 사랑과 친절을 베푸는 일도 가능하다.

D: Dignity **존엄성**은 모든 개인에게 천성적으로 내재된 중요한 요인이다. 누구에게나 인정받고 인식될 만한 중요한 가치다. 흔히 우리는 외모나 말하는 방식이나 행동하는 방식을 갖고서 누군가를 판단한다. 그리고 대개 그러한 판단은 부정적이고 옳지 않다. 우리는 다른 사람을 보면서 이렇게 생각해야 한다. '그들도 나와 똑같다. 그들도 내가 원하는 것, 바로 행복해지기를 원하는 존재다.' 우리는 다른 사람들을 바라보고 우리 자신을 볼 때, 서로 연결되고 도와주기를 바란다.

E: Equanimity **평정**은 힘겨운 시기에 처했을 때조차도 침착한 성정을 유지하는 것이다. 평정은 좋은 시절과 힘겨운 시절에 모두 필요하다. 행여 좋은 시절에 빠져 있을 때면 그 득의양양한 기분을 계속 유지하거나 붙잡으려고 안간힘을 쓰는 경향이 있기 때문이다. 하지만 좋은 기분만을 붙잡고 있으려는 태도는, 나쁜 기분에서 도망치려고만 애쓸 때와 마찬가지로 우리가 바로 이 순간에 존재하지 못하도록 방해한다. 참으로 하늘을 날 듯한 좋은 시절을 붙잡는다는 것은 불가능하고 현실적이지도 않으며 결국 절망으로 이끌 뿐이다. 그 모든 상승과 하락은 다 지나가게 마련이다. 평정을 유지하게 되면 마음과 머리가 맑아지고 삶의 목적이 분명해진다.

F: Forgiveness **용서**는 사람이 사람에게 해 줄 수 있는 가장 위대한 선물 중 하나다. 또한 우리가 우리 자신에게 줄 수 있는 가장 위대한 선물 중 하나기도 하다. 많은 사람들이 비유하곤 한다. 당신에게 잘못을 저질렀다고 생각한 누군가에게 분노나 적의를 품고 있는 것은, 마치 독을 들이 마시면서 그 독이 그 상대를 죽여주기를 바라는 것과 같다고 말이다. 그런 건 통하지 않는다. 그 독은 당신을 해친다. 다른 사람들과 맺는 당신의 상호작용에 해를 끼친다. 세상을 바라보는 당신의 눈을 가린다. 궁극적으로, 그렇게 하면 당신은 마치 감옥 열쇠를 가지고 있으면서도 스스로 그 문을 열지 않으려 하는, 죄수 같은 신세가 될 뿐이다. 현실에서는,

살아가면서 누구나 남들에게 이런저런 잘못을 저지른다. 우리는 모두 연약하고 가냘픈 존재들이다. 그래서 살아가면서 여러 경우에 우리가 세운 이상에 걸맞게 살지 못하며 남에게 상처를 주고 잘못을 저지르기도 한다.

G: Gratitude **감사**는 삶이 온갖 아픔과 고통을 안겨 주더라도 당신의 삶이 축복이라는 사실을 깨닫는 것이다. 이 세상에 얼마나 많은 사람들이 고통과 아픔 속에 살아가는지 알기란 그리 어렵지 않다. 더 나은 삶에 대한 희망조차 허락하지 않는 환경 속에 살아가는 사람들이 무수히 많다. 그런데 너무나 자주 우리는, 특히나 서구 사회에서는 서로를 바라보며 시기하거나 질투심을 느끼곤 한다. 그저 잠시 몇 분이라도 감사하는 마음을 갖는 것으로도 당신의 정신적인 태도에 큰 영향을 준다. 문득 당신이 얼마나 축복받은 존재인지 깨닫게 될 것이다.

H: Humility **겸손**은 많은 사람들이 실천하기 어려워하는 자질이다. 우리는, 우리라는 사람이나 우리가 성취한 것에 자부심을 갖고 있다. 우리가 얼마나 중요한 사람인지 남들에게 말하고, 보여 주고 싶어 한다. 우리가 다른 누군가보다 얼마나 더 나은 사람인지 알려 주고 싶어 한다. 그런데 그런 감정은 사실상 우리 자신이 지닌 불안함이 표출된 것이다. 우리는 우리 자신이 아닌 외부에서 가치를 인정받으려고 찾아 헤매는 중이다. 하지만 그런 태도

는 우리와 다른 사람들을 분리시킬 뿐이다. 그건 마치 독방에 갇힌 존재와 같다. 그곳은 외롭게 쓸쓸하게 지낼 공간일 뿐이다. 우리가, 우리와 마찬가지로 모든 이들도 똑같이 긍정적이고 부정적인 자질을 가지고 있음을 깨닫고, 서로를 평등한 존재로 바라볼 때야 비로소 진짜로 연결될 수 있다. 그와 같은 공통된 평범한 인간성의 연결, 그것이야말로 우리를 자유롭게 만들어 마음을 열게 하고 조건 없이 서로를 돌보게 해 준다. 그리하여 다른 사람들을 나와 동등한 존재로 바라보게 된다.

I: Integrity **진정성**에는 뚜렷한 의도와 목적이 필요하다. 당신에게 가장 중요한 가치들을 규정해야 한다는 뜻이다. 다시 말해, 다른 사람들과 맺는 당신의 상호작용에 대해서 그런 가치를 꾸준히 실천해야 한다는 뜻이다. 우리의 가치는 쉽게 산산조각 날 수 있다. 그런데 그런 가치의 붕괴를 처음에는 감지할 수가 없다. 만약에 혹시 한 번이라도 진정성을 타협하게 되면 다음에 또 다시 그렇게 하기란 훨씬 쉬워진다. 처음부터 그럴 의도로 시작하는 사람은 거의 없다. 늘 조심하고 성실하게 임해야 한다.

J: Justice **정의**는, 우리 각자 안에 옳은 일이 이루어지는 것을 보고 싶다는 욕망이 존재한다는 사실을 깨닫는 것이다. 우리가 정의를 유지할 수 있는 자원과 특권을 가지고 있을 때 그 일은 더 쉬워진다. 그러나 항상 우리는 약자와 취약 계층을 위해 정의를

지켜 낼 필요가 있다. 취약 계층을 위해 정의를 추구하고, 약자를 보살피고, 가난한 사람들에게 베푸는 것은 반드시 해야 할 책임이다. 그것은 사회와 우리의 인간성을 규정해 주는 것이며 인간의 삶에 의미를 부여하는 일이다.

K: Kindness **친절**은 다른 사람들에 대한 관심이자, 흔히 연민이 지닌 활동적인 요소로 간주된다. 개인적인 이익이나 인정받을 욕구 없이 남들을 도와주겠다는 마음으로 바라보는 것이다. 여기에 특별한 점은, 당신이 베푸는 친절한 행동이 그 친절을 받는 사람들뿐 아니라 당신 자신에게도 이롭다는 연구 결과다. 친절한 행동은 물결처럼 퍼져 나가 친구들과 주변 사람들이 더욱더 친절하게 변할 가능성도 높여 준다. 그것은 우리 사회를 올바르게 만들어 주는 일종의 사회적 전염이다. 그리하여 결국 친절은 그 친절이 만들어 내는 좋은 기분으로, 남들이 우리를 친절하게 대하는 그 방식으로 우리에게 되돌아오기 마련이다.

L: Love 대가를 바라지 않고 보내는 **사랑**은 세상의 모든 사람과 모든 것을 변화시킨다. 세상의 모든 미덕을 다 지닌 것이 사랑이다. 세상의 모든 상처를 치유하는 것이 사랑이다. 궁극적으로, 사람과 세상을 치유하는 것은 기술이나 의약이 아니라 우리의 사랑이다. 그리고 우리 인간성을 제대로 붙잡고 유지시키는 것도 바로 사랑이다.

이 연상 기호는 나를 내 마음과 연결시켜 마음이 열리도록 해 주었다. 매일 의도와 목적을 갖고 하루를 시작할 수 있도록 해 주었다. 그리고 스트레스를 받거나 상처받았다고 느낄 때에도 하루 종일 내가 지향하고자 하는 그 지점에 나를 데려다 집중할 수 있게 해 주었다. 그 연상 기호는 내 삶의 의도를 담은 언어다. 그것은 마음의 글자다.

만약 루스가 여기에 있다면 어쩌면, 이제야 비로소 내가 마음을 여는 방법을 배웠다고 생각할 것이다. 그리고 마음의 문을 여는 방법을 알게 됨으로써 모든 변화가 이루어졌다는 사실도 알아챌 것이다.

심장은 하루에 10만 번 박동하면서 복잡한 혈관들을 따라 약 7,560리터의 혈액을 내보낸다. 혈관은 이 끝에서 저 끝까지 뻗으면 거의 96,600킬로미터에 달하며, 이는 지구 둘레의 두 배가 넘는 길이에 해당한다. 고대 이집트인들은 심장을 *이브(ib)*라고 불렀으며 죽음 속에서도 살아남아 사후에 심장을 가진 사람에게 그들만의 판결을 내렸다. 고대 이집트어로 행복은 *아우트 이브(awt-ib)*이며 문자 그대로의 의미는 '심장의 넓이'다. 불행을 뜻하는 단어는 *아브 이브(ab-ib)*이며 그 뜻은 '잘리거나 떼어 낸 심장'이다. 동서고금을 막론하고 많은 문화권에서 심장을 영혼의 안식처이자 영혼이 거하는 은밀한 공간으로 여긴다. 아이를 잃어버린 기사를 읽을 때에 우리 심장은 아파 온다. 사랑이 끝나면 우리 심장은 마치 깨질 듯한 느낌이 들 수 있고 실제로 그러기도 한다. 거부당한 느낌이 들 때, 수치스럽거나 잊혀진 듯한 느낌이 들 때, 우리 심장은 스스로 포위시켜 점점 크기가 줄어드는 것처럼 조여 오고 갑갑한 느낌을 받을 수 있다. 하지만 혹독한 사랑이나 극심한 고통이나 심한 압박을 받으면, 우리 심장은 완전히 열린 상태로 부서져서 절대로 다시는 똑같은 상태가 되지 못한다. 이 말은 은유적인 의미에서도 그러하고 실제로도 마찬가지다. 사실, 실제로 *상심 증후군*(broken heart syndrome)이라는 증상이 존재한다.

내 심장이 완전히 열린 채 갈라진다고 해서 돈을 잃어버리는 건 아니었다. 사실 나는 그렇게 오랫동안 쫓아다녔던 부를 다 잃었을 때 해방감을 찾기도 했다. 결국 내 심장을 활짝 열어젖힌 것은 그렇게 오랫동안 내 심장을 꼭꼭 닫아 두어야 한다는 압박감이었다. 루스가 말해 준 적이 있다. "네가 원한다고 생각하는 것이 항상 너한테 최선의 것은 아니다." 나는 잘못된 것을 뒤쫓아 살아왔고 그 와중에 너무나 오랫동안 무시당했던 심장은 언제라도 자기 목소리를 들려주게 되는 법이다.

또한 내가 루스에게 했던 약속도 기억났다. 언젠가 이 마술을 다른 사람들에게도 가르쳐 줄게요. 나는 정확히 어떤 식으로 그 일이 일어나게 될 줄 몰랐지만, 이제 이것이 매일 밤 마음으로 그려 보기 연습의 초점이 되었다. 때로는 하얀 의사 가운을 입은 내가 고통받고 있는 환자나 환자 가족을 껴안고 있는 모습을 보기도 했다. 또 때로는 무대 위에 서 있는 나 자신을 보았고, 또 다른 때는 위대한 철학자와 영적 지도자들에게 말을 건네고 있는 나 자신을 상상하기도 했다. 비록 나는 예나 지금이나 여전히 무신론자지만 종종 루스와의 만남과 자동차 사고 이후의 경험을 떠올려 보면, 열린 마음이 된다면 특정 교리에서 벗어날 수 있다는 생각이 들기도 했다. 그러면서 여전히 이 삶에는 내가 설명할 수 있는 것보다 더 많은 무언가가 존재한다는 사실을 새삼 깨닫는다. 여러 가지 면에서 이것 역시 루스가 준 선물이었다. 이는 나 스스로 절대적인 해답을 필요로 하지 않는, 일종의 받아들임이었다.

나는 우리 한 사람, 한 사람이 연결되어 있다고 생각한다. 다른 이의 얼굴을 볼 때, 나 자신을 본다. 내 약점과 실패와 연약함을 본다. 인간 영혼의 힘과 우주의 힘을 본다. 이미 내 깊은 존재 안에서, 우리 각자를 이어 주는 접착제가 곧 사랑임을 잘 알고 있다. 언젠가 달라이 라마는 이렇게 말씀하셨다. "나의 종교는 다름 아닌 친절입니다." 그리고 그 말씀은 곧 나의 종교가 되었다.

나는 항상 다른 사람들을 신경 쓰고 돌보았으며 의사로서도 환자들을 진심으로 보살폈다. 하지만 목적을 갖고서 사람의 마음을 여는 연습은 고통을 일으킬 수 있다. 너무도 격렬해서 때로는 참을 수 없는 그런 고통. 이따금 고통은 내가 원하는 그곳에 살게 하거나 원하는 만큼 존재하도록 허락하지 않았다. 하지만 루스가 가르쳐 준 대로 진실로 마음을 열면 사실상 그 고통에 반응하는 방식이 변한다. 나는 고통에서 도망칠 필요가 없었다. 오히려 고통과 함께할 필요가 있었다. 더구나 나를 나 자신과 연결해 주고, 진실로 다른 사람들과 이어 준 것도 다름 아닌 고통과 함께한 나의 존재였다. 부모님과의

관계도 변했었다. 나는 더 많은 시간 귀를 기울이려 했고 어머니와 아버지에게 마음을 열기 위해 노력했다. 나는 부모님의 뼈아픈 증상에 귀를 기울이고 그다음 그들의 마음에 귀를 기울였다. 청진기가 아니라 내 심장, 나의 마음으로 다가가 경청했다.

청진기 발명 유래는 이렇다. 1816년 어느 프랑스 의사가 너무나 당황스러운 나머지, 여성 환자의 심장과 폐 소리를 들으려고 자신의 귀를 환자의 가슴에 귀를 갖다 댈 수가 없었다. 당시에는 그게 내과의 관례였다. 그래서 환자와 거리를 두기 위해 스물네 장의 종이를 돌돌 말아 고깔 모양으로 만들어 오늘날 청진기처럼 이용했다. 세월이 흐르면서 의사와 환자 사이의 이 거리는 좀 더 커졌다고 생각한다. 하지만 그저 환자들의 말에 귀를 기울이고, 그저 내 시간과 주의와 집중력을 그들에게 내주는 것만으로도 그들은 자신의 몸 상태가 더 나아졌다고 생각한다는 사실을 배웠다. 나는 환자 한 사람, 한 사람에게 자기 이야기를 해 보라고 한다. 그런 다음, 내 환자가 힘들게 겪은 삶의 투쟁, 성취, 고통을 알아채고 인정했다. 그래서 많은 경우 이런 과정 자체가 내가 처방하는 어떤 약보다, 심지어 때로는 내가 해 주는 수술보다도 고통을 더 많이 덜어 주었다. 오늘날까지 가르치는 학생들과 레지던트들에게, 신경외과는 엄청난 양의 기술과 정교한 장비를 요하지만 신경외과 의사로서 내가 가장 크게 성공한 것은, 열린 마음으로 환자들과 함께 있어 주면서 보살핀 결과라고 말하곤 한다.

또 하나 눈에 띄는 변화는 가는 곳 마다 꼭 나와 같은 사람들을 만나게 된다는 것이었다. 식료품 매장의 그 직원. 밤늦게 병원 청소를 하던 그 관리인. 돈을 구걸하는 표지판을 들고 교통 신호등 앞에 서 있던 그 여성. 번개처럼 페라리를 몰고 가던 그 남자. 그리고 그들 한 사람, 한 사람도 다들 나처럼 자기만의 배경 이야기를 갖고 있었다. 그들 한 사람, 한 사람도 길을 가고 있었다. 그들 한 사람, 한 사람도 살기 위해 무진 애를 쓰고 때로는 고통받았다. 가장 낮은 자리에서 가장 적게 가진 사람부터, 가장 높은 자리에서 가장 많이 가진 사람까지 그들은 다들 나와 같은 사람들이었다.

나는, 내 삶을 규정했던 이야기를 다 내보내기 시작했다. 나는, 내 가난을 통해 정체성을 만들었는데 그 정체성을 안고 가는 한 아무리 많은 부를 쌓더라도 나는 언제나 가난 속에 살아가게 될 것이다. 나는 매일의 연습을 통해 어머니와 아버지에게 마음을 열었고 그들에게 필요한 용서를 발견해 냈다. 과거의 어린 나에게 마음을 열었고 그 아이에게 필요한 연민을 발견해 냈다. 내가 저질렀던 온갖 실수와 어리석게도 이 세상에 나의 가치를 증명하기 위해 부질없이 노력했던 온갖 방식에 대해서도 마음을 열었고, 나에게 필요한 겸손을 발견해 냈다. 더불어 그렇게 하면서 이 세상에 그렇게 굶주렸던 사람이 나 혼자만은 아니었음을 알게 되었다. 이 세상에 그렇게 두려움에 떨었던 사람이 나 혼자만은 아니었다. 너무 일찍 고독을 알았거나 소외감을 느끼고 뭔가 다르다는 느낌을 받았던 사람이 나 혼자만은 아니었다. 나는 마음을 활짝 열었고, 마침내 내 심장이 내가 만난 다른 모든 이의 심장과 연결할 수 있는 능력이 있었음을 알게 되었다.

그 깨달음은 고단하고 아름답고 낯설었다.

아니, 동시에 그 모든 것이기도 했다.

12장

연민을 세상에 드러내는 법

나는 오페라를 참 좋아해서 항상 즐겨 듣고 보는 편이다. 사실 그 이유는 확실히 잘 모르겠다. 오페라에 나오는 말을 한 마디도 이해하지 못하는데 몇 번이나 소리 내어 울곤 한다. 아마도 오페라를 보며 내뱉는 울음은 가장하지 않은 날것 그대로의 정서이자, 언어를 뛰어넘는 열정적인 감정을 담대하게 드러내는 것이다. 오페라는 감정과 심리를 무시하고 머리를 써서 이치를 설명할 수 있거나 합리적으로 탐색할 수 있는 게 아니다. 오직 가슴으로만, 심장으로만, 마음으로만 느낄 수 있다.

대부분의 외과 의사들은 수술실에서 음악을 켜 놓는다. 그렇게 하면 환자의 마음을 차분히 가라앉히고 통증을 달랠 수 있으며 또는 수술 팀의 집중력을 향상하고 힘을 북돋아 줄 수 있다. 수술에 앞서 음악을 들려주면 환자들의 불안감이 줄어들고, 처방 진통제와 진정제 필요량도 줄어든다는 사실이 여러 연구를 통해 이미 밝혀졌다. 음악은 명상 기법과 마찬가지로 심박동 수를 줄이고 스트레스를 줄여 주며 혈압을 낮춘다. 이와 같은 진정 효과는 비단 환자뿐만 아니라 외과 의사에게도 나타난다.

내 경우에 수술하는 동안 음악을 켜 둔다면 항상 소리는 낮추고, 수술의 중요한 국면이 진행될 동안에는 대개 고전 음악을 틀어 마음을 차분히 가라앉히곤 한다. 수술을 마칠 무렵에는 소리를 높이고록 클래식을 듣는 편이다. 그런데 절대로 켜 놓지 않는 음악 장르가 있으니 바로 오페라다. 수술할 때, 나는 하나의 기계와 같다. 수술 전에 환자들은 나에게 공감과 정서적인 유대를 원할 수 있겠지만, 막상 수술에 들어가면 나의 기술적인 능력과 중요한 의사결정을 바란다. 환자를 수술대 위에 올려놓고, 내가 소리 내어 울고 있기를 바라지 않는다. 내가 그들을 배려하고 보살피기를 바라지만, 만약 그것이 생명을 구하는 과정에 방해가 된다면 그런 모습을 결코 원하지 않을 것이다.

신경외과 군의관으로 근무하다 제대한 후에 새롭게 병원을 열었을 때 처음 만난 환자들 중에 준이 있었다. 준은 전업 오페라 가수였다. 그녀가 처음 우리 병원에 들어오던 날, 활기찬 에너지와 따스한 기운이 넘쳐흘렀다. 하이힐을 즐겨 신었던 그녀는 내가 얼마나 훌륭한 의사인지는 신경 쓰지 않는다고 일찌감치 말했다. 그녀가 이 세상에서 가장 좋아하는 것이 노래와 파스타인데, 그걸 끊으면 생명을 구할 수 있다고 말해 줘도 절대 포기하지 않으려 했다.

준은 이동 오페라 극단의 소프라노 가수였다. 오페라는 그녀의 천직이자 평생의 사랑이었다. 진료하러 올 때마다 준이 가장 좋아하는 오페라 「아이다」와 「카르멘」 이야기를 하며 시간을 보냈다. 온 나라를 돌아다니며 노래하는 준의 이야기를 듣는 게 너무 즐거웠기 때문에 진료 시간은 거의 언제나 약속된 시간보다 더 길어졌다. 그녀는 오페라를 보러 온 사람들이 자기 노래에 반응하여 어떤 감정을 느끼게 만드는 순간이 너무 좋다고 했다.

"미친 소리처럼 들리겠지만 내 노래를 듣고 사람들이 우는 게 너무 좋아요. 그걸 보면 내가 그 사람들을 감동시켰다는 사실을 알게 되거든요. 그 순간이 내가 그들과 연결돼 있다는 걸 알게 되는 시점이죠."

준은 심각한 편두통을 앓고 있었다. 그런데 그때까지 그녀의 두통은 약물로 치료될 수 있었지만, 신경과 의사가 그녀의 우성 반구 내 안면 부위 움직임과 연관된 뇌의 부분과 왼편 뇌도(腦島)에 가까이 놓여 있던 커다란 동맥류까지는 고칠 수 없었다. 그 동맥류는 편두통 때문에 실시한 정밀 검사를 하면서 발견되었고 물론 두통의 원인은 아니었지만, 그녀가 가장 소중하게 여기는 노래를 빼앗고 생명마저 위협할 가능성도 있었다.

"저한테 무슨 문제가 있든, 제 목소리나 노래 부를 수 있는 능력을 해치는 거라면 뭐든 원치 않아요. 목소리는 제가 가진 것 중에 가장 중요한 거니까요."

나는 준에게 소식을 전할 수밖에 없었다.

지름 1센티미터가 넘는 크기의 동맥류는 즉시 처리해야 한다. 그녀가 진료하러 올 때마다 수없이 설명을 해 주었다. 나는 상황이 위급하다고 생각했지만, 그녀도 여러 번 반복해서 천천히 미묘한 상황과 절차에 대한 설명을 들을 필요가 있었다. 나도 이 수술을 많이 해 본 의사였으나 나보다 훨씬 더 경력이 풍부한 동료들을 포함해서 다른 신경외과 의사들과 상담하라고 권고하기도 했다. 치료와 그에 관련된 위험 요소가 우리 의사들에게 늘 반복되는 일상이다. 하지만 유감스럽게도 일부 신경외과 의사들은 가장 심각한 상태에 놓인 환자 앞에서조차 해당 환자와 가족의 삶에는 일생일대의 중대한 사건이라는 사실을 이해하지 못한 채 단순히, 그저 사실에 입각한 태도로 대응하곤 한다. 준이 만나 본 다른 신경외과 의사 두 사람도 2차 의견에서 이와 같은 모습을 보여 주었다. 그녀는 자신이 살아 있는 사람이 아니라 진단 자체가 된 것 같은 느낌을 받고선 잔뜩 겁에 질려 돌아왔다.

준에게는 이런 식으로 자연스럽게 마음이 바뀔 시간이 필요했다. 그래서 그녀의 컨디션이 허락하는 한, 나는 언제든 시간을 내주려고 애썼다. 당시 새내기 의사 시절에도 환자와 시간을 보내는 일이 의학 기술의 일부라는 사실을 잘 알고 있었다. 결국 우리는 진짜 두려움과 걱정을 안고 있는, 진짜 사람을 대하고 있는 것이다. 환자는 여기저기 고장 난 기계가 아니며 외과 의사는 기계 수리공이 아니다.

내가 준에게 이야기를 더 많이 할수록, 그녀의 불안이 더 많이 없어지는 모습을 확인했다. 그녀는 자신의 이야기를 들려주어야 했고,

내가 그녀의 이야기를 듣고 한 인간으로 자신을 잘 알게 되었음을 확신해야만 했던 것이다. 그리하여 마침내 수술을 할 만큼 신뢰하게 된 유일한 의사가 나였다고 말해 주었다. 환자가 의사의 능력에 커다란 신뢰를 갖고 있다는 사실은 참 대단한 일이지만, 환자가 의사와 친구가 되면 상황은 달라진다. 수술하기 전날, 준은 자신이 가장 좋아하는 아리아를 부른 음반을 건넸다. 그날 밤, 연구실에서 앉아 눈을 감은 채 준이 노래하는 아리아를 들었다.

수술하는 날 아침, 어릴 때 들었던 고전 록 음악을 골랐다. 준은 환자용 들것에 누운 채 수술실 안에 실려 들어왔을 때 나를 보며 따스하게 미소 지었고, 스피커를 통해 흘러나오는「당신에게 필요한 건 오직 사랑뿐(All you need is love)」가사를 들었다. 그 노래 가사는 준이 잠들기 전에 들었던 마지막 말이었다. 준이 마취가 된 후에 환자용 들것에서 수술대 위로 옮겼다. 나는 날카로운 핀이 달린 헤드 클램프를 들어서 준의 머리에 붙였다. 수술하는 동안 머리를 안전하게 보호하기 위함이었다. 헤드 클램프 핀이 준의 두피를 뚫고 두개골을 꽉 물고 있는 느낌을 받을 수 있었다. 그녀의 머리를 오른편으로 돌리고 목을 조금 늘렸다. 준에게 외모가 얼마나 중요한지 잘 알았기 때문에 되도록 머리카락은 적게 밀었다. 나는 동맥 위, 큰 방울의 윤곽을 보여 주는 혈관 촬영도를 살펴보았다. 큰 방울은 뇌 왼편의 상당 부분을 차지하고 있었다. 그것은 중앙 뇌동맥 분기에서 발생한 동맥류였다. 두개골을 드러내기 위해 두피를 절개하고 피판을 젖혔다. 정상적인 상태였을 때 두개골은 우리를 보호하지만 이 경우에는 방해가 되는 것이었다. 개두기(開頭器)를 사용해 두개골을 열었다. 그런 다음 그것을 살균 수건 위에 조심스럽게 얹어 두었다. 이제 뇌경막이 보였다. 뇌를 덮고 있는 섬유 조직이었다. 그 바로 아래에 동맥류가 있다는 사실을 알았다. 동맥류는 준의 심장 박동 소리와 음조를 맞추고 있었다.

만약 동맥류가 파열된다면 뇌졸중이 와서 준은 목소리를 잃거나 목숨을 잃을 수 있다.

천천히 뇌경막을 열었다. 그러자 측면 고랑 내 전두엽과 측두엽 사이에 불쑥 올라온 동맥류의 반구형 머리가 보였다. 나는 이제 진짜 작업을 시작했다. 현미경을 해당 자리에 갖다 놓고 마이크로 나이프를 이용해 뇌 표면의 얇은 막을 절개했다. 이렇게 하자 측면 고랑이 열리고 동맥류의 목 쪽으로 접근할 수 있었다. 여기서는 클립을 사용하게 될 것이다. 정상적인 동맥 순환에서 그 동맥류를 분리시켜야 했다. 동맥류를 밖으로 드러내서 보니 그 벽은 종잇장 정도로 얇았다. 현미경의 고휘도 조명을 통해 보니 툭 튀어나온 고동치는 벽 안에서 피가 소용돌이치고 있었다. 그것은 어느 순간이건 자연스럽게 파열될 수 있었을 것이다. 동맥류의 벽과 목 부위가 주변 뇌에 상당히 붙어 있었기 때문에 파열되지 않은 채 분리하기가 훨씬 더 어려웠다. 천천히, 전에 없이 아주 천천히 계속 절개를 했다. 그랬더니 그 부착 반흔 조직과 동맥류 목 사이에 작은 통로를 만들 수 있었고 이를 통해 클립을 들여놓을 수 있었다. 정말이지 1밀리미터의 여유도 없었다. 혹시라도 실수한다면 바로 파열될 것이다. 내가 실수하는 순간, 그녀에게 가장 소중한 단 하나를 바로 앗아 버릴 수도 있을 것이다. 노래하지 못하는 준을 상상할 수 없었다. 나는 이런저런 클립을 들추면서 살펴보았다. 그리고 클립 집게 위에 클립 하나를 얹어서 고동치고 있는 동맥류 쪽으로 돌렸다. 그 동맥류는 어쩌면 그녀의 목숨을 빼앗을 수도 있는 것이었다. 그 순간, 갑자기 머릿속에서 준의 얼굴이 보이고 그녀가 노래하는 모습이 떠올랐다. 아름다운 선율로 노래하는 그녀의 목소리가 들렸다. 그런 다음, 마비된 채 말도 못하고 노래도 할 수 없는 모습이 떠올랐다. 클립을 쥐고 있던 손이 떨리기 시작했다. 약한 떨림이 아니라 마구 흔들렸다. 계속 진행할 수가 없었다.

준은 친구였다. 이 세상에서 자기 목소리가 가장 소중하다고 말해 준 여성이었다. 나는 그 친구에게 아무 일도 일어나지 않을 거라고 약속했었다. 모든 게 다 괜찮을 거라고 약속했었다.

외과 의사가 수술 중에 환자의 인간성과 연결되는 건 치명적이다. 그것도 기술적인 연습이 필요하다. 그 사람을 객관화시켜야 한다. 만약 이 사람에게 무슨 일이 일어날지 생각한다면 수술 자체를 할 수가 없다. 그때 내 상황이 그랬다. 문득 겁이 났다. 그 전에는 한 번도 없었던 일이었다.

손이 너무 심하게 흔들려서 어쩔 수 없이 잠시 멈추고 앉아야 했다. 눈을 감았다. 그리고 숨을 들이쉬고 내쉬면서 호흡에 집중했다. 두려움이 결코 발붙일 수 없을 정도로, 내 머릿속에서 충분한 공간이 만들어질 때까지 호흡을 가다듬었다. 이제 내 마음을 열 차례였다. 외과 의사로서 내 기술과 능력을 믿고 의지할 시점이었다. 테크니션으로서의 내 능력에 절대적으로 의존해야 할 때였다. 이건 지금까지 수없이 해 왔던 수술 절차였다. 더구나 특별히 잘하는 수술이었다. 그때서야 두려움이 나를 떠나갔다. 그리고 나의 의도에 확신을 갖는 평온한 상태로 돌아왔다. 내 머릿속에서, 그 클립이 들어가 동맥류를 완전히 없애 버리는 모습을 볼 수 있었다. 준의 열린 두개골로 다시 돌아와서 현미경을 동맥류에 다시 맞추었다. 그리고 천천히 조금 전에 겨우 만들었던 작은 틈 사이에 클립을 조심스럽게 넣었다. 그러자 거기에 있던 동맥류 짐승이 천천히 입을 다물었다. 그다음, 동맥류의 머리에 바늘을 꼽고 잔여 혈액을 뽑아냈다. 다행히 그것이 다시 넓어지지는 않았다. 이제 그 짐승은 정말로 죽었고 더 이상 위험하지 않았다. 준은 다시 노래를 할 것이다. 나는 천천히 뇌경막을 덮고 골편을 다시 제자리에 놓은 다음, 두개골을 닫았다. 헤드드레싱 마지막 작업을 할 때, 수술 시작할 때에 나왔던 바로 그 노래가 흐르고 있다는 사실을 깨달았다. "당신에게 필요한 건 사랑 뿐."

준은 관상기관을 제거하고 회복실로 옮겨졌다. 나는 너무 지쳐서 몇 분간 주저앉아 눈을 감았다. 그러고 나서야 처방 지시를 내릴 수 있었다. 준을 떠올렸다. 내 손이 마구 흔들리던 모습을 떠올렸다. 갑자기 준의 목소리가 들렸다.

"도티 박사님 어디 계셔요? 박사님이랑 이야기를 해야 돼요. 지금 당장 박사님이랑 얘기해야 한다고요."

그녀가 있는 쪽으로 걸어가서 손을 잡았다.

"준, 안녕하세요. 컨디션 어때요?"

그녀는 내 눈을 깊이 바라보면서 꼭 봐야 할 메시지를 찾으려 했다. 그리고 분명히 확인했다.

"이제 됐어요. 이제 됐어요. 감사합니다."

그러더니 이제 자신이 괜찮을 거라는 사실을 깨닫고는 몸을 기울여 나를 안으면서 울기 시작했다.

그로부터 몇 시간 후 차를 몰고 병원을 벗어나면서 그 전날 준이 건네주었던 CD를 켰다. 첫 소절이 나오기가 무섭게 집으로 향하는 고속도로 위에서 속도를 높였다.

순간 「카르멘」의 아리아 '하바네라: 사랑은 반항하는 새'를 부르는 준의 목소리가 차 안을 가득 채웠다. 볼륨을 높이고 차창을 내렸다. 바람이 얼굴을 훑고 지나갔다. 준은 타고난 재능이 있었다. 사람의 감정을 움직이는 힘을 가진 목소리였다. 사람의 마음에 감동을 안겨 주는 목소리였다. 하물며 음반을 통해서도 그녀의 목소리는 마음과 마음을 연결시킬 수 있었다.

우리도 다들 마음을 연결할 수 있는 그런 재능과 능력을 갖고 있다. 음악이나 미술이나 문학을 통해 이루어지기도 하고, 아니면 그저 다른 사람의 말을 귀 기울여 들어 주는 것만으로도 가능하다. 우리의 심장이 서로에게 말을 거는 방식은 백만 송이 안개꽃만큼이나 작지만 또 그만큼 다양하다. 이 CD는 나의 심장으로 뻗어와 말을 거는 준의 방식이었다.

준의 노래에 마음이 저려 왔다. 그녀의 목소리에는 그런 쓰라린 아름다움이 있었다. 만약 수술이 잘 되지 않았더라면 준에게 무슨 일이 벌어졌을지 이런저런 생각들이 몰려왔다. 그러자 이내 내 눈에 눈물이 가득 차 올라왔다. 준이 이 세상에 자기의 재능을 계속 나눌 수 있게 되어서 너무 감사했다. 감사한 마음이 들자 눈물이 더욱 더 솟구쳤다. 나는 오페라 아리아를 부를 수 없었지만 그 노래가 준에게 얼마나 큰 의미인지 느낄 수 있었다. 그 순간 집에 가고 싶었다. 집에 가서 사랑하는 가족들을 꼭 안아 주고 싶었다. 그리고 고마운 마음이 들었다. 내가 준을 도와줄 수 있어서 참 고마웠다. 내가 의사라는 사실이 눈물 나게 고마웠다.

마음을 열고 삶을 살아간다는 것이 상처가 될 수 있지만, 마음을 닫은 채 삶을 헤쳐 가는 것만큼은 아니다. 나는 여전히 객관적인 태도를 유지해야 하는 신경외과 의사여야 한다는 자아와 타인과 유대를 맺는 데 헌신을 다하는 자아를 잘 조정하여 화해하는 방법을 찾느라 무진 애를 쓰고 있었다.

그럴 때면 종종 루스를 떠올린다. 어릴 때 그랬던 것처럼 어른이 되어서도 루스에게 똑같은 질문을 던지고 답을 들을 수 있다면 얼마나 좋을까. 왜 그랬을까? 그렇게나 많은 사람들이 아무도 손을 내밀지 않을 때, 어째서 루스는 나한테 손을 내밀게 되었을까? 루스는 부자도 아니었고 자기 나름의 문제가 없는 상황도 아니었다. 하지만 루스의 마음은 활짝 열려 있었고 도움이 필요한 사람을 알아보고 필요한 뭔가를 해 주었다. 나는 그게 늘 궁금했다. 어떻게 참으로 많이 가진 사람들은 힘겹게 살아가고 있는 사람들을 도와주기 위해 그저 티끌만큼 손을 내미는 것일까? 그리고 물질적인 면에서 아무것도 가지지 못한 사람들이, 오히려 그들보다 더 운이 없는 사람에게 기꺼이 자신이 가진 모든 것을 내놓을 수 있을까? 어째서 루스 같은 사람들은 누군가를 돕는 길을 택하고, 다른 이들은 고통받는 사람들을 외면하는 것일까?

이런 의문이 그저 할 일 없어 내뱉는 철학적인 성찰은 아니었다. 나는 엄격한 과학적 연구에 몰두했으며 이와 유사한 분야를 탐색하고 있는 다른 사람들과 협력하기 시작했다. 여태껏 뇌의 불가사의를 탐색해 왔는데 이제는 마음의 비밀을 탐색하는 작업에 학문적 엄격함과 준엄한 과학을 최대한 활용할 때가 왔다.

그 이후로 내가 알게 된 점은, 연민은 아마도 우리 인간의 가장 타고난 본능이라는 사실이다. 최근의 연구에 따르면, 심지어 동물도 고통받고 있는 같은 종의 다른 개체나 심지어 다른 종의 다른 개체를 도와주기 위해 상당한 노력과 대가를 치를 수 있다. 원숭이는 다치면 서로를 보살핀다. 새끼 부엉이는 같은 둥지에서 자라지만 자신보다 더 약한 형제에게 자기 몫의 먹이를 양보한다. 심지어 돌고래는 표류된 혹등고래를 구하러 나서기도 한다. 우리 인간의 본능적인 연민은 이런 동물들에 비할 바가 아니다. 우리 뇌는 서로를 도우려는 욕망으로 연결되어 있다. 하물며 이런 욕망은 이제 아장아장 걷기 시작하는 어린 아이들에게서도 찾아볼 수 있다. 우리 뇌에는 중뇌수도(中腦水道) 주변 회백질이라고 부르는 부위가 있고, 그것과 안와 전두피질로 연결되는 부위는 상당 부분 양육과 보살피는 행위를 담당한다. 다른 사람이 아파하거나 고통스러워하는 모습을 보면 뇌의 이 부분이 활성화된다. 이는 다른 사람들이 어려움에 처했을 때, 우리가 보살피고 도움을 주는 시스템으로 이미 연결되어 있다는 뜻이다. 이와 유사하게, 우리가 남들에게 뭔가를 주면 그 행위 자체가 즐거움을 주고 뇌에 보상계를 반짝반짝 밝혀 준다. 이 반짝임은 누군가가 우리에게 뭔가를 줄 때보다 훨씬 더 크고 강하다. 게다가 누군가가 친절한 행동을 하거나 도움을 주는 모습을 보면, 결국 이 상황을 통해 우리가 더욱 연민이 넘치는 행동을 하게 된다.

흔히 가장 강하고 가장 무자비한 존재가 살아남는다는 적자 생존설을 분석하면서 많은 이들이 찰스 다윈을 잘못 이해하고 있다. 사실 장기적으로 보자면, 가장 친절하고 가장 협력적인 존재가 살아남는다는 분석이 합당하다. 우리는 서로 협력하고 보살피고, 또한 우리에게 의존해 살아갈 수밖에 없는 어린 존재를 보살피고 양육하고, 모두의 이익을 위해 함께 노력하는 방향으로 진화되어 왔다.

나는 그날 준을 두고 그렇게 뜨거운 눈물을 흘렸다. 그 이후 다른 환자들을 두고도 늘 그랬었다. 그러나 이후 두 번 다시 그런 감정에 사로잡혀 수술을 잠시 중단한 적은 결코 없었다. 다른 사람의 고통을 보살피거나 공감하는 건 부끄러운 일이 아니다. 그것은 아름다운 일이다. 그리고 그것이야말로 우리가 여기 함께 이 삶을 살아가는 이유라는 생각이 든다.

이 책을 쓰면서 루스가 1979년 유방암으로 세상을 떠났다는 사실을 알게 되었다. 그래서 확실하진 않지만 나는 정녕 믿고 있다. 내가 마음의 문을 열고 다른 사람의 문을 여는 탐색을 한 것을 보고 루스는 자랑스러워했을 것이다. 그리고 루스는 직관적으로 알고 있던 점을 과학적으로 증명해 보려는 나의 욕망을 이해해 주었을 것이라고 생각한다.

우리의 뇌와 심장은 협력 작업을 하고 있다. 우리가 행복해질수록 몸도 더 건강해지며, 자동적으로 서로에게 사랑과 친절함과 보살핌을 더 표현하고 표출할 수 있다. 나는 이 사실을 직관적으로 알고 있었지만 과학적으로 입증할 필요가 있었다. 이것이 바로 연민과 이타심 연구를 시작한 동기다. 나는, 왜 우리 인간이 그런 행동을 발전시켜 왔는지에 대한 진화론뿐 아니라 그것이 어떻게 뇌에 영향을 주고, 궁극적으로 우리의 건강에 영향을 끼치는지 알고 싶었다. 찾아보니 확실하게 긍정적인 효과를 보여 주는 예비 증거들이 이미 상당히 많이 나와 있었다. 나의 목표는 이미 이 분야에서 연구를 진행하고 있던 작은 연구자 집단에 참여하는 것이었다. 개인적인 차원에서 이미 그 효과를 잘 알고 있었지만 이 연구 정보를 통해서 사람들의 삶을 향상시킬 수 있는 방법을 창안할 수 있을지 궁금했다. 내가 어떤 식으로든 여기에 기여할 수 있을까?

신경과학과 심리학 분야의 동료들과 얼마간의 예비 조사를 이미 시작한 상태였다. 그 결과는 고무적이었다. 우리는 최신 연구와 잠재적인 연구 프로젝트를 논의하기 위해 몇 주에 한 번씩 정기적으로 만남을 시작하기도 했다. 그리고 이 비공식적인 프로그램을 '프로젝트 컴패션(project compassion)'이라고 불렀다. 맨 처음에는 이 연구비를 직접 충당했다. 몇 번 모임을 진행하면서 어느 날, 달라이 라마의 이름이 거론되었다. 이런 일을 하는 주요 센터들 중의 한 곳에서 달라이 라마의 격려에 힘입어 명상의 효과와 연민이 뇌에 미치는 효과를 연구하고 있었기 때문이다. 며칠 후, 스탠퍼드 캠퍼스를 걷다가 달라이 라마의 모습이 불쑥 머릿속을 스쳐 지나갔다. 그분을 스탠퍼드에 모시고 와서 나와 동료들을 만나고 연민에 대해 이야기를 나눌 수 있다면 정말 좋지 않을까? 그건 흥미로운 생각이었다. 사실 나는 불교 신자도 아니었고 더구나 달라이 라마에 대해서 전혀 아는 바가 없었다. 다만 2005년에 스탠퍼드를 방문하여 중독과 탐욕과 고통에 대한 대화를 나누었다는 사실만 알 뿐이었다. 그런데 달라이 라마를 다시 스탠퍼드로 초청할 만한 아이디어가 도저히 생각나지 않았다. 그러다가 알아보니 2005년 당시 방문하게 된 작은 계기가 어느 정도는 의대 학장 부인의 노력이 들어간 결과였음을 알게 되었다. 그 부인은 달라이 라마의 열렬한 신봉자였다. 그 부인을 통해서 스탠퍼드 티베트 연구학 프로그램에 재직 중인 교수 중의 한 사람이 정식 소개 절차를 담당하고 있다는 말을 들었다. 그에게 연락을 했더니 매우 긍정적인 반응을 보여 주었다. 그는 달라이 라마의 영어 통역관인 툽텐 진파에게 나를 소개해 주었다. 진파는 당시에 거의 25년 동안이나 달라이 라마를 위해 일하고 있던 전직 티베트 승려이기도 했다. 진파와 통화를 했다. 그리고 그는 달라이 라마가 2008년 시애틀에 방문하는 중에 나와의 만남을 주선해 주었다.

그런 식으로 문득 내 머릿속을 스쳐 지나갔던 달라이 라마와의 만남이 진짜 현실로 이루어졌다.

시애틀 여정에는 스탠퍼드의 몇몇 대표단이 함께 가게 되었다. 의대 대표, 종교학 학장, 스탠퍼드 신경과학 연구소장, 맨 처음 나를 달라이 라마와 연결해 주었던 티베트학 연구 교수, 그리고 잠재적 후원자 한 사람이 동행했다. 사실상 어엿한 수행단이 꾸려졌다. 내가 애초에 달라이 라마 이야기를 꺼내고 그런 생각을 할 때만 해도 전혀 예상하지 못했던 상황이었다.

만남은 달라이 라마가 머무는 호텔에서 이루어졌다. 다들 소개를 하고 나서, 달라이 라마에게 연민에 대한 나의 오랜 관심과 의사이자 신경외과 의사라는 배경, 그리고 최근에 우리가 시작했던 연민에 관한 예비 연구, 그리고 마지막으로 스탠퍼드에서 초청하여 귀한 말씀을 듣고 싶다는 강한 소망을 자세히 전달했다. 이에 달라이 라마는 연구와 연민을 다루는 과학에 대해 통찰력 있는 질문을 몇 가지 던졌다. 대답을 마무리하자 나를 바라보더니 미소를 머금었다. 그리고 이렇게 대답했다.

"그럼요. 물론입니다. 가겠습니다."

달라이 라마와 같은 시간에, 같은 공간에 있다는 것은 참으로 특별한 경험이었다. 그가 내뿜는 이 절대적이고 무조건적인 사랑은 마치 한참 동안 숨을 참고 있다가 마침내 깊은 숨을 쉴 수 있게 된 그런 느낌이었다. 말하자면 그냥 내 모습 그대로 오롯이 존재하면서 온전히 내가 받아들여지는 순간을 만나게 된다. 정말이지 심오한 느낌이었다. 어떤 말로도 그 감정을 적절하게 설명할 수가 없다. 곧 어느 승려가 커다란 장부 하나를 들고 나왔다. 그리고 일정 달력에서 스탠퍼드 방문이 이루어질 수 있는 날짜를 찾아보았다. 날짜가 정해졌다. 그런데 갑자기 달라이 라마가 통역관과 티베트어로 심도 있고 활발한 논의를 하기 시작했다. 이 상황은 한참 계속되었다. 우리 스탠퍼드 수행단은 모두 조용히 앉아 있었다. 내가 달라이 라마 성하를 당황스럽게 할 만한 행동을 했던 걸까? 무심코 부주의하게 달라이 라마를 화나게 했을까? 도대체 무슨 이야기를 하고 있는 거지?

나는 식은땀이 흐르고 초초해지기 시작했다.

그러다 대화는 불현듯 끝이 났다. 통역관 진파 교수는 나를 향해 이렇게 말했다.

"짐, 성하께서 당신의 뜻과 이미 시작한 이런 노력에 깊은 감명을 받으셔서 그 연구에 개인적으로 기부를 하고 싶어 하십니다."

그 액수를 듣고 나서는 너무 놀라 말문이 막혔다. 이건 정말이지 특별하고 전례가 없는 일이었다. 달라이 라마는 저서 판매 수익을 재량 자금으로 갖고 있고, 대개는 티베트를 위한 대의명분에 맞는 프로그램이나 조직에 그 수익을 기부한다. 물론 과거에 이번보다 더 적은 돈을 다양한 조직에 기부한 적은 있지만, 이번 기부는 티베트 조직이 아닌 곳에 기부한 최고의 액수라고 했다. 우리는 모두 구름에 둥둥 뜬 기분으로 이 만남을 마무리했다. 달라이 라마가 스탠퍼드에 와서 연설하는 일도 성사되었다. 그뿐인가. 이제 우리의 든든한 후원자가 되었다. 놀라운 일의 연속이었다. 나중에 그 자리에 있었던 여러 사람들 중에 한 명이, 달라이 라마가 나에게 해 주는 모습을 보고 자신도 내 연구에 기부를 해야겠다는 마음이 들었다고 고백했다. 일주일 후에, 구글의 어느 엔지니어에게서 전화가 왔다. 예전에 만난 적이 있는 사람이었고 평소 내 연구에도 관심을 보인 사람이었다. 그는 시애틀의 만남에 대해 들었다고 말을 꺼내며, 달라이 라마의 후원에 크게 감명을 받았다고 하면서 자신도 기부하고 싶다는 뜻을 전했다. 이리하여 결국 모두 세 사람이 믿을 수 없을 정도로 귀한 현금 기부를 해 주었다. 개인적인 프로젝트로 시작했던 일이 이제 의대 학장이 공식화하고 신경외과 연구소장과 우리 학과장의 후원을 받는 정식 기관이 되었다. 공식 명칭은 '연민과 이타심 연구 및 교육 센터(CCARE, Center for Compassion and Altruism Research and Education)'였다.

이번 일에 첫 단추를 잘 꿰어 준 진파는 승려 출신이면서 캠브리지에서 문학 박사를 받은 재원이었다. 특별한 인연으로 시작된 그와는 결국 둘도 없는 친구 사이가 되었고 이후 3년간 매달 일주일씩 시간을 할애하여 나를 도와주면서 오늘날의 CCARE를 이루어 내는 데 큰 몫을 담당했다. 이와 동시에 그는 심리학과 동료들과 함께 연민을 가꾸고 배양하는 훈련 프로그램을 개발하는 데 도움을 주었다. 현재 그 프로그램은 수천 명의 사람들과 함께했으며 앞으로도 우리는 그 영향과 효과에 대해서 연구를 계속할 것이다. 게다가 우리는 이 훈련의 힘을 세계 각지로 전파할 강사 연수까지 시행했다. 그들은 분명히 앞으로 계속해서 더 많은 사람들에게 그 힘을 전해 줄 것이다.

CCARE는 창립한 이후로 연민과 이타심 연구 분야에서 선구자이자 선도자로 인정받아 왔다. 그리고 그러한 행동이 개인의 삶, 교육, 기업, 보건, 사회적 정의, 시민 정부에 끼치는 심대한 영향을 장려하고 촉진시켜 왔다. 우리는 이 센터가 타인의 삶에 영향을 끼치는 개인의 힘을 증명하고 더 나아가 건강, 웰니스, 수명의 측면에서 이 행동의 가치를 경험적으로 입증하면서 빛의 지표로 묵묵히 역할해 주기를 바란다.

나는 이미 타인의 삶에 영향을 끼치는 개인의 힘에 대해 개인적으로 경험한 바 있다. 부디 CCARE가 다른 사람들에게도 그와 같은 힘의 의미와 가치를 인식시키는 감동의 매개체가 되길 바란다. CCARE는 루스가 나한테 부탁했던 그 하나를 실천하는 한 가지 방법이다. 나는 약속했었다. 루스의 마술을 다른 사람들에게도 가르쳐 주겠노라고! 그리고 다른 동료 의사들을 이끌어 주고 지도하는 일도 또 다른 하나의 방법이었다.

13장

신의 얼굴

서구 문화에서 '의학의 아버지'라고 여기는 히포크라테스는 2500여 년 전에 제자들이 의사라는 업을 시작할 때 가장 높은 윤리적 기준을 지키겠다고 맹세하는 선언을 하도록 했다. 많은 사람들이 의학의 핵심 교리로서 라틴어 경구 '프리뭄 논 노체레(Primum non nocere)'를 기억한다. '무엇보다 사람에게 해를 끼치지 말라.'는 뜻이다. 흔히 히포크라테스가 이 말을 가장 먼저 했던 사람이라고 생각하지만 그렇지 않을 수도 있다. 17세기 영국의 의사 토머스 시드넘(1624~1689)으로부터 유래했다고 생각하는 쪽도 있다. 시드넘은 옥스퍼드와 캠브리지에서 의학 공부를 하고 런던에서 개업 의사로 활동하면서 평소 환자와 임상에 대한 기록을 철저히 남겼다. 이를 바탕으로 『의학의 관찰』(1676)이란 불후의 저서를 남겼으며 이 책은 이후 2세기 동안 의과 대학의 표준 교과서로 자리매김했다. 그리하여 오늘날

'영국의 히포크라테스'라고 불린다.

지난 20여 년간, 미국과 전 세계 많은 곳에서 입학식을 할 때 히포크라테스 선서를 하는 의대생들의 전통은 소위 '백의 선언식' 안에서 공식화되었다. 여기에서 학생들은 의사를 상징하는 하얀 가운을 받고 그 선서를 암송한다. 그다음, 의학의 최고 이상을 전형적으로 보여 주는 한 사람이 의대에 입학한 새내기들을 환영하는 격려사를 하곤 한다.

내가 뉴올리언스의 툴레인 대학을 졸업한 지 30년 후, 당시 대학 졸업 학위도 없고 지원자들 중에 가장 낮은 학점으로 도전한 나를 기꺼이 받아 주었던 의대 학장이 나에게 그 격려사를 해 달라는 부탁을 해 왔다. 그 전화를 받았을 때, 온몸을 훑고 지나가던 감정을 뭐라고 형용할 수가 없다. 내가, 이 짐 도티가, 의대에 지원하는 것만으로도 '모든 사람들의 시간 낭비'라는 소리를 듣기까지 했던 실패한 학부생이 이제 모교에서 열리는 '백의 선언식'에 연사로 초청받아, 장차 의사가 될 촉망받는 새내기 후배들에게 롤모델로서 당당히 앞에 설 수 있게 되다니!

삶이 나를 여기까지 데려왔다. 오묘한 삶의 불가사의를 만날 때마다 이렇게 깜짝깜짝 놀라곤 한다.

되돌아보면 삶에 찍힌 여러 점들을 연결하는 일은 쉽다. 하지만 하나의 삶을 살아가는 혼란과 어려움에 처해 있을 때도, 그 여러 점들이 함께 연결되어 아름다운 그림을 만들게 되리라는 사실을 믿는다는 건 그보다 훨씬 더 어려운 일이다. 나는 내 삶에서 이런저런 성공이나 이런저런 실패 그 어느 쪽도 결코 예측할 수가 없었다. 하지만 그 모든 일들이 나를 더 괜찮은 남편, 더 좋은 아빠, 더 좋은 의사, 더 나은 사람으로 만들어 주었다.

나는 매우 진지하고 성실하게 치유자로서 내 역할을 실천해 왔다. 루스가 나한테 알려 준 가르침은 마음을 열게 해 주었고 친절함과 연민 가득한 태도로 그 진지한 성실함을 단련시켜 주었다. 루스의 마술은, 내가 대학에 가고 의대에 진학할 수 있다는 믿음을 갖게 해 주었을 뿐만 아니라 의대에서 가장 어렵고 고된 레지던트 중의 하나인 신경외과 훈련을 무사히 마치고 결국 미국에서 가장 명망 있는 의과 대학 중의 한 곳에서 교수가 될 수 있는 좋은 수단을 선물해 주었다.

게다가 그 마술은 나에게 기꺼이 위험을 감수할 수 있는 용기를 주었으며, 결과와 상관없이 나는 괜찮다고 안심할 수 있는 담대함을 안겨 주었다. 나는 생명을 구하는 기술의 중요성에 대한 신념 때문에, 스러져 가는 의료 장비 회사를 인수하여 모든 것을 정상화하겠다는 위험을 기꺼이 감수했다. 내가 가장 원한다고 생각했던 돈, 나를 행복하게 해 주고 내 삶의 통제력을 줄 거라고 생각했던 바로 그 돈을 기꺼이 내주는 위험도 감수했다. 루스의 마술은, 돈이 있든 없든 나로 살아가는 일은 괜찮다는 사실을, 그리고 현실에서 우리 인간은 누구도 통제력을 갖고 있지 않다는 사실을 깨닫게 해 주었다. 나는 그동안 불가능한 희망을 뒤쫓아 왔었다. 그런데 그것을 다 내려놓으니 이 세상에서 가장 소중한 선물이 나에게 왔다. 그 선물은 바로 삶에 대한 확실함, 삶의 목적, 그리고 삶에서의 자유다.

달라이 라마가 '나의 종교는 친절'이라고 설파했듯이 나의 종교도 다름 아닌 친절이다. 친절은 근엄하게 앉아 인간을 심판하는 신이나 장황한 교리 경전도 필요 없는 종교다. 또한 어느 누구도 다른 이들보다 더 우월하다는 오만을 허락하지 않고 우리 모두가 평등하다는 진리를 기꺼이 받아들이게 하는 종교기도 하다. 이 종교는, 연민과 친절이 우리의 심신 건강과 수명에 얼마나 중요한 역할을 하는지 연구하도록 영감을 불어넣어 주었다.

나는 모교 후배들에게 전할 격려사를 준비하면서 이 모든 일과 그 외 많은 것들을 떠올렸다. 의사가 되기 위한 힘겨운 여정을 이제 막 시작하려는 학생들에게 무엇을 줄 수 있을까? 그들이 의사가 되는 과정을 거치는 동안에 늘 잊지 않고 품고 갈 수 있는 것, 무엇을 줄 수 있을까? 나는 루스를 떠올렸고, 루스가 매일 나와 함께하면서 알려 준 가르침을 떠올렸다. 나한테는 너무나도 효과만점이었던 연상 기호를 떠올렸고, 매일 아침 잠에서 깨서도 외우고 하루 종일 몇 번이고 암송했던 바로 그 마음에 새긴 글자를 떠올렸다. 마음을 다해 보살피고 사랑하는 방법을 가르쳐 주었던, 내가 지금껏 만난 환자들을 떠올렸다. 그리고 죽음을 떠올렸다. 이 세상에서 우리가 살아갈 시간은 우주의 먼지만큼 작고 귀하다는 사실도 떠올렸다.

먼저 나는 내 몸의 긴장을 풀고, 내 마음을 가라앉히고, 내 마음을 열고, 내가 실현하고 싶은 것을 마음으로 그려 보는 법을 배웠다. 그 다음, 내가 가장 실현하고 싶어 하는 것은 바로 사람들이 서로에게 해를 끼치지 않으면서 서로를 도와주기 위해 손길을 내미는 세상이라는 사실을 알게 되었다. 먼저, 가야 할 길을 향해 날 이끌어 주고, 결국 내가 어디에 있건 그것이 정확히 내가 꼭 있어야 할 곳이었다는 사실을 믿을 수 있도록 내 마음의 나침반을 활용하는 방법도 배웠다. 그다음, 우리는 다들 근본적으로 똑같은 뇌와 똑같은 심장과 똑같은 능력을 갖고 있으며, 모두의 이익을 위해서 그 모든 것을 바꾸고, 변형하고, 사용할 수 있다는 사실을 배웠다. 그 사람의 출신, 직업, 혹은 재산으로 사람들을 규정하지 않아야 한다는 점도 배웠다. 더불어 나 자신도 이런 기준으로 규정하지 말라는 사실도 배웠다. 한때 내가 처한 환경의 속성 때문에 나한테 뭔가 잘못이 있다고 생각한 적이 있었다. 내가 돈이 없으면 가치 없는 사람이라고 생각하기도 했다. 그러나 내 출생 환경에 대해서 나는 아무런 책임이 없으며 그런 것으로 규정되는 일은 잘못되었다는 사실을 깨달았다. 모든 사람은 저마다의 소중함과 가치를 지닌 존재며 위엄 있고 정중하게 대접받을 가치가 있다. 모든 사람은 사랑받을 만한 가치가 있다. 게다가 모든 사람은 출발선에서 기회를 평등하게 받을 자격이 있으며, 더 나아가 두 번째 기회를 누릴 자격도 있다.

우리는 저마다의 이야기를 갖고 있다. 그리고 저마다의 이야기 안에서는 아프고 슬픈 장면이 존재한다. 어떤 순간이건 우리 앞에 있는 사람들을 지금 있는 모습 그대로, 그리고 앞으로의 가능성으로 바라보는 쪽을 선택할 수 있다. 루스는 겁 많고 외로운 한 소년을 보았다. 그리고 내 안에 상처받은 마음도 보았다. 우리는 저마다 상처를 갖고 있다. 그리고 각자 치유할 수 있는 능력을 갖고 있기도 하다. 루스는 내가 상처를 치유할 수 있도록 도와주었다. 그러니 당신도 똑같이 할 수 있다. 사랑을 주는 것, 그것은 언제라도 가능하다. 매번 낯선 사람에게 보내는 미소도 선물이 된다. 다른 사람을 판단하지 않는 매 순간도 선물이다. 당신 자신이나 다른 누군가를 위한 용서, 그 순간순간도 선물이다. 연민을 표현하는 저마다의 행동, 남에게 봉사하려는 저마다의 뜻은 이 세상에 보내는 선물이자 당신 자신에게 주는 선물이기도 하다.

우리는 연민의 시대, 그 시작점에 서 있다. 사람들은 이 세상 속에서 자신의 자리를 알게 되기를 갈망하며 삶에 만족하면서 행복해질 수 있는 길을 기꺼이 찾고자 한다. 그래서 변화의 방법을 찾고 있다. 루스는 나에게 잘 맞는 방법을 가르쳐 주었다. 어쩌면 그 방법이 현실에서 구현될 수 있었던 것은 루스의 깊은 통찰과 특별한 기술 때문이었을 것이다. 다른 사람들도 자신의 마음을 가라앉히고 마음을 열 수 있는 자기만의 방법을 찾아냈다. 지금 당장에 그것은 연민에 힘입은 인간 의식 속의 잔물결이지만, 앞으로 언제든 크나큰 파도가 될 수 있는 가능성을 지닌 작은 물결이다.

우리는 서로 연결되고 유대하는 여정을 지나고 있다. 그것은 이 지구상에서 우리 동료들에게 마음을 열고 그들이 우리의 형제자매라는 사실을 깨달아 가는 여정이다. 연민과 측은지심으로 시작한 하나의 행동이 또 하나의 행동으로 이어지고, 그 동심원이 온 지구를 둘러싸고 있음을 깨닫는 여정이기도 하다. 결국에 가서는 우리가 서로 얼마나 애틋하게 사랑했는지, 그리고 서로 얼마나 정성스레 보살폈는지, 이것이 우리 세상과 인간의 생존을 결정짓는 지점이 될 것이다. 달라이 라마는 이렇게 말씀하신다.

"사랑과 연민은 없어서는 안 될 것입니다. 그러니까 사랑과 연민이 없으면 인류는 살아남을 수 없습니다."

나는 의학 분야는 물론, 삶에서도 이 말이 진정 사실임을 깨달았다. 그렇다면 이 중요한 가치를 이제 막 의사가 되기 위한 길목에 선 젊은 학생들과 어떤 식으로 함께 나눌 것인가?

나는 툴레인 대학 강당 무대로 가는 계단을 오르며 1,200명의 학생과 교직원과 그 가족들을 바라보았다. 학생들의 기대에 찬 얼굴도 살폈다. 아주 오래전, 백의 선언식에 참석하여 강당에 앉아 있던 내 모습을 회상했다. 하지만 서글프게도 그때 격려사를 했던 사람도, 그 내용도 기억할 수 없었다. 사실 내가 기억하는 것이라곤 흰 가운을 받고 선서를 했다는 사실뿐이었다.

나를 온통 적시고 지나가는 커다란 감정의 파도를 헤치고 연설을 시작했다. 청중들에게 내가 살아온 여정을 나누었으며, 4학년 때 의사의 꿈을 처음으로 키워 준 의사 선생님, 나를 믿어 준 루스에 대한 이야기도 빼놓지 않았다. 저마다 내 말에 귀를 기울이고 있었다. 나는 말했다. 타인의 삶을 더 나은 방향으로 바꿀 수 있는 힘이 모두에게 있으니 기꺼이 발휘하라고! 그 대상은 부모님의 삶은 물론, 주변 다른 모든 이의 삶까지 다 포함된다. 때로는 작은 미소 하나, 친절한 말 한마디면 충분하다. 또 그들에게 덧붙였다. 그간 의학은 많이 변화했지만 여전히 의사는 사회적으로 숭고한 직업이다. 그런 다음, 내 마음에 새긴 글자에 대해 이야기를 시작해, 그 글자 하나하나를 언급하며 거기에 담긴 의미를 전해 주었다. 마지막 L자와 그 단어 Love, 사랑 이야기로 마무리하려는 순간, 내 목소리는 갈라지고 내 눈에 눈물이 가득 차오르는 것을 느낄 수 있었다.

"우리 중에 완벽한 삶을 타고 나는 사람은 아무도 없습니다. 그리고 끔찍한 고통의 현실을 피할 수도 없습니다. 또한 사람의 마음이 동시에 서로 간에 아름답게 발휘되는 모습도 피할 수 없습니다."

나는 연설의 끝을 준비하면서 잠시 말을 끊고 쉬었다. 청중들 속에서 한 청년이 보였다. 마치 수년 전, 내 모습을 보는 듯 했다.

"오늘 여러분은 선서로써 여러분이 가야 할 길을 확정 짓고 다짐했습니다. 이 길은 삶의 가장 깊고도 어두운 골짜기로 여러분을 인도할 것입니다. 그 골짜기에서 여러분은 상처와 질병이 어떻게 삶을 파괴하는지 보게 될 것이며, 또한 슬프지만 한 사람이 또 다른 사람에게 어떤 괴로움을 안길 수 있을지, 그리고 그보다 훨씬 더 슬픈 일이지만 사람이 자기 자신에게 얼마나 고통을 가할 수 있을지 보게 될 것입니다. 하지만 그 길만 있는 건 아닙니다. 더불어 그 길은 삶의 가장 높은 봉우리로 여러분을 데려갈 것입니다. 그곳에서 여러분은 지극히 온화한 사람들이, 여러분이 생각하기에는 결코 가능하지 않은 강인함을 드러내는 모습을, 여러분이 도저히 이유를 설명할 수 없는 상황 앞에서 해결책을 찾아내는 모습을, 인간의 온갖 병을 다 고치는 연민과 친절의 힘을 보게 될 것입니다. 그리고 그 골짜기와 봉우리를 오가면서 여러분은 바로 신의 얼굴을 보게 될 것입니다."

'신의 얼굴,' 이 마지막 말에 너무나 집중한 나머지 청중들에게 깊은 주의를 기울이지 못하고 있는 내 모습을 알아차렸다. 연설을 마치는 순간, 많은 후배들이 울고 있는 모습을 보았다. 무대 위에 동료들을 둘러보았더니 그들도 울고 있었다. 그러고 나서 내 뺨에도 눈물이 흘러내리고 있음을 깨달았다. 갑자기 청중들이 모두 일어나서 박수를 쳤다. 그들은 단지 나에게 혹은 나의 여정에 박수를 보내는 것이 아니라, 더 커다란 연민과 그보다 훨씬 더 큰 인간다움으로 향하는 우리 모두의 여정에 박수를 보내고 있었다.

참으로 많은 사람들이 무대 옆에서 기다리고 있었다. 나에게 울면서 감사하다고 말하고는, 내 연설이 어떻게 그들의 마음을 열었는지 이야기하기를 주저하지 않았다.

내 삶과 루스의 삶을 떠올렸다. 그리고 다시 한 번 루스가 해 준 말의 힘과 루스가 가르쳐 준 마술의 힘을 깨달았다. 그것은 새삼 새롭게 생겨난 것이 아니라 우리 안에서 세상 밖으로 풀려 나오기만을 기다리고 있던 힘이다. 그것은 우리가 서로에게 줄 수 있는 선물이다.

나는 강당을 빠져 나오면서 내 얼굴을 비추는 태양의 따스함을 느꼈다. 잠시 멈춰 눈을 감고서 그냥 내 모습 그대로 온전히 서 있었다.

괜찮았어.

나도 괜찮았고.

나는 어느 마술가게에서 뇌의 불가사의와 마음의 비밀을 밝혀 보려는 탐색을 시작했다. 하지만 사실은, 그걸 발견하기 위해 마술가게로 들어갈 필요는 없다. 우리는 그저 우리 머릿속을 들여다보고 우리 마음속을 깊이 들여다보면 된다.

이제 당신만의 마술을 하려고 한다면 그 여정은 순전히 당신에게 달려 있다. 그리고 다른 사람들에게 알려 주는 일도 당신이 결정할 일이다. 서로 함께 일하는 뇌와 심장은 세상에서 가장 특별한 마술을 할 수 있다. 그것은 환상이나 날렵한 손 기술과는 전혀 상관이 없다.

이 마술은 진짜다.

게다가 루스가 나한테 알려 준 비결이 세상에서 가장 위대한 마술이었듯이, 내가 당신에게 줄 수 있는 것도 세상에서 가장 위대한 마술이다.

감사의 말

나는 스탠퍼드 대학교 부속 '연민과 이타심 연구 및 교육 센터'(CCARE) 창립자이자 소장으로서, 지금까지 어린 시절 이야기와 내가 어떤 동기로 연민과 그것이 사람을 바꾸는 힘을 연구하는 데 상당한 시간과 에너지를 쓰게 되었는지 여러 번 이야기를 나눈 바 있다. 내가 함께 나누고 들려주었던 이야기는 많은 사람들에게 깊은 울림을 자아내는 듯했다. 그래서 주변에서 책을 한번 써 보라는 요청을 자주 받곤 했다. 실은 여러 가지 이유로 그런 간곡한 요청을 피해 왔다. 어느 정도는 이미 바쁜 일정을 앞에 두고 다시 그만큼의 시간과 노력을 들여야 했기 때문이다. 아니 어쩌면 더 솔직히 말해, 그 이야기를 하는 과정에서 다시 어렵고 쓰라린 삶의 순간으로 돌아가게 될 일이 많아지리라는 사실을 알았기 때문이다.

그러다가 케이프타운에서 열린 데스몬드 투투 주교의 여든 번째 축일에 참석하여 영광스럽게도 '아이디어 아키텍처'의 더그 에이브럼스를 만나면서 그 마음이 바뀌었다. 당시에는 더그가 투투 주교의 출판 에이전트라는 사실을 알지 못한 상태였다. 나중에 알고 보니 그는 CCARE 행사에 여러 번 참석한 적이 있었다. 게다가 행사에서 들은 내 이야기가 참으로 감동적이라고 생각했다는 말을 덧붙였다. 그리고 내 이야기가 책으로 나오면 많은 사람들에게 감동을 안겨 줄 수 있는 역량이 충분하다고 벌써부터 생각하고 있었다고 했다. 무엇보다 그의 부친이 내 이야기에 깊은 감명을 받았다는 말을 전해 주었다. 실은 출판 에이전트로서 더그의 목적은 이 세상에 사람을 감동시키는 이야기를 전해 주는 것이었지만, 그보다 더 큰 동기는 이 이야기를 책의 형태로 만들어 부친에게 주고 싶은 마음이라고 귀띔해 주었다. 이 말을 듣고 내가 어떻게 안 된다고 말할 수 있겠는가?

삶에서 일어나는 수많은 일들이 다 그렇듯이, 매사 혼자나 한 사람의 힘으로만 이루어지는 건 아니다. 이번 경우도 마찬가지였다. 더그는 출간 제안서를 작성할 때부터 나를 돕기 시작했다. 그뿐 아니라 더 중요한 사실은, 그가 쌓아 놓은 출판업계의 인맥과 명망에 힘입어 '펭귄 랜덤하우스'의 출판 임프린트 에이버리(Avery)사의 재원 캐롤라인 서튼을 나의 파트너로 주선해 주었다. 캐롤라인의 지지와 격려와 지도가 없었다면 내 이야기가 책의 형태로 세상에 나오지 못했을 것이다.

일단 계약서에 서명을 하고 나니 갑자기 부담감이 확 밀려왔다. 기꺼이 감수하겠다고 생각했는데 원고 마감 날짜와 맞물려 여간 부담스러운 게 아니었다. 하지만 다행스럽게도, 나의 구세주 '아이디어 아키텍처'가 자사의 편집 이사 라라 러브를 주선해 주면서 원고 작업이 수월해졌다. 라라는 글쓰기와 편집 과정을 통해 기꺼이 도움을 주면서 더없이 성실하고 사려 깊은 태도로 나를 이끌어 주었다. 그녀에게는 절묘한 표현 방식을 펼치는 능력, 이야기에 생명을 불어넣을 중요한 디테일을 찾는 재능, 그리고 과거의 불편하고 쓰라린 지점으로 자연스럽게 나를 끌고 가는 배려가 있었다. 이 책이 어떤 형태로든 성공을 거두게 된다면 라라가 보여 준 이런 모습이 결정적인 역할을 했다고 말할 수 있다. 거의 2년 동안, 우리는 매주 두 번씩 동트기 전에 만나서 작업을 시작했다. 이 시기를 거치면서 라라는 둘도 없는 친구가 되었다. 나는 무엇보다 이 우정에 매우 감사한다.

또한 너무나도 특별한 나의 아내이자 인생의 동반자, 마샤에게도 고마움을 전하고 싶다. 아내는, 내가 결코 당연하게 받아들일 수 없을 만큼의 사랑과 지지를 보내 주었다. 신경외과 의사와 결혼한다는 것은, 일상의 행사나 일을 자주 놓치기도 하고 한밤중에 나갔다가 피곤한 몸과 마음으로 귀가하는 경우도 많다는 뜻이다. 아내는 이 모든 어려움에도 불구하고 삶을 바꾸는 연민의 힘을 장려하고 홍보하려는 내 노력을 기꺼이 지지해 주었다. 이 점에 대해 나는 죽을 때까지 영원토록 감사할 것이다.

더구나 지금까지 살아오면서 내 거친 여정을 따라 도움을 주고, 길을 알려 준 다른 많은 분들께도 감사를 드리고 싶다.

INTO THE
MAGIC
SHOP

『닥터 도티의 삶을 바꾸는 마술가게』에 쏟아진 찬사

강렬한 감동과 영감을 안겨 주는 책이다.
가장 힘겨운 상황 속에서도 환경을 극복하는 방법을 보여 준다.
연민이 우리 마음을 열고 삶을 바꿀 수 있음을 증명하는 강력한 사례다.

소걀 린포체 티베트 불교 승려, 「티베트의 지혜」 저자

이 책은 인간의 마음과 뇌의 불가사의 속으로 파고드는,
매우 흥미롭고 한번 잡으면 시선을 뗄 수 없는 여정을 들려준다.
닥터 도티는 용기와 연민이 깃든 가슴 따뜻한 이야기를 전해 준다.

대니얼 골먼 심리학자 · 경영사상가, 「EQ감성지능」 저자

이 책은 중요한 발견을 향한, 마음을 사로잡는 여정이다.
닥터 도티의 흥미로운 개인사는 우리 삶을 탈바꿈하고
세상을 개선할 수 있는 통찰력과 공감의 힘을 분명히 밝혀 준다.
일단 이 책을 읽어 보라. 그러면 여러분도 우리 자신과
세상의 모든 사람들에게 건강과 치유를 가져다줄,
불가사의 속의 마법과 마음의 위대함을 찾아낼 것이다.

대니얼 J. 시걸 UCLA 의대 정신의학 임상교수, 「마음을 여는 기술」 저자

지금까지 읽어 본, 가장 강렬하고 감동적인 책 중 하나다.
주인공이 가난과 트라우마를 견디며 힘겹게 싸울 때,
세계적인 신경외과 의사가 될 때, 엄청난 부를 손에 쥐었다가
다시 잃어버리는 순간까지 우리는 닥터 도티의 중요한 삶의 단계마다
함께하게 된다. 그리고 우리 한 사람, 한 사람의
마음속에 들어 있는 마법에 관한 심오한 교훈을 얻는다.
마음을 사로잡는 심오하고 특별한 책이다.

릭 핸슨 신경심리학자, 「행복 뇌 접속」 저자

강렬하고 생생하면서 영혼 깊이 울리는,
보기 드물게 아름다운 책. 진짜 마술!

딘 오니시 의학박사, 「스펙트럼」 저자

닥터 도티는 참으로 특별한 책을 세상에 내놓았다.
그는 고통과 절망과 수치심으로 가득했던
어린 시절의 트라우마를 함께 나누고 있다.
그 나눔의 근원은 그에게 성취와 사랑과 지혜로 향하는 길을
환하게 비춰 주었던 영혼의 선물이다.
『닥터 도티의 삶을 바꾸는 마술가게』는 우리 한 사람 한 사람에게
그 선물을 안겨 준다. 이 책의 마술을 통해 그 선물을 전달하는
저자의 빼어난 능력에 경외심마저 든다.

샤론 샐즈버그 명상 지도자, 「하루 20분 나를 멈추는 시간」 저자

눈을 뗄 수 없는 이 이야기는 한 사람의 삶과 더 나아가
세상을 바꾸는 연민의 힘을 증명한다. 강렬하고 감동적이다.

칩 콘리 호텔 기업가 「감정 관리도 전략이다」 저자

변화를 북돋는 감동적인 이야기. 더 나은 삶,
그리고 타인과 세상을 향해 더 연민을 느끼는 삶을 사는 방법에 대한
교훈을 고스란히 전해 준다.

폴 에크먼 심리학자, 「얼굴의 심리학」 저자

닥터 도티의 강렬한 이 책은 신념과 연민이 종교와 인종과
국가를 넘어서 확장해 나가는 법, 그리고 한 개인이
역경과 제약을 이겨 내도록 도와줄 방법에 대한 하나의 증거가 된다.
감동과 영감으로 가득한 책이다.

스리 스리 라비 샨카르 영적 지도자 · '아트 오브 리빙 재단' 창립자

『닥터 도티의 삶을 바꾸는 마술가게』는 말 그대로 뇌의 전선을
완전히 바꿀 만한 책이 될 것이다. 어느 날, 마술가게에서
우연한 기회를 만나 탈바꿈한 삶을 술회하는 솔직한 이야기다.
이 책은 매우 낙관적이고 고무적인 증거로서, 연민의 힘과
역경을 극복하고 진정한 잠재력을 발견하는 능력을 담대하게 증명한다.

글렌 벡 미국 라디오 방송 진행자 겸 뉴스 사이트 '더 블레이즈' 창설자

이 책은 종교의 한계와 장벽을 넘어서는 신념에 관한 이야기다.
그리고 삶의 거대한 도전에 직면하여 희망을 노래하고,
잠재력과 치유의 문을 열어 주는 마술을 펼친다.
『닥터 도티의 삶을 바꾸는 마술가게』는 성공과 실패를 모두 겪으면서도
언제나 희망과 친절과 연민이라는 풍성한 망토를 걸치는 어느 신경외과
의사의 여정을 그린다. 한마디로 마음과 영혼과 정신을 울릴 책이다.

조안 브라운 캠벨 목사 '차우타우콰 연구소' 명예 소장 · '세계 교회 협의회' 전임 사무총장

닥터 도티의 이야기는 매 순간 영감을 불어넣고 눈을 뗄 수 없다.
그는 신경외과 의사의 정신을 인간 마음의 문제로 가져오면서,
삶에서 가장 중요한 것과 그것을 성취하는 방법에 대해 한 줄기 빛을
선사한다. 독자는 그 삶의 굴곡을 저자와 함께 지나오면서
그 마술의 힘을 공유할 수밖에 없다.

데이비드 데스테노 사회심리학자, 『숨겨진 인격』 저자

저명한 신경외과 의사인 도티의 역경과 고난이 담긴
눈부신 이야기다. 그 이야기를 통해 자신의 삶의 궤적이
마술가게에서 만난 누군가에게 얼마나 깊은 영향을 받았는지 들려준다.
그녀의 가르침은 세상을 바라보는 시각과 세상 속의 자기 위치에 대한
인식을 바꾼다. 그리고 그 과정을 통해서 사람을 변화시키는 마음의 힘과
치유하는 연민의 힘을 증명한다.
여러분의 삶까지 바꿀 수 있는 유려하고 강렬한 이야기다.

팀 라이언 미국 하원의원, 『마음 챙김의 국가A Mindful Nation』 저자

닥터 도티의 책은 독자의 마음을 사로잡는다.
그 이야기는 절망적인 마음의 고통을 가로질러
영광과 성공의 정점까지 갔다가,
사려 깊은 친절과 온기의 풍성한 구름에 다다르는
원형적 패턴을 보여 준다. 주인공은 사춘기 무렵, 어느 마술가게에서
동화 속에 나올 법한 이타적인 마술 지팡이를 든 대모를 만난다.
그리고 삶의 목적과 자아의 내면에 대해서 애정 넘치는 지도를 받고
용기를 얻는다. 이를 통해 주인공은 자신에게 향하는 불안과 수줍음이라는
흔해빠진 함정을 초월한다. 그리고 어느 날 무상의 부를 얻지만,
우여곡절 끝에 결국 삶에 대한 불굴의 투지와 기개를 발휘하여
인간에 대한 깊은 사랑과 헌신의 힘을 깨닫게 된다.

에밀리아나 R. 사이먼-토마스 UC 버클리 '대의(大義)과학센터' 사이언스 디렉터

닥터 도티의 마술, 그리고 그가 자신의 삶을 함께 나누고자
하는 통찰은 커다란 선물이다. 그래서 모든 사람이 그 선물을
두 팔 벌려 받아 주기를 권한다. 그가 주문처럼 외우며 중시하는
마음의 글자 'CDEFGHIJKL'은 우리 모두의 관심과 의지를
오롯이 쏟아 부을 만한 가치가 있다. 그런 관심과 노력을 통해서
서로에게 마음을 열고 세상을 향해 마음을 여는 행동이 얼마나
강력한 힘을 갖고 있는지 새롭게 알게 되는 것,
그것이 바로 우리가 받게 될 보답이다.

스코트 크리언스 '1440 재단' 공동 이사장 · '주니퍼 네트워크' 의장

이 책은 언제, 어떤 식으로 존재를 규정하는 일부로서 연민을 선택하는지,
그리고 우리 삶 속에서 언제, 어떤 식으로 진짜로 마술이 펼쳐지는지
보여 주는 강렬한 증언이다.
보고 듣고 읽는 많은 것들이 인간에 대한
희망을 앗아 가는 느낌이 들 때,
이 책을 펼쳐라.
우리 영혼을 고양하고 마음을 열어 주는 매우 감동적인 책이다.
이 책을 읽는 사람은 누구나 더 나은 방향으로 변할 것이다.

툽텐 진파 문학 박사, 「두려움 없는 마음A Fearless Heart」 저자

옮긴이 | 주민아

경희대학교에서 영문학으로 석사학위를 받고 박사학위과정을 수료했다. 푸른 나날 대부분을 경희대학교와 창원대학교 교정에서 영문학을 공부하고 연구하고 강의하며 살아왔다. 현재 전문 번역가로 활동하고 있으며, 앞으로도 지금처럼 인문(人文)의 흔적을 캐면서 번역하고 책을 읽으며, 무엇보다 사랑하며 살아갈 것이다.
옮긴 책으로 『파이브: 왜 스탠포드는 그들에게 5년 후 미래를 그리게 했는가』, 『나는 무엇을 원하는가: 천재심리학자가 발견한 11가지 삶의 비밀』, 『나눔의 행복』, 『이제 사랑을 선택하라』, 『살아 있는 목적 Be』, 『지금 행동하라 Do』, 『신념의 힘 Faith』, 『100년 라이프스타일』, 『네 인생인데 한 번뿐인데 이대로 괜찮아?』, 『기호와 상징』, 『1000명의 CEO』, 『전쟁에 대한 끔찍한 사랑』, 『암살단: 이슬람의 암살 전통』 등이 있다.

닥터 도티의 삶을 바꾸는 마술가게

1판 1쇄 펴냄 2016년 7월 12일
1판 25쇄 펴냄 2024년 3월 14일

지은이 | 제임스 도티
옮긴이 | 주민아
발행인 | 박근섭
책임편집 | 강성봉, 정지영
펴낸곳 | 판미동

출판등록 | 2009. 10. 8 (제2009-000273호)
주소 | 06027 서울 강남구 도산대로 1길 62 강남출판문화센터 5층
전화 | **영업부** 515-2000 **편집부** 3446-8774 **팩시밀리** 515-2007
홈페이지 | panmidong.minumsa.com

도서 파본 등의 이유로 반송이 필요할 경우에는 구매처에서 교환하시고
출판사 교환이 필요할 경우에는 아래 주소로 반송 사유를 적어 도서와 함께 보내주세요.
06027 서울 강남구 도산대로 1길 62 강남출판문화센터 6층 민음인 마케팅부

ISBN 979-11-5888-140-5 03320

판미동은 민음사 출판 그룹의 브랜드입니다.